要点だけで超わかる日本史

沢辺有司

彩図社

はじめに

日本史はだれもが一度は習ったことがある科目です。ですが、「日本史が好き」「日本史には自信がある」という人はあまりいません。高校で日本史を選択履修した人でさえ、「膨大な数の暗記用語に苦戦して苦手意識だけが残った」ということがあります。

日本史が嫌い、日本史が苦手……。でも、日本人にとって日本史は大事な学問です。大人になると、一般常識として日本史のある程度の知識は求められます。また、グローバル化が進むなかでわかってきたことは、外国人と接するときに求められるのは、相手の国のことよりも、自分の国のこと。日本人なら日本の歴史をきちんと理解していないとまずい、ということです。

「日本史を知っておかないと」「日本史を学び直したい」と思ったとしたら、そのときがチャンスです。本書『要点だけで超わかる日本史』は、そんな方にむけて、**手軽にはじめられる日本史の入門書**として生まれました。日本史嫌い、日本史が苦手という人でも、サクッと簡単に日本史の全体像がわかるつくりとしました。

本書ではまず、**日本史の流れを決定づけたといえる政策や政変、事件など、50の要点**を厳選。それぞれの要点を、「いつ」「どこで」「だれが」「なにをして」「どうなったか」という5つのポイントで整理しました。そのうえで、その歴史的な背景をやさしく解説します。さらに、ひと目でパッと理解できるように図解でフォローしています。

私たちが勉強している歴史は、いってみれば権力者の歴史です。**権力の移行を軸におさえることで、歴史は理解しやすくなります**。そのため本書では、歴史のメインストーリーにあたる権力の移行を軸に語ることとし、サイドストーリーにあたる文化や芸術には深入りしていません。一方で、ところどころに世界史や地理の視点を取り入れるほか、新説・異説にも目を配りました。歴史はいろいろな側面からとらえることでまったく違った様相があらわれてくることがあります。

歴史にはまだまだわからないことがたくさんあります。「実はこの事件にはこんな狙いがあったのではないか」と考える楽しみは、史学研究者の特権ではなく、すべての人にあたえられたものでしょう。考える楽しみこそが歴史を学ぶ醍醐味だと思います。

本書は日本史をコンパクトに手軽に外観できるつくりとしました。日本史の学び直しになるとともに、歴史を読み解く楽しみを知るきっかけとなれば幸いです。

要点だけで超わかる日本史▼目次

第3章 鎌倉時代

第4章 南北朝・室町・戦国時代

第5章 江戸時代

第8章 戦後の日本

第1章

旧石器・縄文・弥生・古墳時代

No.1

【民族大移動】

大陸とつながり日本の歴史がはじまる

◆要点

旧石器時代、日本に大陸からやってきた人々が狩猟生活をはじめ最初の日本人となる

●背景

大陸からマンモスやナウマンゾウを追ってやってきた

人類にとって最初の大きなトピックスとして、約1万3000年前の「氷河時代の終わり」があります。この「約1万3000年前」を境にして、それ以前を**「旧石器時代」**（地質学では「更新世」）といい、それ以降を**「新石器時代」**（地質学では「完新世」）といいます。「旧石器」とは石を打ち欠いただけの打製石器のことで、「新石器」とは石を磨いて鋭くした磨製石器のことです。氷河時代の終わりを境にして、人類の石器をつくる技術は大きく革新し、それに伴い文明が前進したことになります。

旧石器時代の日本は、北と南が大陸とつながり、「島」ではなくなっていました。氷河時代にとくに寒い時期（氷期）が4回ありましたが、このときに海面が低下し、大陸と地続きとなったのです。

すると、大陸から大型動物がやってきました。北からはマンモス、エゾシカ、南からはナウマンゾウ、オオツノジカなどがやってきて、**この大型動物を追ってやってきた人々が日本に住みつき、最初の日本人となりました**。人種的には「古モンゴロイド」とされ、彼らは「縄文人」と呼ばれます。のちに約5000年前頃に朝鮮半島からやってきた人々は「新

【図】大陸から渡ってきた人、生き物

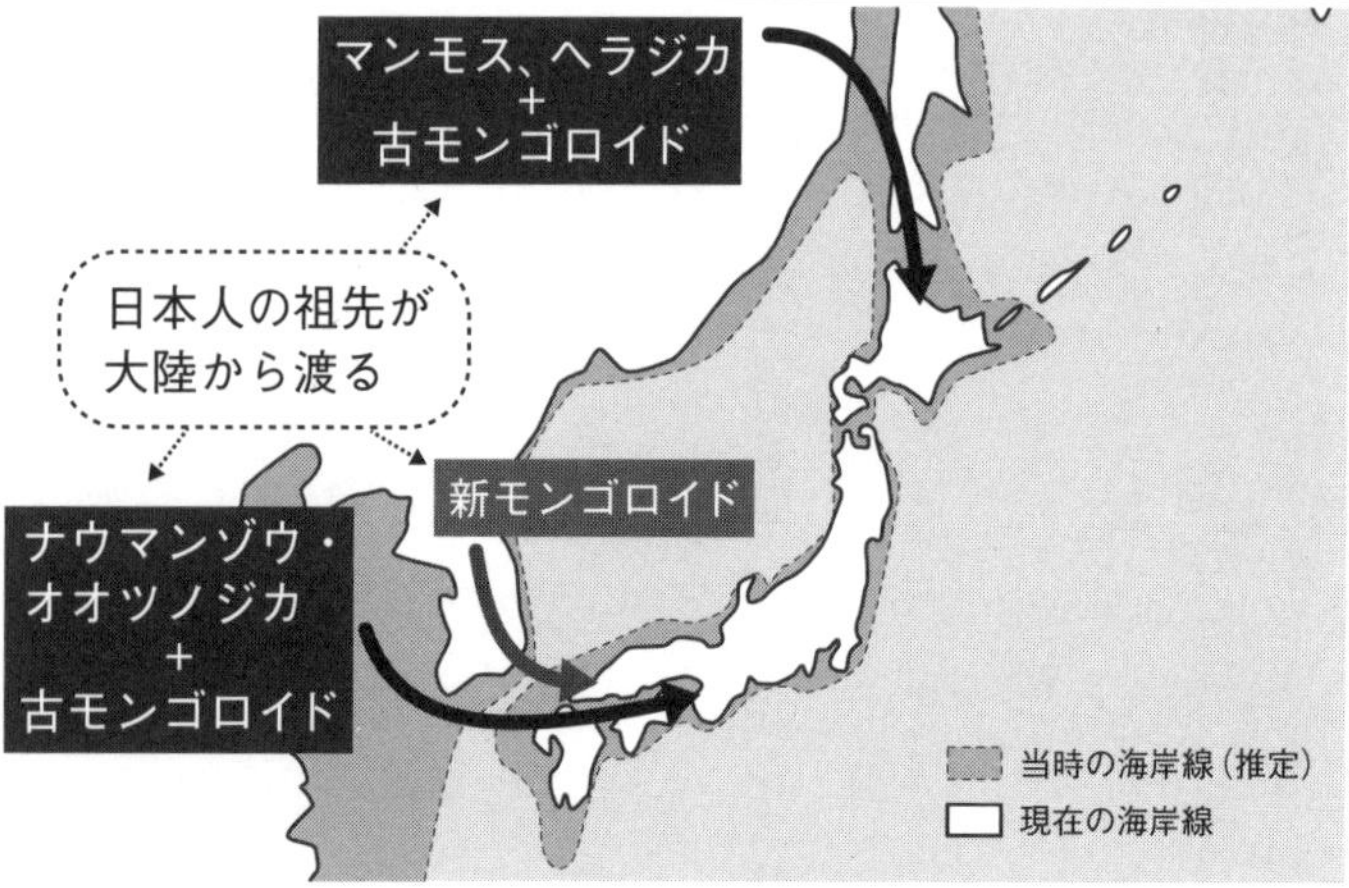

モンゴロイド」とされ、こちらは「弥生人」と呼ばれます。この両者の混血から現在の日本人の祖先ができたと考えられます。

以前は、日本の歴史は新石器時代（縄文時代）からはじまったと考えられていました。ところが戦後、考古学者の相沢忠洋《あいざわただひろ》が群馬県の関東ローム層（更新世末期にできた火山性の堆積物）から打製石器を発見したことから、**日本にも旧石器時代があった**ことが明らかになりました。

その後、沖縄県の港川人《みなとがわじん》や静岡県の浜北人《はまきたじん》など、旧石器時代の化石人骨も発見されました。人類は「猿人→原人→旧人→新人」の順に出現しましたが、日本で発見された化石人骨はいずれも新人の段階のものです。

【図】日本各地の旧石器時代の跡

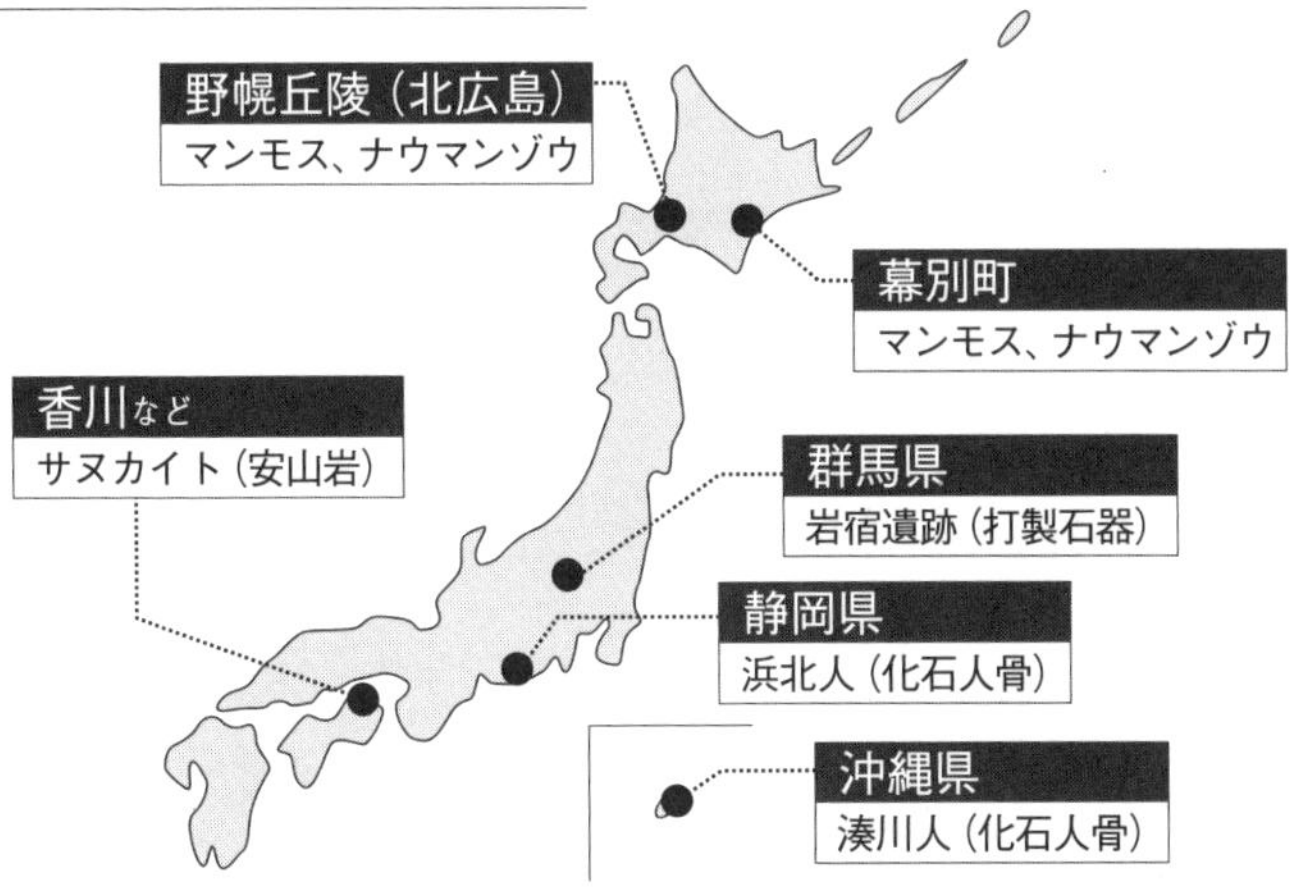

打製石器で狩猟をし、移動しながらの暮らし

旧石器時代の日本人は、**少数のグループで移動しながら暮らしていた**と考えられています。住まいとしていたのは、洞窟のなかやテントのような簡単な小屋です。

彼らが使った打製石器は、時代によって進化しています。大きくは、①石斧《せきふ》（斧のような石器）、②石刃（ナイフのような石器）、③尖頭器《せんとうき》（棒の先端に尖った石をつけた槍のような石器）、④細石器《さいせっき》（木や骨などに複数の尖った小さな石を埋め込んだノコギリのような石器）の順番で登場しました。

打製石器はどんな石でもいいわけではなく、ガラス質の火成岩である黒曜石《こくようせき》や、西日本でしか産出されないガラス質の安山岩のサヌカイト（讃岐岩）などが選ばれました。

No.2

【定住生活の開始】

竪穴式住居・土器・弓・土偶が登場

◆要点

縄文時代、日本列島でこの地に暮らす人々が食料を安定的に獲得できるようになり定住生活がはじまる

● 背景

温暖化により食料が豊かになる

1万3000年前頃、氷河時代が終わり、温暖化がはじまります。海面は上昇し、それによって**日本列島は大陸から切り離され、1万年前頃までには、ほぼいまの形ができました**。時代区分としては、1万3000年前頃からが「新石器時代」とされ、日本では「縄文時代」となります。

縄文時代の人々のライフスタイルは、それまでと比べると大きく変わりました。**移動生活から定住生活に変わった**のです。背景には、温暖化による自然環境の変化があります。たとえば獲物となる動物は、寒い環境に適応していたナウマンゾウなどの大型哺乳類が絶滅し、ニホンシカやイノシシなどの小型動物が増えました。人々はもはや大型動物を追う必要はなく、近場で小型動物を弓で射止めればよいことになりました。

植物では、ブナやカシなどの広葉樹林が広がり、木の実が豊富にとれるようになりました。海では魚介類も手に入ります。

こうして食料を求めて移動する必要がなくなったことで、定住生活に移行したのです。定住ですから、**住まいも立派になります**。地面に直径5m、深さ70㎝ほどの穴をほり、柱

【図】縄文時代のものとされる遺跡

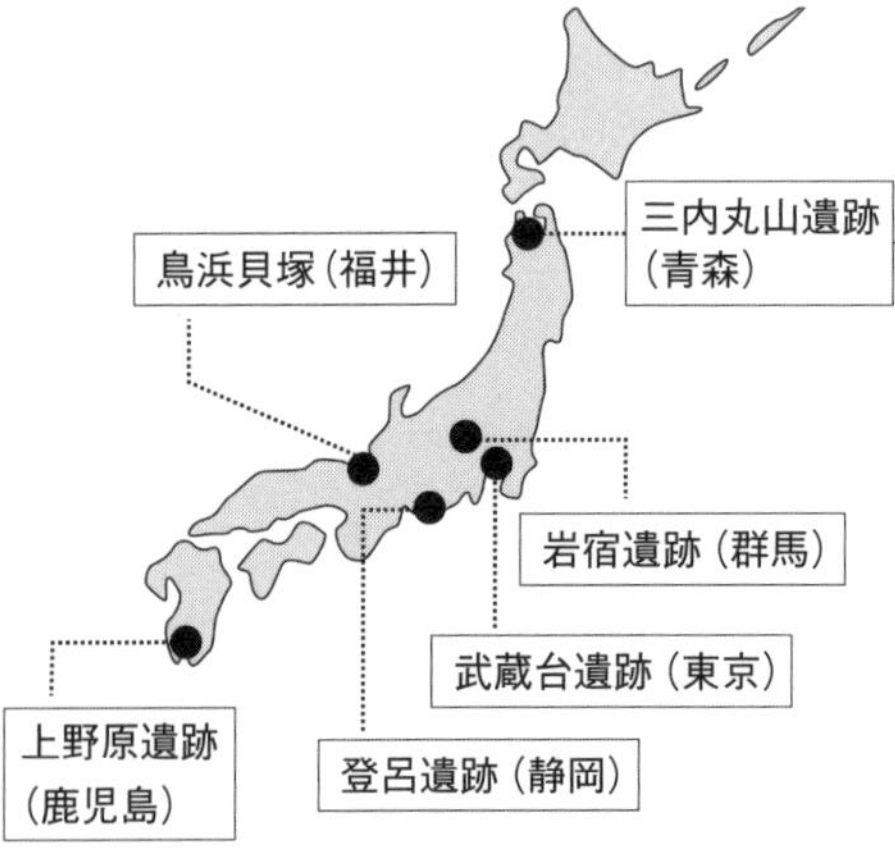

三内丸山遺跡の竪穴式住居（復元）

（出典：ColBase、文化庁所蔵）
https://colbase.nich.go.jp/

をたてて屋根をふいた半地下式の竪穴式住居をつくりました。集落の規模は20～30人ほどで、なかには青森県の三内丸山遺跡の発掘で明らかになったように、数百人規模の集落もあったと考えられます。

土器で木の実を調理、弓矢で小型動物を仕留める

ライフスタイルの変化にあわせ、道具も進化しました。縄文時代を特徴づける道具としては、**①土器、②磨製石器、③弓矢、④骨角器**があります。

①土器は、低温で焼かれた厚手で黒ずんだものが多く、縄目の文様がついていることから「縄文土器」とよばれました。木の実を調理・保存するためにつくられたと考えられています。

②磨製石器は、石を研いだり磨いて鋭くしたも

【図】縄文時代に生まれた道具

縄文土器
（草創期：丸底深鉢形土器）

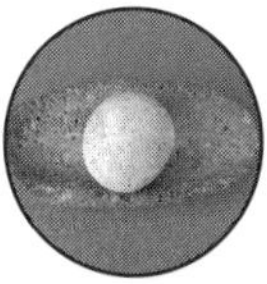

磨製石器
（石皿・磨石）
（©らんで）

石鏃（弓矢の先端）
（草創期：黒曜石）
（東京国立博物館所蔵）

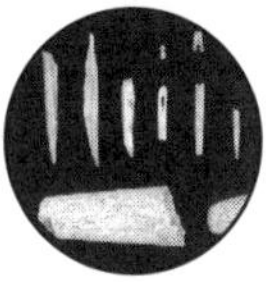

骨角器
（縄文時代前期、田子野屋貝塚）
（青森県立郷土館所蔵）

土偶
（青森県亀ヶ岡遺跡）

（石鏃・骨角器出典）ColBase
https://colbase.nich.go.jp/

ので、主に斧にして木を切り倒したり、木の実をすりつぶすことに使われました。

③弓矢は、動きの速い小型動物を仕留めるために使われました。

④骨角器は、動物の骨や角でつくった道具で、釣り針などに使われました。

一方、**アニミズムと呼ばれる原始的な信仰**も生まれました。アニミズムとは、あらゆる自然現象に霊魂が宿るという考え方です。縄文時代の暮らしは自然環境に依存するところが大きかったため、このような信仰が生まれました。

自然からの恵みや子孫繁栄を願うための呪術の道具として、女性（妊婦）の姿をした土偶や男性の生殖器をあらわす石棒がつくられました。

No.3

【稲作の伝播】

短期間に稲作が全国に拡大

◆要点

縄文後期、日本に渡来人が稲作をもたらし貧富の差、上下関係が生まれる

●背景

稲作を基盤とした「弥生文化」が生まれる

縄文時代の終わりころ、中国の江南地方や朝鮮半島からやってきた渡来人が稲作（水田農耕）をもたらしました。すると、**わずか数十年のあいだに全国に広まりました**。

これほど稲作の定着が早かった理由は、すでに縄文人たちが植物を栽培していて、農耕の下地があったからと考えられています。

稲作の広まりとともに稲作を基盤とした新しい文化が生まれました。これが「弥生文化」です。たとえば、はじめは水に浸った自然の湿地を「湿田」として利用していましたが、灌漑《かんがい》技術の向上により、水に浸っていない土地に水路で水を引く「乾田」が増えました。

土地を耕すための鋤《すき》や鍬《くわ》は、**木製から鉄製**に変わりました。稲の刈り取りに使われたのは、**石包丁という磨製石器**です。収穫した米は床を高くした高床倉庫におさめ、湿気やネズミの害を防ぎました。この倉庫や住居を濠や土塁で囲った集落は、環濠《かんごう》集落とよばれます。

また、この時代の弥生土器には、煮炊きや盛り付けなどさまざまな用途のものが生まれています。一方、美しい光沢の**青銅器**（銅剣、銅矛《どうか》、銅鐸《どうたく》など）がつくられましたが、壊れやすく実用的ではないので、神にささげる祭りに使われています。

【図】弥生文化の道具・建物

青銅器
（突線紐４式銅鐸）
（出典：ColBase、東京国立博物館所蔵）

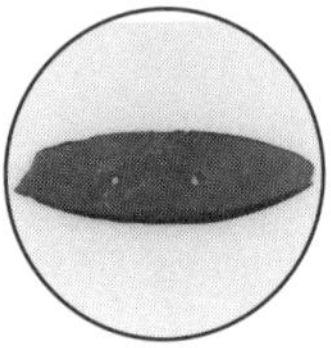

石包丁
（出典：ColBase、東京国立博物館所蔵
https://colbase.nich.go.jp/

吉野ケ里遺跡の高床倉庫（復元）

富（＝収穫）をめぐる争いが始まった時代

稲作の普及により、人々は一か所に定住し、計画的に食糧生産を行うようになります。米は長期保存がきくので、食糧不足の不安から解放されました。

一方で、収穫量の違いによる貧富の差が生まれ、**集落のなかに支配する者と支配される者が生まれました**。ここから支配者が統率する小さな国になり、国同士は土地や収穫物をめぐる争いを行うようになりました。

つまり、稲作の導入をきっかけに、平和的な縄文時代は終わり、**今日までつづく戦争の時代に突入することとなった**のです。

邪馬台国《やまたいこく》・卑弥呼《ひみこ》のもとに統一される

日本の歴史は、この時代から文字で記録されています。中国の『漢書《かんじょ》』地理志《ちりし》（紀元前1世紀）には、

【図】邪馬台国と大陸・魏の関係

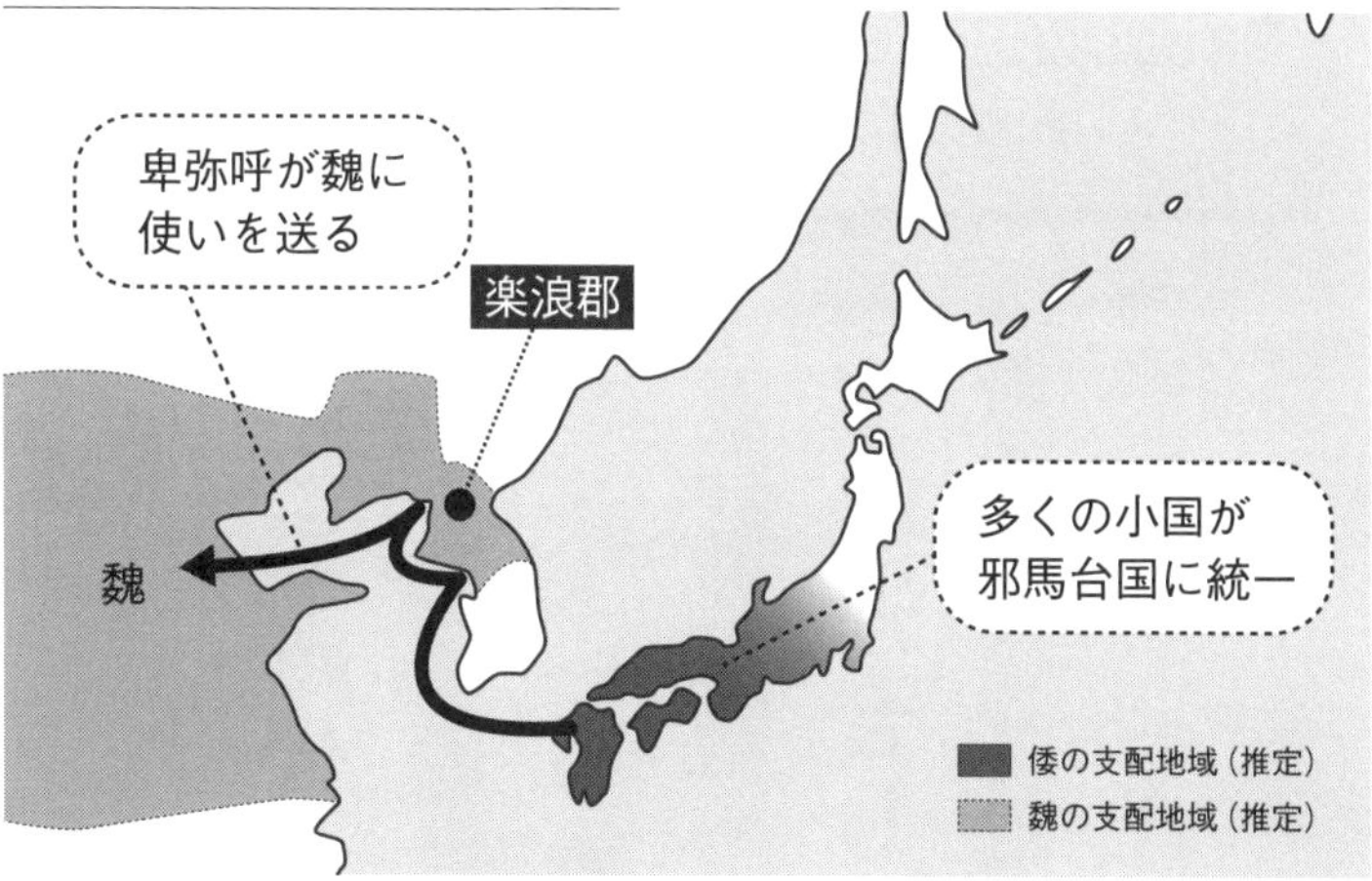

「日本が『倭《わ》』とよばれ、１００ほどの小国が分立し、漢の楽浪郡《らくろうぐん》（朝鮮半島）に朝貢した」ことが記されています。

また、『魏志《ぎし》』倭人伝《わじんでん》（3世紀）には、「邪馬台国の卑弥呼が、30あまりの諸国連合体の長となり、倭の争乱をおさめ、呪術を用いて国をおさめた」ことや、「卑弥呼が魏《ぎ》の皇帝に使いを送り、『親魏《しんぎ》倭王《わおう》』という称号と金印、銅鏡を贈られた」ことなどが記されています。

以上から、弥生時代にあらわれた**各地の小国は、邪馬台国のような強い王権のもとに統一された**ことがうかがえます。

ちなみに、邪馬台国のあった場所については、『魏志』倭人伝のあいまいな記述が原因で「大和（畿内）説」や「九州説」が唱えられていますが、いまだ結論にはいたっていません。

No.4

【ヤマト政権誕生】

大和の「大王」のもとに全国統一

◆要点

古墳時代、大和を中心に豪族たちが連合してヤマト政権が誕生し全国を統一する

●背景

古墳が伝える古代政権の発展

邪馬台国のような強い国は、「古墳」とよばれる**巨大な墓**をつくるようになりました。はじめは、鍵穴のような形をした前方後円墳が大和地方（奈良県）を中心とした畿内や瀬戸内にあらわれ、やがて同じような古墳が全国に広まっていきました。このことから、大和地方の王である「大王《おおきみ》」を盟主とした「ヤマト政権」が成立し、全国を統一したと考えられています。

この古墳があらわれた3世紀後半から7世紀までを「古墳時代」とよびます。

古墳時代は、大きく3期に分かれます。前期は、副葬品に銅鏡や玉製品など呪術的な道具がおさめられていることから、埋葬された権力者たちは、**政治的な指導者と司祭者の両方の性格があった**と考えられます（祭政一致）。

中期になると、副葬品が武具や馬具になることから、権力者たちは**軍事的統率者**になったことがわかります。後期になると、**有力農民**が古墳をつくるようになり、小さな古墳が増加しました。

埋葬施設は、前・中期では穴の四壁を塗り固めた「竪穴《たてあな》式石室」でしたが、後期になると、

【図】古墳の特徴の変遷

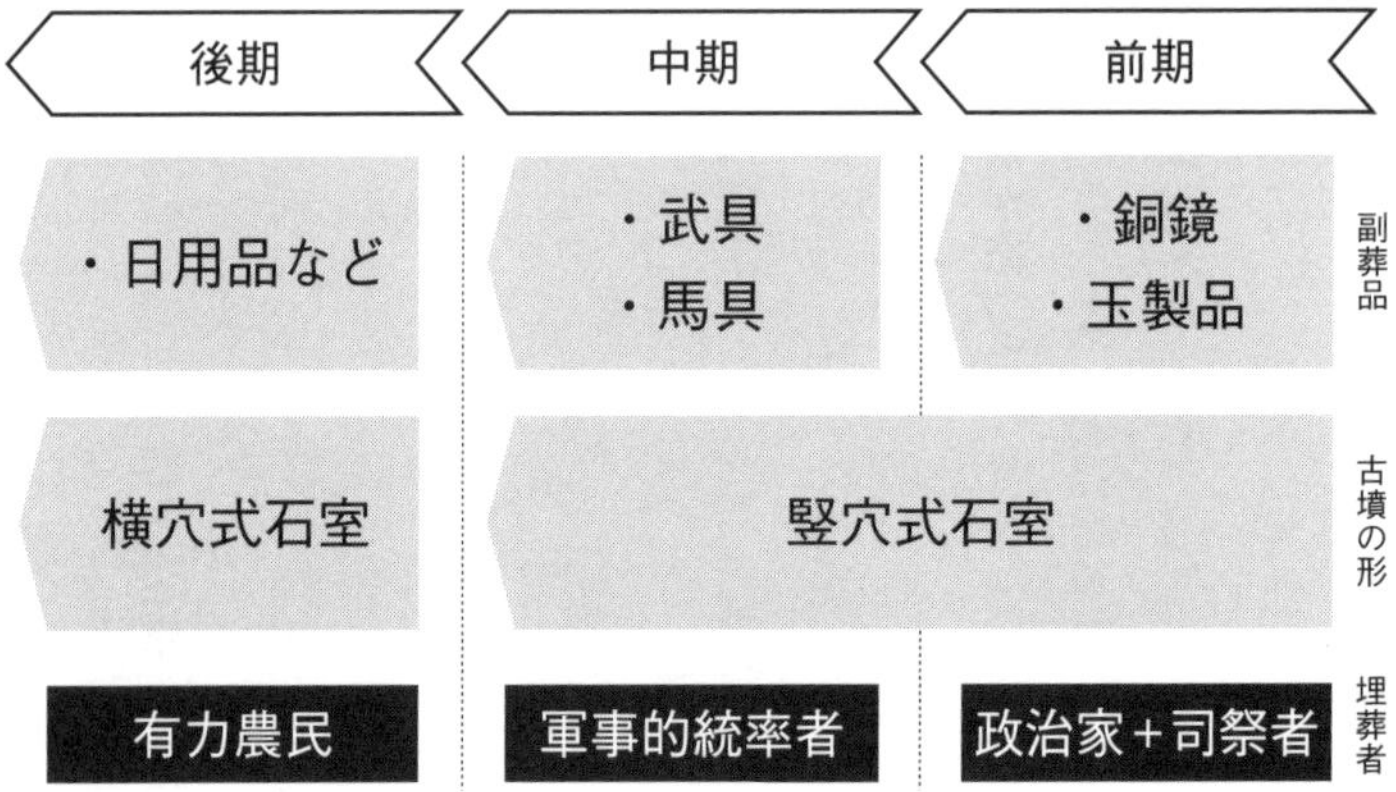

後期	中期	前期	
・日用品など	・武具 ・馬具	・銅鏡 ・玉製品	副葬品
横穴式石室	竪穴式石室		古墳の形
有力農民	軍事的統率者	政治家＋司祭者	埋葬者

出入り口を設けて、あとから新たな遺体を追加で埋葬できる「横穴式石室」になりました。

氏《し》姓《せい》制度で全国の豪族を支配下に

ヤマト政権は、4世紀末から5世紀初頭にかけて、朝鮮半島の百済《くだら》や伽耶《かや》諸国に援軍を送り、高句麗《こうくり》と戦いました。**ヤマト政権の力は、朝鮮半島に軍隊を送り込めるほど強まっていた**のです。援軍の見返りとして朝鮮半島からは、鉄資源のほか、金属加工技術や文字、儒教などがもたらされました。

その後、中国の『宋書《そうじょ》』倭国伝（5世紀）が伝えるところによると、ヤマト政権には「倭の五王」とよばれる「讃《さん》・珍《ちん》・済《せい》・興《こう》・武《ぶ》」という5人の大王が登場しました。

このうち最後の「武」王は、第21代・雄略《ゆうりゃく》天皇とみられています。雄略天皇を示す「ワカタケル」

【図】ヤマト政権の体制と交易

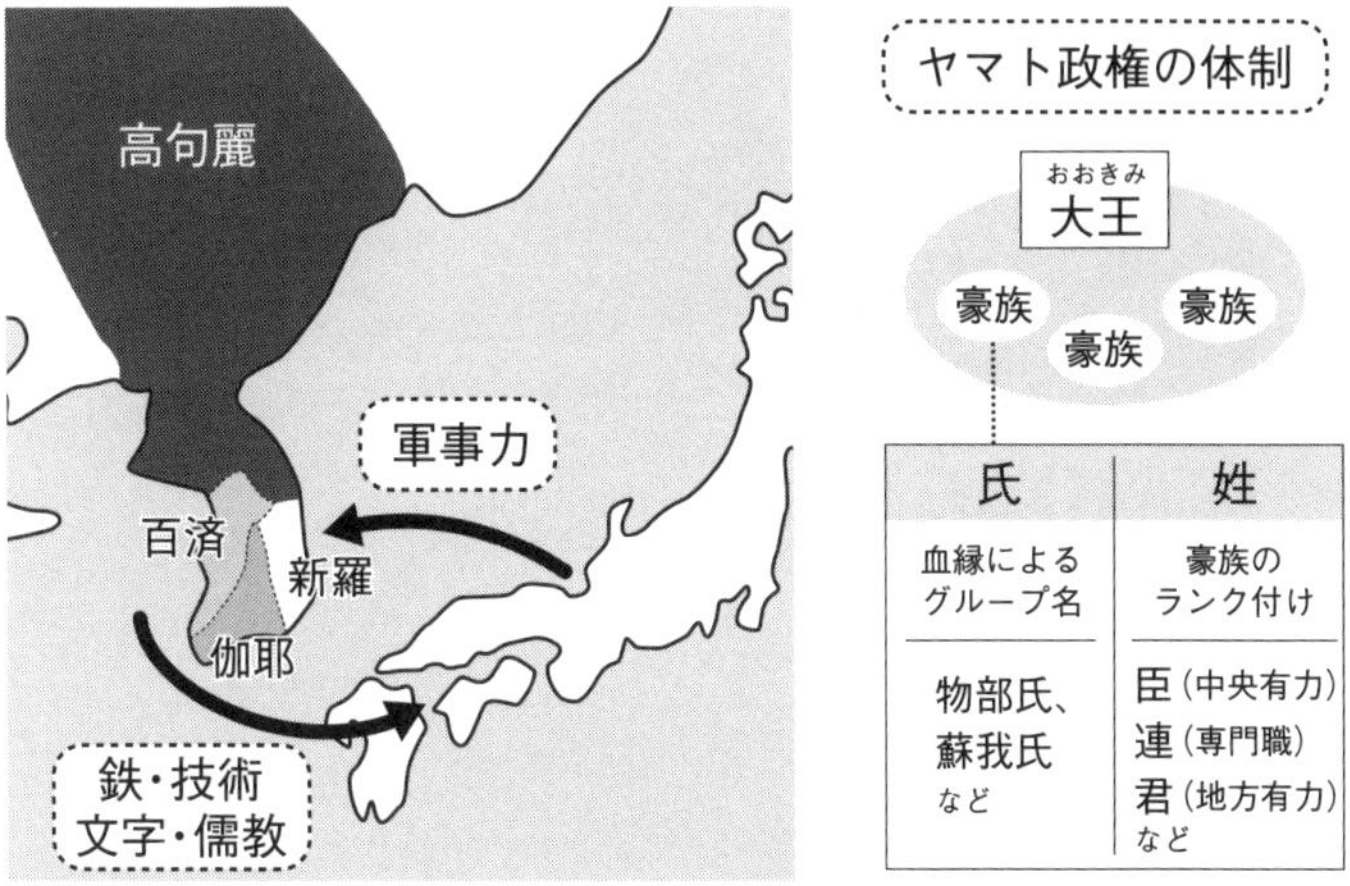

という名を刻んだ鉄剣や鉄刀は埼玉や熊本で発見されていることから、雄略天皇の力は全国におよんでいたと考えられます。

ヤマト政権は豪族たちによるゆるやかな連合体です。その支配力が全国に広まるにしたがい、各地の豪族たちをたばねるために**「氏姓《しせい》制度」**が整備されました。豪族たちは「蘇我《そが》氏」「物部《もののべ》氏」のように「氏」をもち、血縁をもとにしたグループをつくっていました。

こうした豪族の政権内の立ち位置を明確にするため、**「姓」をあたえてランク分けした**のです。「姓」には、臣《おみ》（中央の有力豪族）・連《むらじ》（特定の仕事をもつ豪族）・君《きみ》（地方の有力豪族）・直《あたい》（地方の豪族）・首《おびと》（地方の小豪族）など30種ほどありました。

氏姓制度は基本的に世襲制ですから、豪族の地位はずっと変わりませんでした。

第2章

飛鳥・奈良・平安時代

No.5

【仏教公認】

崇仏派・蘇我氏の勝利で厩戸王の改革へ

◆要点

587年、政権内の争いで崇仏派の蘇我氏が廃仏派の物部氏を滅ぼして仏教が公認される

●背景

物部《もののべ》氏を排除し、崇峻《すしゅん》天皇を暗殺する蘇我《そが》氏

欽明《きんめい》天皇の時代の５３８年（『日本書紀』では５５２年）、**朝鮮半島の百済から仏教がもたらされます**。当時、朝鮮半島では伽耶諸国を滅ぼした新羅と対立する百済が、日本との関係を深めるため、欽明天皇に仏教の経典や仏像を献上しました。

すると、ヤマト政権内の実力者である蘇我氏と物部氏が、仏教の受け入れをめぐって対立します。「日本だけが仏像を拝まないわけにはいかない」と蘇我氏が崇仏を主張したのに対し、物部氏は「日本在来の国神《くにつかみ》の怒りを招く」と廃仏を訴えました。

５８７年、用明《ようめい》天皇が亡くなると、蘇我馬子《そがのうまこ》と物部守屋《もののべのもりや》は別々の皇位継承者を立て、その対立はついに軍事衝突に発展。これに**蘇我氏が勝利し、仏教が公認される**ことになりました。

蘇我馬子は崇峻天皇を即位させ、実権をにぎりました。ところが、即位した崇峻天皇はほとんど実権がないことに不満をもらすようになったため、馬子は部下に命じて崇峻天皇を暗殺してしまいます。日本の歴史のなかで、天皇が暗殺されたのは、記録に残るものではこれが唯一の事例となっています。

【図】仏教をめぐる蘇我氏と物部氏の対立

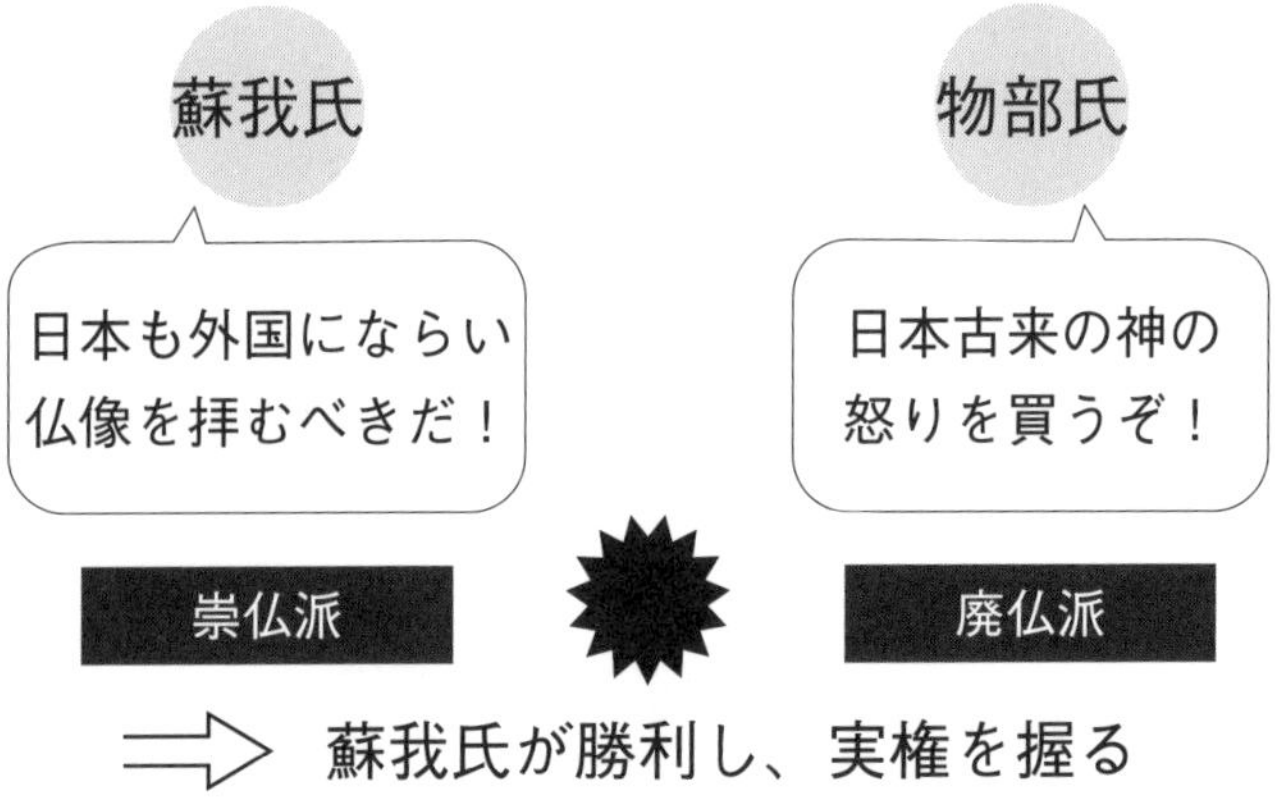
蘇我氏
日本も外国にならい仏像を拝むべきだ！
崇仏派
物部氏
日本古来の神の怒りを買うぞ！
廃仏派
蘇我氏が勝利し、実権を握る

蘇我馬子は、欽明天皇の娘であり、自身の姪でもあった推古《すいこ》天皇を初の女性天皇として即位させました。また、自身の甥にあたる厩戸王《うまやとおう》（聖徳太《しょうとくたい》子《し》）を摂政とし、天皇の補佐役としました。

こうして**蘇我馬子・推古天皇・厩戸王による3者の協力体制**がきずかれました。

ちなみに、この推古天皇から持統天皇まで、奈良県・飛鳥が政治の中心となった時代を「飛鳥時代」とよびます。また、このころから官僚による政治がはじまったことから、中央政権は**「朝廷」**とよばれるようになります。

中央集権国家をめざした厩戸王の改革

厩戸王は、豪族たちによる権力争いをおさえ、天皇と官僚による中央集権国家の成立をめざしました。そのための政策が**「冠位十二階」**と**「十七

【図】天皇を中心にした聖徳太子の政治

蘇我馬子 ……▶ 姪 推古天皇
蘇我馬子 ……▶ 甥 厩戸王（聖徳太子）

天皇と官僚による
中央集権国家をつくろう

伝・
聖徳太子像

冠位十二階 …世襲を否定、個人の実力を重視

十七条の憲法 …和を重んじ、仏教を敬うという豪族に求める心構え

条の憲法」です。

「冠位十二階」は、個人の実力に応じて「冠位」をあたえるもので、**それまでの世襲制の氏姓制度をあらためる意図**がありました。「十七条の憲法」は、いまのような憲法とは違い、「和を重んじる」「仏教を敬う」など、豪族たちに官僚としての心構えを説いたものでした。

また、「倭の五王」以来打ち切られていた中国への遣使が再開されます。

当時最強の中国・隋《ずい》は、周辺諸国と君臣関係を結ぶのがふつうでしたが、厩戸王は遣隋使・小野《おのの》妹子《いもこ》を送り（607年）、**大胆にも対等外交をもちかけました**。隋の皇帝・煬帝《ようだい》はこれに激怒したといいますが、結局受け入れました。朝鮮半島の高句麗を共通の敵としていたため、利害が一致する仲間と見なしたのです。

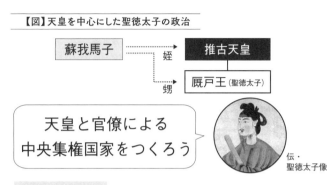

No.6

【乙巳《いっし》の変】

クーデタによる政権交代劇

◆要点

645年、飛鳥の宮中で中大兄皇子と中臣鎌足らが蘇我入鹿を暗殺、蘇我家を滅ぼして律令による国家統治のきっかけとなった

●背景

最初の元号「大化」を定め、豪族つぶしの政治改革を進める

天皇と官僚による中央集権国家をめざした蘇我馬子・推古天皇・厩戸王（聖徳太子）ですが、この3人は622〜628年にかけてあいついで亡くなります。すると、ふたたび権力争いが激化し、そのなかから**蘇我馬子の子の蝦夷《えみし》が台頭**し、舒明《じょめい》天皇を擁立して実権をにぎりました。

舒明天皇が崩御し、皇后の皇極《こうぎょく》天皇が即位すると、聖徳太子の子である山背大兄王《やましろのおおえのおう》に対する期待が高まりました。そこで蘇我蝦夷は、子の入鹿《いるか》に命じて山背大兄王を自殺に追い込みます（643年）。

こうして蘇我氏が支配体制を固め、**ふたたび豪族政治に戻りました**。この蘇我氏を排除するため立ち上がったのが、皇極天皇の子の中大兄皇子《なかのおおえのおうじ》とその腹心の中臣鎌足《なかとみのかまたり》でした。2人は、**「律令（律＝刑法、令＝行政法）にもとづいた天皇を中心とした中央集権国家」をめざし、クーデタを断行**します。

645年、飛鳥の宮中に朝鮮の外交団が訪れるなか、中大兄皇子らは蘇我入鹿を暗殺。翌日、蘇我蝦夷も自害に追い込み、蘇我氏を滅ぼしました。これが「乙巳《いっし》の変」です。

【図】乙巳の変の対立構造

中大兄皇子
中臣鎌足

蘇我蝦夷
（豪族）

目的 ⇒ 豪族政治の打倒、
律令に基づいた天皇中心の政治

「乙巳の変」を描いた江戸時代の絵巻。蘇我入鹿を暗殺する中大兄皇子と中臣鎌足。

中大兄皇子は、叔父にあたる孝徳《こうとく》天皇を即位させ、**自らは皇太子となって「大化《たいか》の改新《かいしん》」とよばれる一連の政治改革を行いました**。「大化」とはこのときの元号で、これが日本最初の元号です。

６４６年の「改新の詔《みことのり》」では、**全国の土地や人民をいったん国家のものとした**うえで（公地公民制）、人々に公平に農地（口分田《くぶんでん》）を分配し、死後は返却するとしました（班田収授法《はんでんしゅうじゅのほう》）。

これは土地と人民をもつ豪族たちを丸裸にするための改革でした。また、収穫した米の一部を収めるものとし、６７０年にはその徴税を円滑にするため、**はじめての戸籍である「庚午年籍《こうごねんじゃく》」**をつくりました。

以上の話は、中臣鎌足の子で、のちに実権をにぎる藤原不比等の時代にまとめられた歴史書『日本書紀』がもとになっていますが、実際に政治改

【図】中大兄皇子の政策

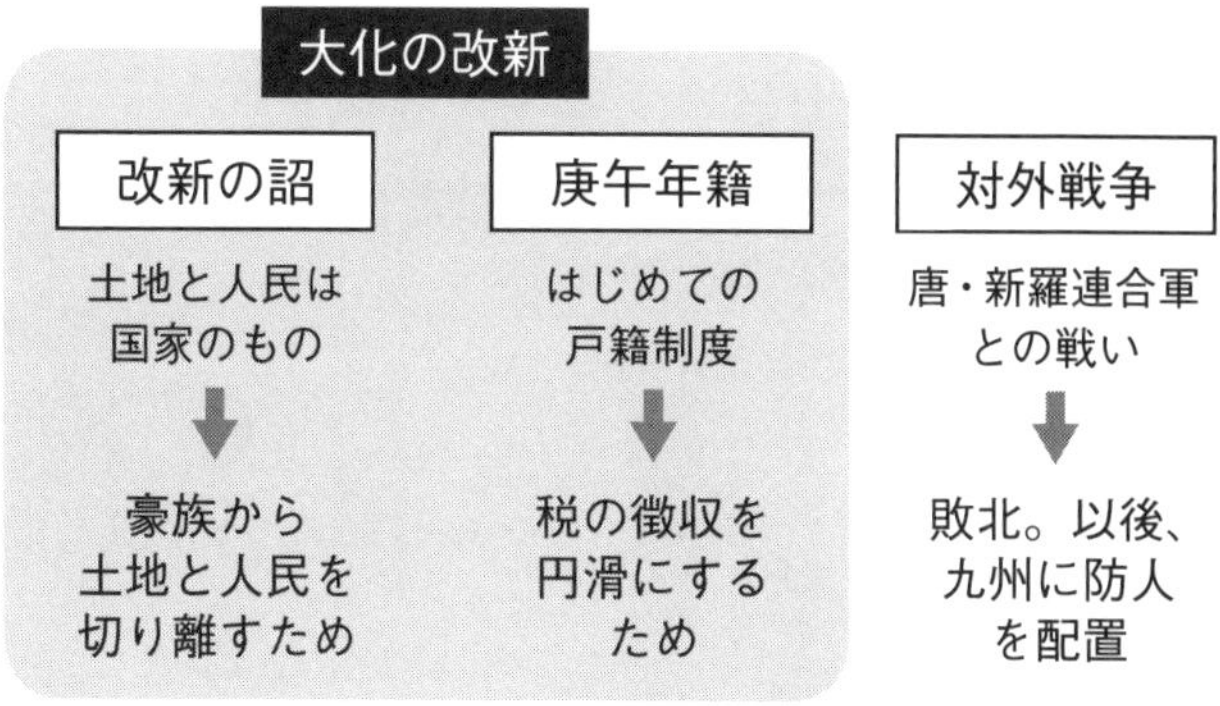
大化の改新
改新の詔
土地と人民は国家のもの
豪族から土地と人民を切り離すため
庚午年籍
はじめての戸籍制度
税の徴収を円滑にするため
対外戦争
唐・新羅連合軍との戦い
敗北。以後、九州に防人を配置

律令に基づく政治のはじまり

革がどこまで進んだのかは疑問がもたれています。

はじめての対中戦争は大敗する

このころの朝鮮半島には、高句麗・百済・新羅《しらぎ》の3国がありましたが、このうち新羅が唐《とう》と結んで、百済を滅ぼしました（660年）。

すると再興をめざす百済は、友好関係にあった日本に援軍を求めてきました。中大兄皇子は水軍を派遣しますが、唐・新羅の連合軍の前に大敗します（白村江《はくすきのえ》の戦い、663年）。これをきっかけに中大兄皇子は防衛に力を入れ、九州に防人《さきもり》とよばれる国境警備隊をおきました。

668年に天智《てんじ》天皇として即位した中大兄皇子は、側近の中臣鎌足に特別な最高官位「大織冠《たいしょっかん》」をあたえ、「藤原」の姓を授けました。**藤原氏の基礎はここにきずかれる**ことになります。

No.7

【壬申《じんしん》の乱】

天武天皇が武力で絶体的政権を確立

◆要点

672年、朝廷の皇位継承争いで
大海人皇子が
挙兵して大友皇子軍に勝利し
即位後に中央集権化が達成される

●背景

東側の豪族たちを味方につけ、大津宮を急襲

天智天皇の後継者をめぐっては、古代最大の反乱が起きました。それが「壬申《じんしん》の乱」です。原因は、天智天皇のルール違反でした。671年、天智天皇は息子の大友皇子《おおとものおうじ》を太政大《だじょうだい》臣《じん》に任命しました。これは事実上、大友皇子を皇位継承者に指名したことを意味しました。しかし当時は、天皇に同母弟がいるときは兄弟相続が慣例。**慣例通りなら、天智天皇の同母弟の大海人皇子《おおあまのおうじ》が皇位継承者になるはず**でした。大友皇子の母が身分の低い女性だったことも慣例違反でした。

この時代、天智天皇は都を近江大津宮《おうみおおつのみや》においていましたが、都にいたら命が危ういと感じた大海人皇子は、大津から100キロ以上離れた吉野に逃れました。

やがて天智天皇が亡くなると、朝廷内では朝鮮出兵の失敗など天智天皇の独裁への不満が噴出し、それを引き継いだ**大友皇子の政権に対する風当たりが強まりました**。

672年、これを好機ととらえた大海人皇子は吉野をたち、挙兵します。いったん東へ向かい、美濃国や伊勢国の地方豪族たちを味方につけると、不破関《ふわのせき》に陣をはりました。そこから大津宮を攻め、大友皇子の軍をやぶりました。これが「壬申の乱」です。翌年、大

【図】壬申の乱の対立構造

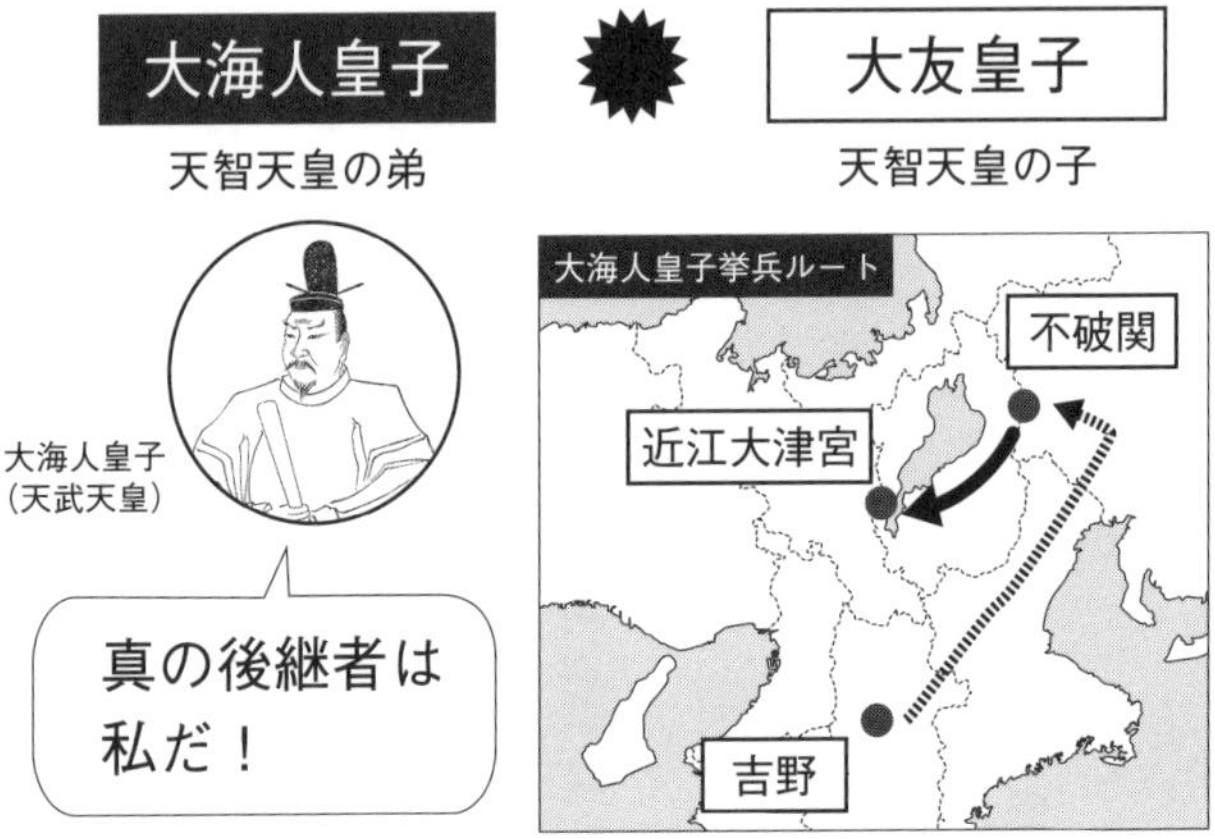

海人皇子は飛鳥浄御原宮《あすかのきよみはらのみや》で即位し、天武《てんむ》天皇となりました。

ちなみに、大海人皇子軍が陣をしいた不破関のすぐ東に広がる原野が、関ヶ原《せきがはら》です。近世には「関ヶ原の戦い」が起きた場所です。ここは山にはさまれた隘路《あいろ》で、**都のある西側勢力と都を狙う東側勢力がせめぎ合う地点**となっています。日本の地政学的な要衝となっています。

中央集権化が進んだ天武・持統朝

地方豪族たちの支持のもとで政権をきずいた天武天皇は、絶大な権力を手にし、天皇中心の中央集権化を力強く進めました。

天皇を中心とした新しい身分制度として、姓を8種類に統合した**「八色《やくさ》の姓《かばね》」**を制定するほか、日本初の体系的な法令となる**「飛鳥浄御原令《あすかきよみはらりょう》」**を

【図】天武天皇が進めた政策

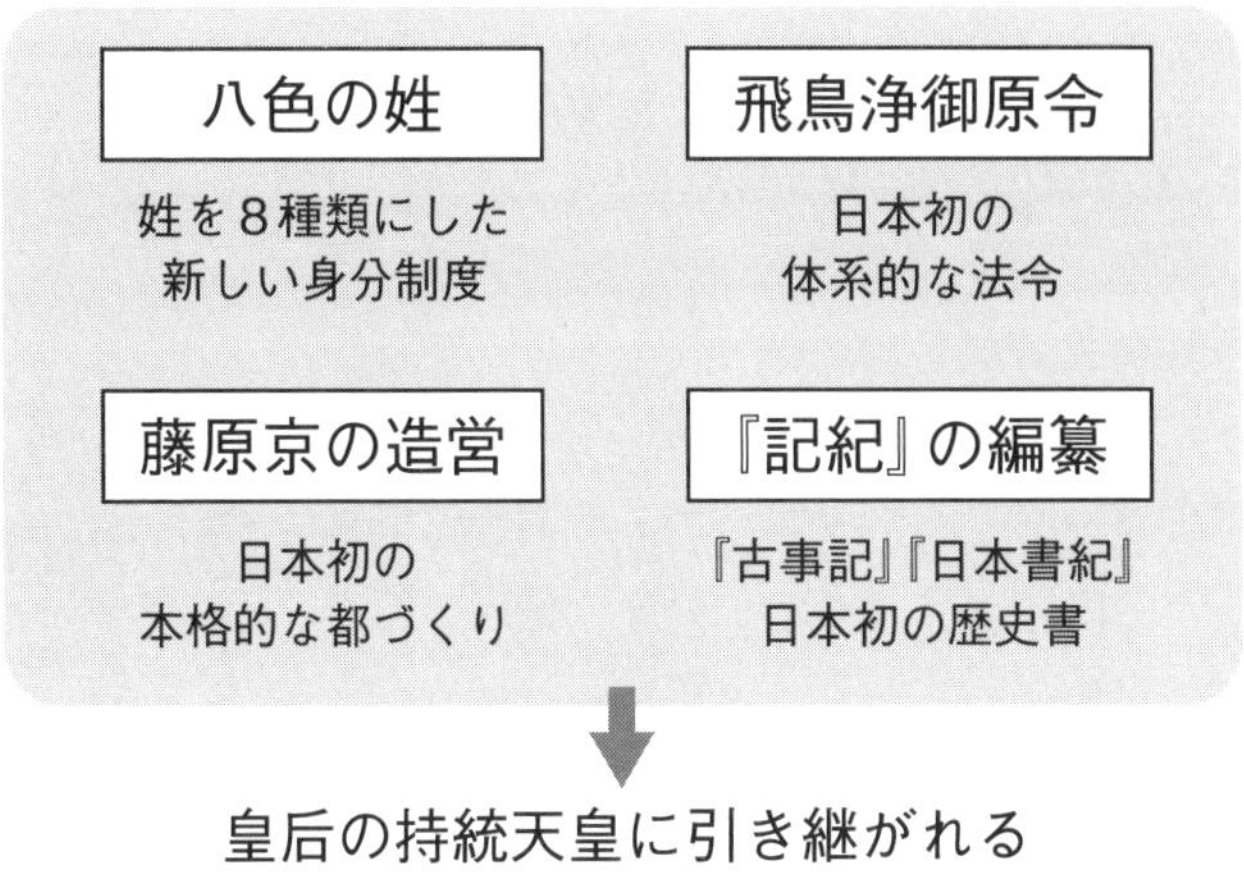
八色の姓
姓を８種類にした
新しい身分制度
飛鳥浄御原令
日本初の
体系的な法令
藤原京の造営
日本初の
本格的な都づくり
『記紀』の編纂
『古事記』『日本書紀』
日本初の歴史書
皇后の持統天皇に引き継がれる

制定しました。日本初の本格的な都となる藤原京の造営も開始しました。のちに『古事記《こじき》』『日本書《にほんしょ》紀《き》』として完成する歴史書の編纂事業をはじめたのも天武天皇です。

一方、**この時代から日本の統治者は正式に「天皇」とよばれるようになり、国号は「日本」となりました**。

天武天皇が亡くなると、皇后の持統《じとう》天皇が即位し、その事業を引き継ぎました。藤原京への遷都を実現し、飛鳥浄御原令《あすかきよみはらりょう》を施行しました。飛鳥浄御原令は、「律《りつ》（刑法）」と「令《りょう》（行政法）」のうち「令」のみでした。その内容は、７０１年に完成する大宝律令とほぼ同じだったといわれています。

No.8

【大宝律令の成立】

刑法・行政法をもつ律令国家となる

◆要点

701年、文武天皇のもとで刑部親王・藤原不比等らが大宝律令を完成させて法による本格的な律令国家が動き出す

●背景

実権をにぎった藤原不比等が大宝律令を完成させる

697年、持統天皇は皇位をゆずり、孫の文武《もんむ》天皇が15歳で即位しました。**この時代から藤原氏が実権をにぎります**。

中臣（藤原）鎌足の子の**藤原不比等《ふじわらのふひと》**は、即位直後の文武天皇に娘・宮子《みやこ》を嫁がせ、さらにこの宮子の生んだ首皇子《おびとのおうじ》（のちの聖武《しょうむ》天皇）に別の娘・光明子《こうみょうし》を嫁がせました。こうして**天皇の外戚（母方の親戚）となることで、「天皇」を支配し、権力をにぎった**のです。

701年、**大宝律令《たいほうりつりょう》が完成**します。この作成にあたったのが、天武天皇の子・刑部親王《おさかべしんのう》と藤原不比等でした。大宝律令は「律（刑法）」と「令（行政法）」の両方がそろったはじめての法令であり、日本はここから本格的な律令国家としてのスタートを切ったといえます。

行政のしくみは、中央官庁のトップに神祇官《じんぎかん》と太政官《だじょうかん》の**「二官」**がおかれ、太政官のもとに現在の省庁にあたる**「八省」**がおかれました。地方には**国・郡・里**がおかれ、それぞれ国司や郡司を任命して統治しました。身分制度も30段階の官位に再編されました。五位以上が貴族で、三位以上になると「公卿《くぎょう》」とよばれる超特権階級です。

【図】大宝律令の定めた「二官八省」

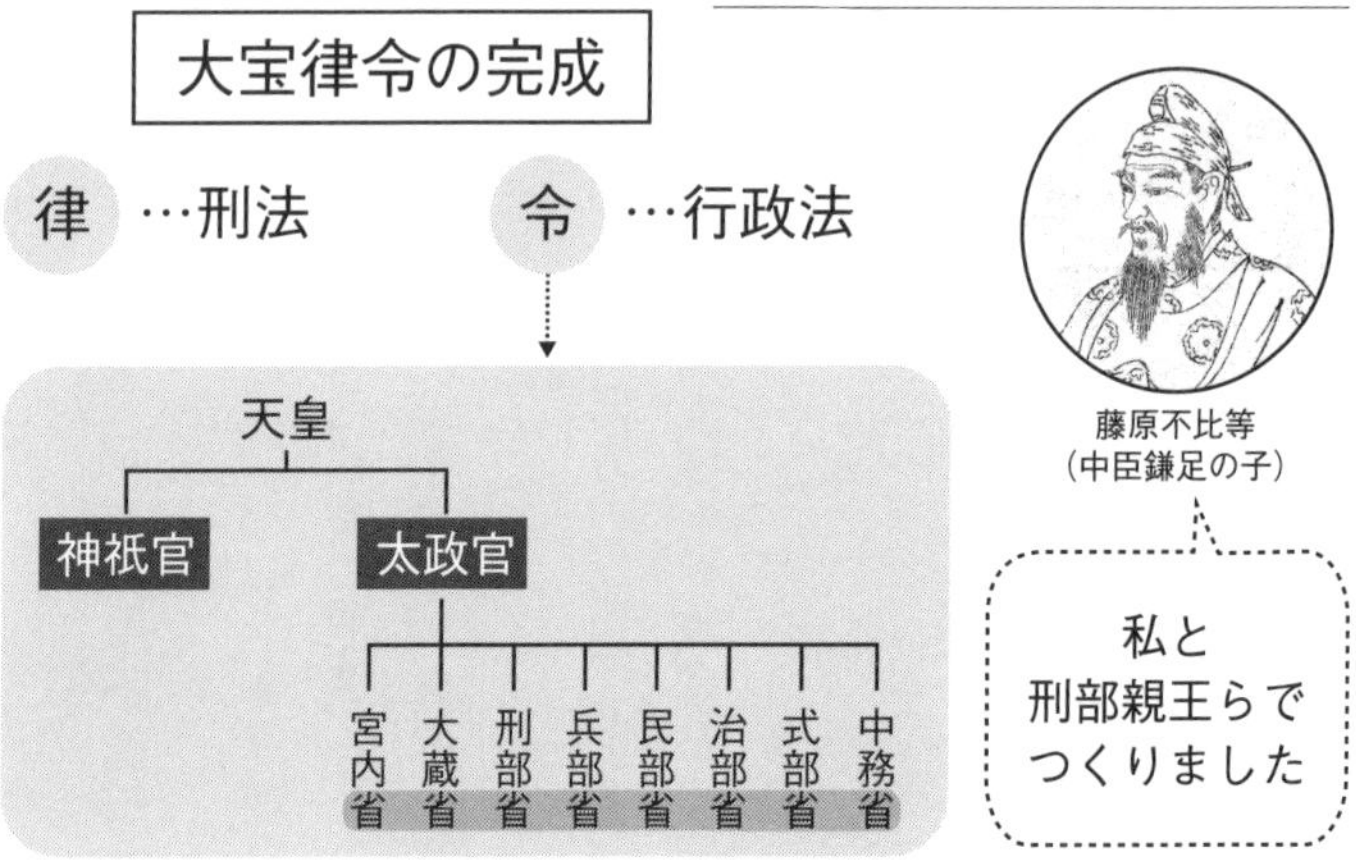

一方、大宝律令をきっかけに班田収授法がきちんと機能するようになりました。

人々は戸籍に登録され、6歳以上の男女に口分田があたえられ、そこで収穫した米の一部を「**祖**《そ》」という税としておさめるほか、男子には「**調**《ちょう》」（特産物）・「**庸**《よう》」（都での労役から、のちに麻布の献上）・「**雑徭**《ぞうよう》」（国司のもとでの労働）などの厳しい税も課されました。口分田は死後に返却するものとされ、これがのちのち問題となりました。

長安をモデルとした平城京へ遷都

文武天皇が亡くなると、幼い首皇子が即位するまでの中継ぎとして、元明《げんめい》天皇（文武天皇の母）と元正《げんしょう》天皇（元明天皇の娘）がつづきました。この時代もひきつづき政権担当者は藤原不比等です。

元明天皇の時代の重要な出来事としては、710

【図】奈良時代前後に行われた政策

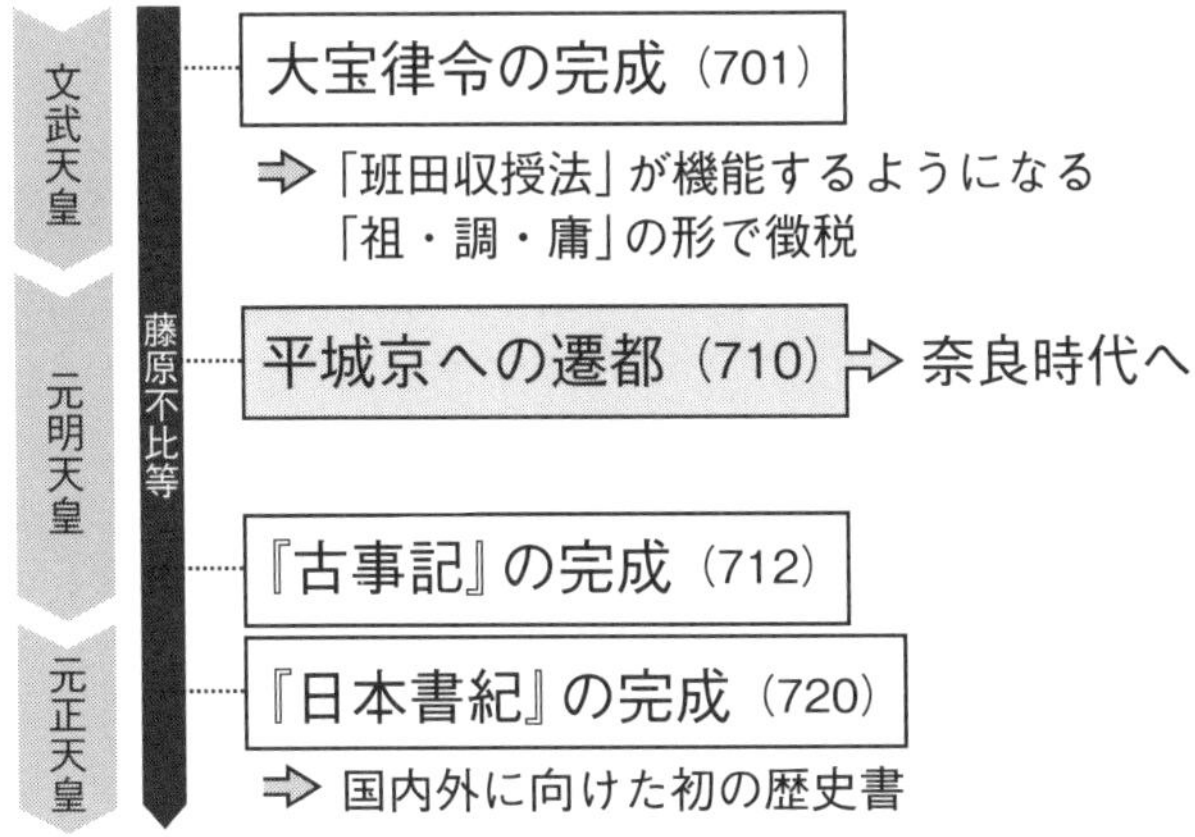
文武天皇
元明天皇
元正天皇
藤原不比等
大宝律令の完成（701）
⇨「班田収授法」が機能するようになる
「祖・調・庸」の形で徴税
平城京への遷都（710）
⇨ 奈良時代へ
『古事記』の完成（712）
『日本書紀』の完成（720）
⇨ 国内外に向けた初の歴史書

年の**藤原京から平城京への遷都**があります。現在の奈良県・奈良市につくられた平城京は唐の長安をモデルにしていました。この平城京遷都から７９４年の平安京遷都までを「奈良時代」とよびます。

また、歴史書の『古事記』『日本書紀』が完成したのもこの時代です。いずれも日本の神話とヤマト政権の成り立ちを記したものですが、『古事記』は日本語的な漢文で書かれた国内向けの歴史書であるのに対し、『日本書紀』は中国式の漢文で編年体（年代順に記述する形式）によって書かれた国外向けの歴史書という違いがあります。

No.9

【長屋王の変】

藤原氏 vs 皇族の権力闘争

◆要点

729年、政権争いで藤原4兄弟が長屋王を自殺に追い込み藤原氏と皇族の権力闘争が激化する

●背景

権力闘争・伝染病で動揺した聖武天皇の治世

７２０年に藤原不比等が亡くなると、天武天皇の孫で**皇族の長屋王**《ながやおう》が政権を奪いました。７２４年には成人した聖武天皇（首皇子）が即位します。このころから、朝廷内の権力闘争が激しくなりました。基本的な対立構造は**「藤原氏」対「皇族」**です。

藤原不比等の４人の子（武智麻呂《むちまろ》・房前《ふささき》・宇合《うまかい》・麻呂《まろ》）は、政権を奪い返すため、長屋王に謀反の疑いをかけて自殺に追い込みました。これを「長屋王の変」（７２９年）といいます。

さらに藤原４兄弟（藤原４子）は、聖武天皇に嫁いでいた異母妹の光明子（藤原不比等の娘）を皇后（天皇の最上位の妻）にたて、実権を奪いました。ところが７３７年、藤原４兄弟は全員、天然痘で亡くなってしまいます。これは「長屋王の祟り」ではないかと恐れられました。

藤原氏にかわって**皇族の橘諸兄**《たちばなのもろえ》が政権をにぎり、遣唐使帰りの学者・吉備真備《きびのまきび》や僧・玄昉《げんぼう》を重用して政治を行います。これに対し、７４０年に藤原宇合の子の藤原広嗣《ふじわらのひろつぐ》が反乱を起こしますが、鎮圧されます。

【図】皇族vs藤原氏の争い

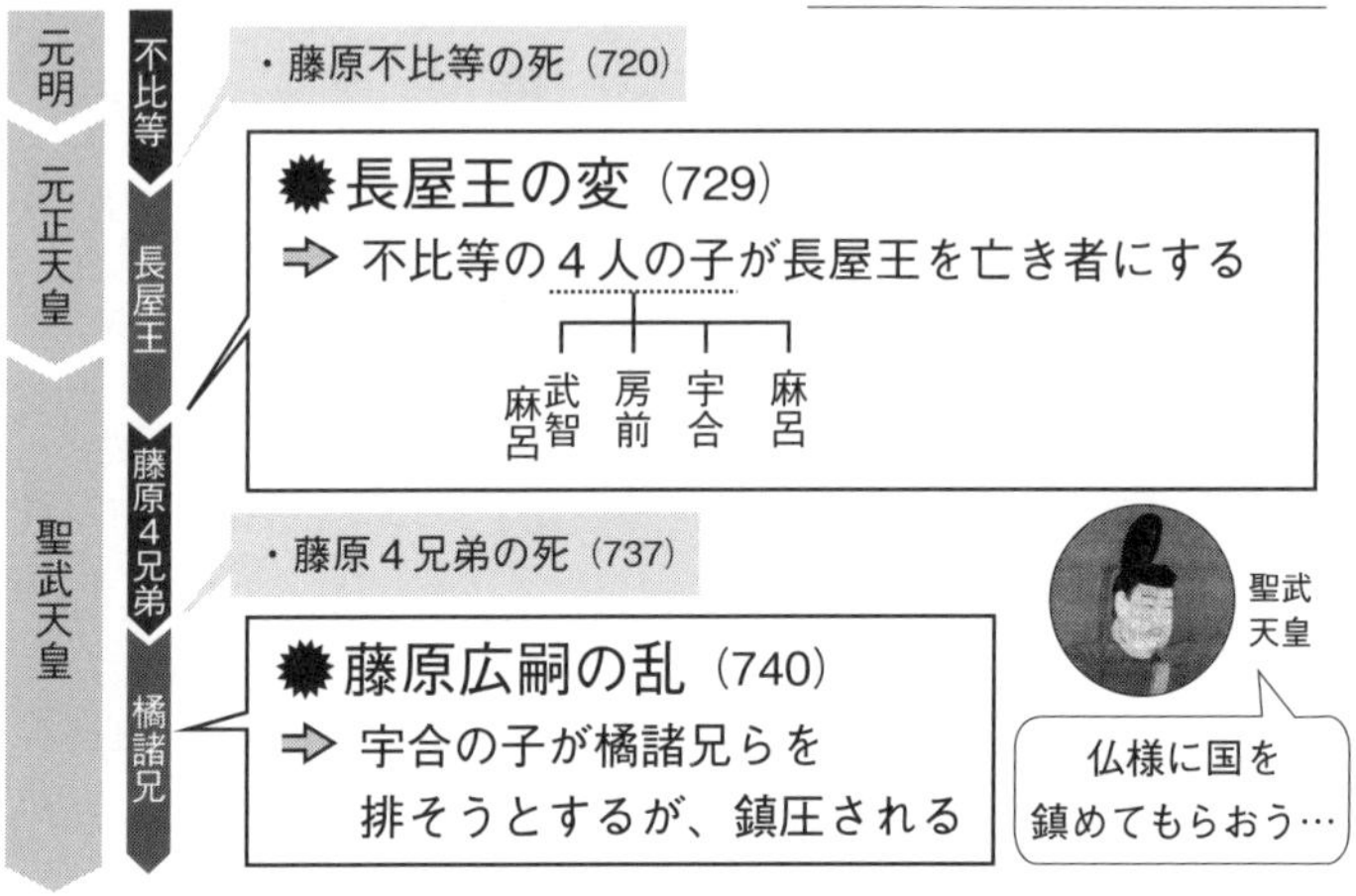
元明
元正天皇
聖武天皇
不比等
長屋王
藤原4兄弟
橘諸兄
・藤原不比等の死（720）
長屋王の変（729）
⇨ 不比等の４人の子が長屋王を亡き者にする
武智麻呂　房前　宇合　麻呂
・藤原４兄弟の死（737）
藤原広嗣の乱（740）
⇨ 宇合の子が橘諸兄らを
排そうとするが、鎮圧される
聖武天皇
仏様に国を
鎮めてもらおう…

ここまでが聖武天皇の治世の前半に起きたことです。権力闘争に伝染病の流行、反乱、飢饉などがたえない不穏な時代であったことから、聖武天皇は、全国に国分寺と国分尼寺を建てたり、奈良・東大寺に巨大な盧舎那仏《るしゃなぶつ》（奈良の大仏）を造立することで、国家の安泰を願いました。

このように**「仏教の力で国家をしずめまもろう」**とする考え方を、「鎮護《ちんご》国家思想」といいます。

土地所有を認める墾田永年私財法《こんでんえいねんしざいほう》で「初期荘園」が生まれる

この時代、土地改革も進みました。

班田収授法によって土地をあたえられたものの、税負担が重いために**土地を捨てて逃げだす者が増え、税収が減りました**。一方で、人口が増えたことで、新たな土地を割り当てなければいけないと

【図】奈良時代前後の土地に対する制度

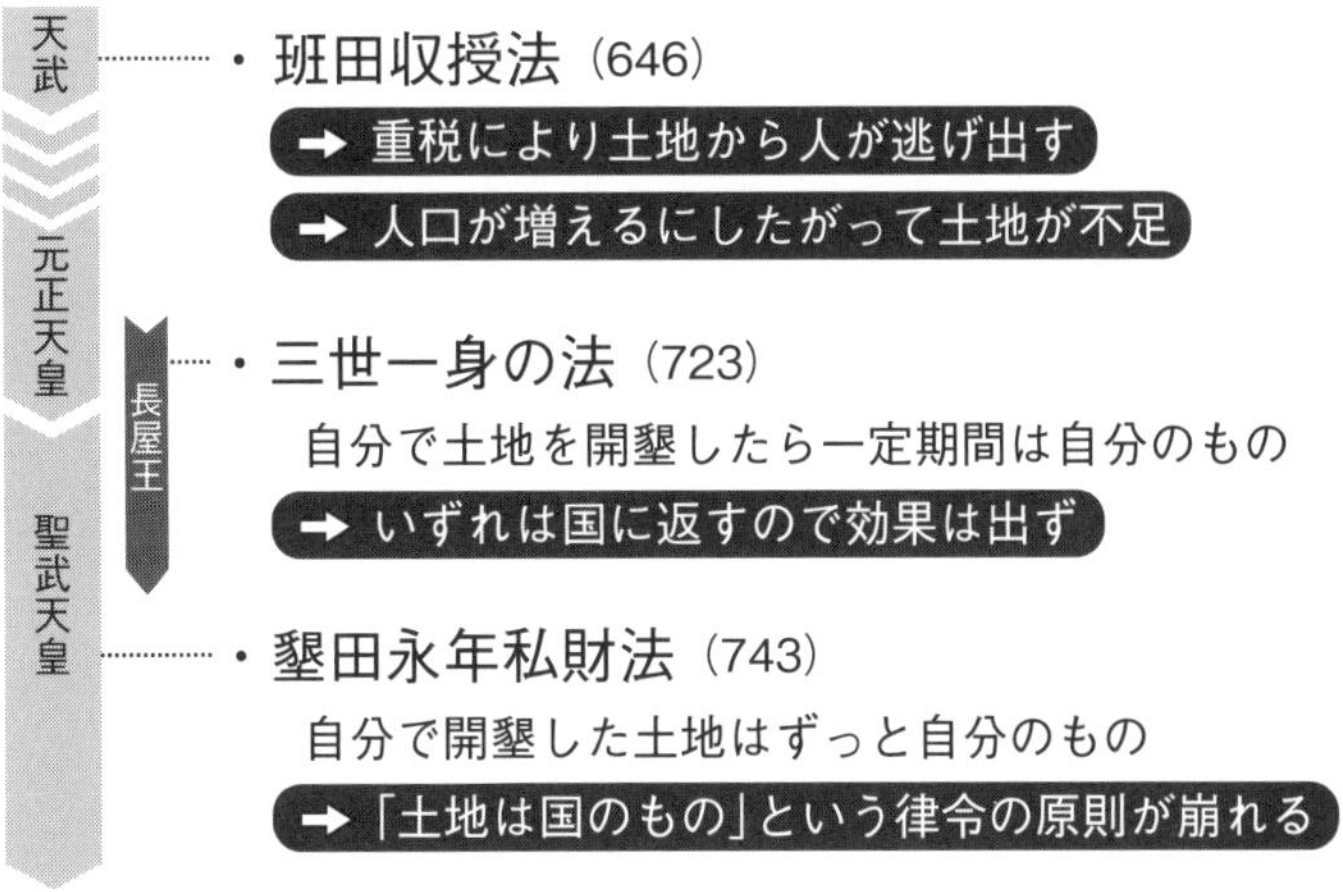
天武
元正天皇
聖武天皇
長屋王
・班田収授法（646）
➡ 重税により土地から人が逃げ出す
➡ 人口が増えるにしたがって土地が不足
・三世一身の法（723）
自分で土地を開墾したら一定期間は自分のもの
➡ いずれは国に返すので効果は出ず
・墾田永年私財法（743）
自分で開墾した土地はずっと自分のもの
➡「土地は国のもの」という律令の原則が崩れる

いう、**土地不足の問題**も発生しました。

そこで長屋王は、７２３年、**「三世《さんぜ》一身《いっしん》の法」**を定めました。これは土地を開墾した者は一定期間（三代、もしくは一代）、土地を自分のものにできるというものです。しかしこの改革でも、**結局さいごは国に土地を返さなければいけないので、思ったほどの効果はあがりませんでした**。

そこで聖武天皇の時代の７４３年、墾田永年私財法が定められました。

これは、自分で開墾した土地は自分のものにできるというもので、税収の確保と土地不足解消につながる効果がありました。

ただ、力のある寺社や貴族が人を雇って土地を増やし、**「初期荘園」ができるきっかけ**となり、全国の土地を国のものとする律令制の根本原則が崩壊する原因となりました。

No.10

【道鏡の天皇即位計画】

女帝の寵愛を受けた僧侶が大出世

◆要点

764年、恵美押勝の乱で孝謙天皇の寵愛を受けた僧・道鏡が恵美押勝を破って実権をにぎり皇位までも狙うが、失敗に終わる

●背景

聖武天皇・橘諸兄《たちばなのもろえ》が没し、藤原仲麻呂《なかまろ》が独裁権をにぎる

朝廷内の「藤原氏」対「皇族」の争いはつづきます。

聖武天皇は、749年に娘を孝謙《こうけん》天皇として即位させ、自らは上皇となり、橘諸兄とともに政権を支えました。聖武天皇と橘諸兄は藤原氏の勢力を抑え込んでいましたが、756年と757年に**2人が相次いで亡くなると、藤原氏が盛り返します。**

孝謙天皇の母の光明子は、藤原氏の出身です。この光明子の影響力が増したことから、その甥の**藤原仲麻呂**が実権をにぎりました。これに対し757年、橘諸兄の子の橘奈良麻呂《たちばなのならまろ》が藤原仲麻呂打倒の兵をあげようとしますが、事前に計画が発覚し、殺害されます（橘奈良麻呂の変）。

孝謙天皇は退位。藤原仲麻呂は自分の意のままに動く淳仁《じゅんにん》天皇（天武天皇の孫）を立て、独裁的な権力をにぎりました。そして、淳仁天皇から**「恵美押勝《えみのおしかつ》」**という名をもらい、太政大臣となりました。

【図】「橘奈良麻呂の変」の対立構造

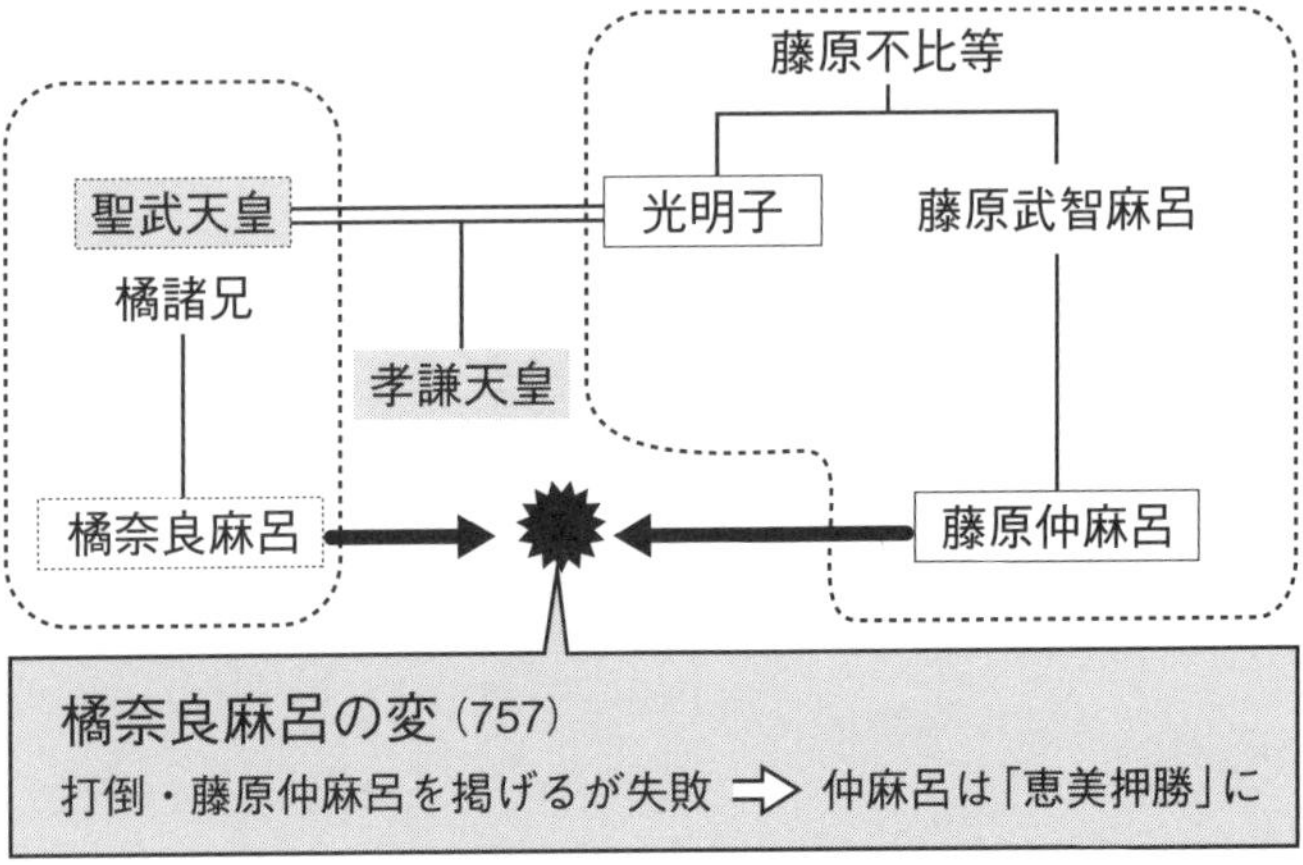

僧侶が政界・仏教界のトップにのぼりつめる

７６０年、光明子が亡くなると、恵美押勝の権威が低下しました。それと入れ替わるように**孝謙上皇が、病気の看病をしてくれた僧・道鏡《どうきょう》の力をえて影響力を高めていきました。**

危機感を覚えた恵美押勝は、７６４年、道鏡排除を訴えて挙兵しますが、孝謙上皇側の反撃をうけて殺されてしまいます**（恵美押勝の乱）**。淳仁天皇は皇位からひきずり降ろされ、孝謙上皇がふたたび称徳《しょうとく》天皇として即位しました。

称徳天皇の寵愛をうけた道鏡は、異例の出世をとげます。太政大臣禅師、さらには法王となり、政界と仏教界のトップにのぼりつめました。称徳天皇には子がいなかったため、道鏡は皇位まで狙うようになります。

【図】僧・道鏡をめぐる2つの事件

恵美押勝の乱（764）…恵美押勝の敗北

孝謙上皇
&
僧・道鏡

恵美押勝

⇩

道鏡があらゆる権力を集める

⇩

宇佐八幡宮神託事件（769）

「道鏡を天皇にすべき」という神託を
和気清麻呂が問い直して解決

現在の宇佐神宮（©Sanjo）

そんなとき、豊前国の宇佐八幡宮で**「道鏡を天皇にすえれば世の中はおさまる」というお告げ**がありました。藤原氏など道鏡に反対する勢力はこれを打ち消そうと、「もういちど宇佐八幡宮で神の真意をたしかめるべき」と訴えます。

そこで769年、和気清麻呂《わけのきよまろ》という人物が宇佐八幡宮に派遣され、結果、**「天皇には必ず皇族をたてるべき」**という報告がなされます。これで道鏡の天皇即位計画は頓挫することになります（宇佐八幡宮神託事件）。

その翌年、称徳天皇は失意のうちに亡くなり、後ろ盾を失った道鏡は下野国《しもつけのくに》の薬師寺に追放されました。次の天皇に選ばれたのは、天智天皇の孫の光仁《こうにん》天皇です。天皇家は壬申の乱以降、天武系の天皇がつづいていましたが、ここから天智系となります。この天智系が現在までつづいています。

No.11

【平安京遷都】

桓武天皇が２大事業を行う

◆要点

７９４年、平安京（京都）に桓武天皇が都をうつす大改革を実施して奈良の勢力から逃れる

●背景

桓武《かんむ》天皇の2大事業→民衆の負担で中止

光仁天皇をついだ桓武天皇は、「造作《ぞうさく》」と「軍事」という2大事業を行います。

1つ目の「造作」とは、「新たな都の建設」です。

平城京は豪族や仏教界（南都仏教界）の力が強く、リーダーシップが発揮しにくかったため、天智系にふさわしい新たな都の建設をめざしました。はじめは784年に長岡京に遷都しますが、度重なる洪水や造営長官の藤原種継《たねつぐ》の暗殺などが起きたことから、途中であきらめ、794年に平安京に遷都しました。ここからが「平安時代」となります。

もう1つの「軍事」は、**「蝦夷《えみし》征服」**です。

奈良時代より朝廷にしたがわない東北の勢力は「蝦夷」とよんで鎮圧を試みていましたが、桓武天皇は征夷大将軍《せいいたいしょうぐん》に坂上田村麻呂《さかのうえのたむらまろ》を任命して、大軍を送り、**岩手県の北部まで支配領域を広げました**。この征夷大将軍は「蝦夷を征服する将軍」という意味です。鎌倉幕府を開いた源頼朝《みなもとのよりとも》以降は、足利《あしかが》氏・徳川氏など武士で政権を担う者がついています。

2大事業は大きな改革でしたが、それだけに**莫大な費用がかかり、民衆の負担**にもなりました。そのため805年にいずれも中止になり、平安京は未完のままとなりました。

【図】桓武～嵯峨に続いた改革路線

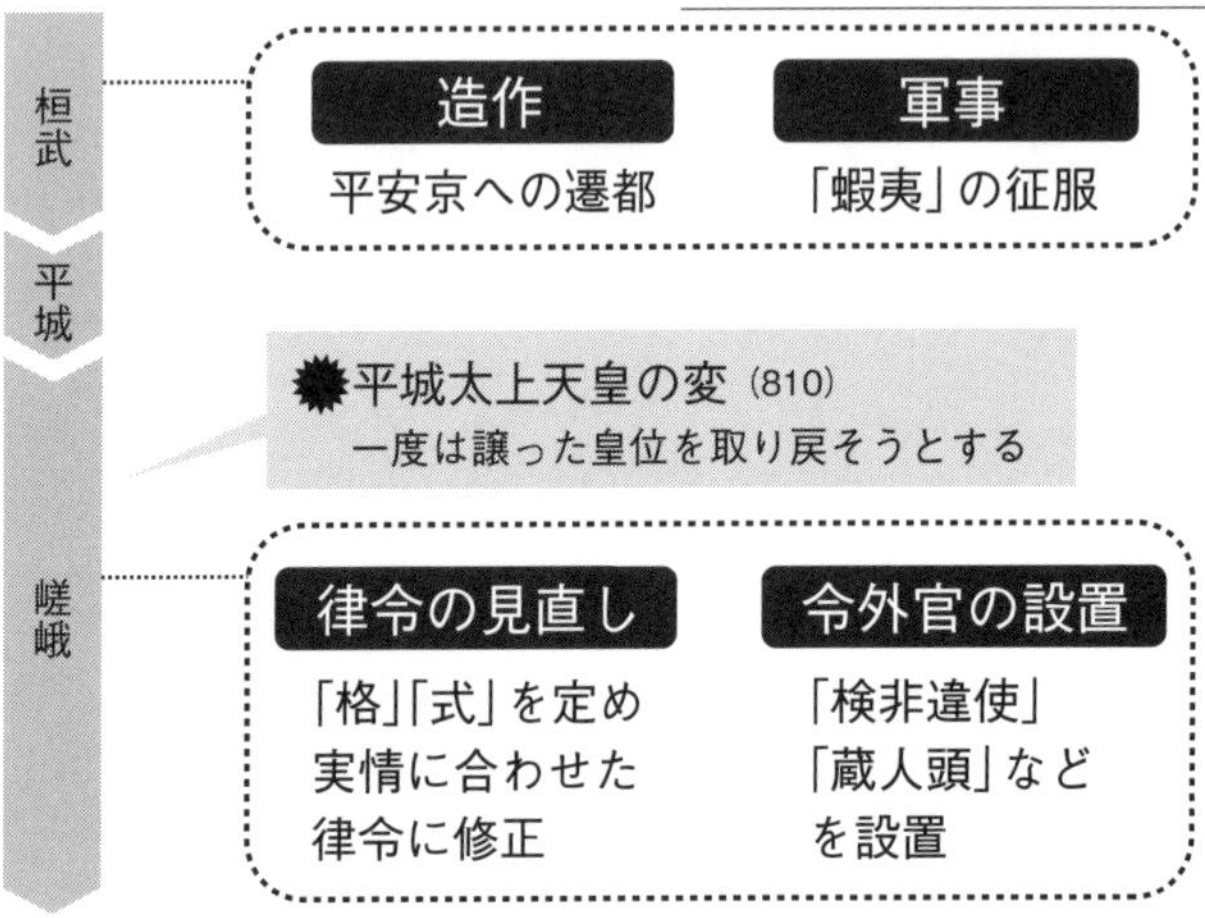
桓武
平城
嵯峨
造作
平安京への遷都
軍事
「蝦夷」の征服
平城太上天皇の変（810）
一度は譲った皇位を取り戻そうとする
律令の見直し
「格」「式」を定め
実情に合わせた
律令に修正
令外官の設置
「検非違使」
「蔵人頭」など
を設置

桓武天皇のあとを継いだのは、息子兄弟である平城《へいぜい》天皇、嵯峨《さが》天皇です。

兄の平城天皇はいちどは弟に皇位をゆずりながら、810年に皇位を取り戻そうと挙兵する騒ぎを起こしています。結局は、嵯峨天皇に退けられています（平城太上天皇の変／薬子《くすこ》の変）。

その嵯峨天皇は、桓武天皇の改革路線を引き継ぎました。1つには、**律令の見直し**があります。律令の補足や修正となる「格」と、具体的に国を動かす細目となる「式」をまとめることで、実情にあわせて律令が機能するようにしました。

もう1つは、大宝律令の「令」に規定されていない**新たな役職「令外官《りょうげのかん》」の設置**があります。たとえば、天皇の側近である「蔵人頭《くろうどのとう》」、京都の治安をつかさどる「検非違使《けびいし》」などを設けました。

ちなみに、この蔵人頭に藤原冬嗣《ふゆつぐ》がついたことを

【図】桓武天皇が遷都した理由

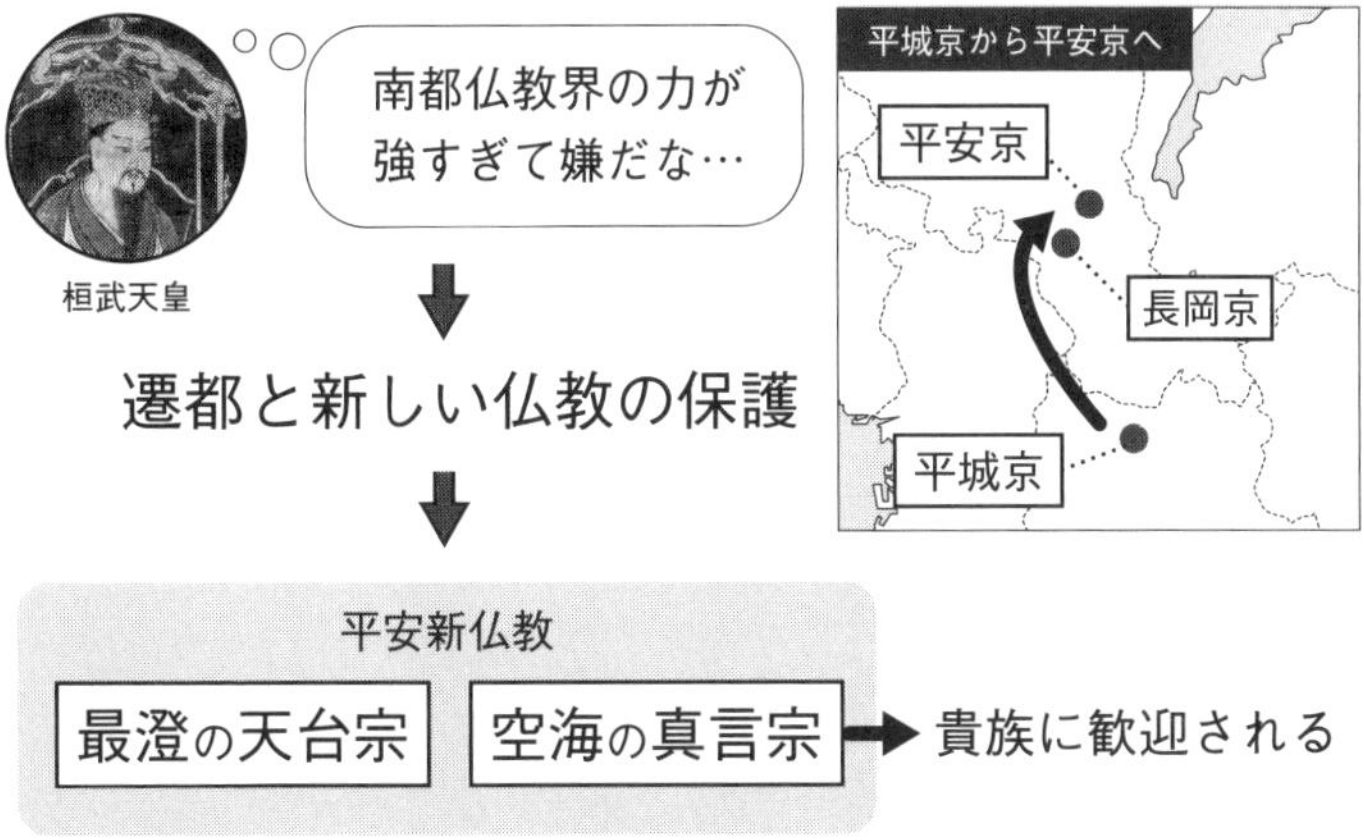
桓武天皇
南都仏教界の力が
強すぎて嫌だな…
遷都と新しい仏教の保護
平城京から平安京へ
平安京
長岡京
平城京
平安新仏教
最澄の天台宗
空海の真言宗
貴族に歓迎される

きっかけに、**その子孫である藤原氏の「北家《ほっけ》」が勢力を強めることになります。**

現世利益をもたらす
空海の密教が貴族に人気に

前述のように桓武天皇は、南都仏教界を嫌って都をうつしました。それとともに、**南都仏教にかわる新しい仏教を保護**しました。それが最澄《さいちょう》の天《てん》台宗《だいしゅう》と空海《くうかい》の真言宗《しんごんしゅう》です。2人は、桓武天皇が送った同じ遣唐使船で唐にわたり、新しい経典を持ち帰り、それぞれの宗派を開きました。

なかでも空海がもたらした**密教《みっきょう》**（真言宗とは「真言密教の宗」のこと）は、秘密の呪文を唱え、お祈りすることで**「現世利益《げんぜりやく》」**（健康や長寿などこの世でうける恵み）を図るもので、貴族たちに大いに歓迎されました。

No.12

【菅原道真の左遷】

時平 vs 道真のライバル対決

◆要点

901年、太宰府に天皇の親政を支えた菅原道真が藤原時平の目論見で左遷され

ふたたび藤原氏が主導権をにぎる

●背景

藤原北家が「摂関政治《せっかん》」で躍進する

藤原不比等につづく藤原氏は、その後、南家《なんけ》・北家・式家《しきけ》・京家《きょうけ》に分かれていましたが、そのなかでも**「北家」**に権力が集中していきます。

藤原氏は飛鳥・奈良時代にかけて律令の制作に深く関わることで、豪族から官僚に主導権がうつるなかで、いち早く中心的な役割を果たしました。そのうえ嵯峨天皇が設置した蔵人頭に北家出身の藤原冬嗣がついたことで、北家躍進の基礎がきずかれたのです。

842年、強い権威を保っていた嵯峨上皇が亡くなると、**直後の政治的空白を狙って冬嗣の2男・藤原良房《ふじわらのよしふさ》が動き、皇太子・恒貞《つねさだ》親王に無実の罪を着せて追放しました。**

そして850年、自分の妹の子（甥）を文徳《もんとく》天皇として即位させました。その後、娘の子（孫）を9歳で清和《せいわ》天皇として即位させると、外戚（母方の親族）の良房は、幼い天皇にかわって政治をみる**「摂政《せっしょう》」**となりました。皇族以外の者が摂政となるのは、良房がはじめてのことでした。

さらに良房の子の藤原基経《もとつね》は、陽成《ようぜい》天皇のもとで摂政となり、光孝《こうこう》天皇のもとで**「関白《かんぱく》」**となります。関白は、成人した天皇のもとで政治をみる役職で、基経のときにはじめて設

【図】外戚関係をきずく藤原家

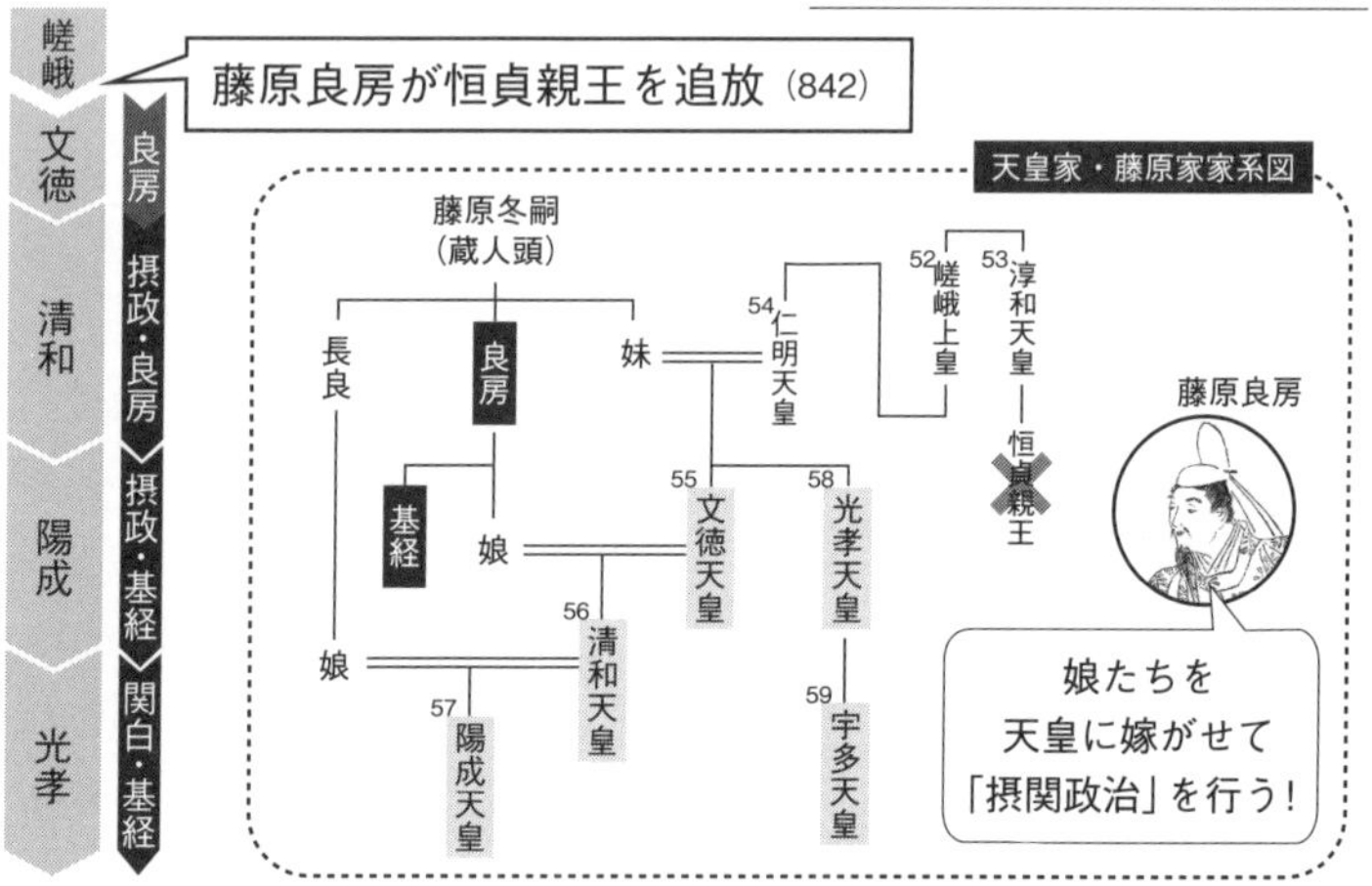

置されたものです。

このように、外戚という立場を利用して摂政・関白となり実権をにぎる政治手法は**「摂関政治」**といいます。この摂関政治によって、藤原北家の一強時代がつくられていきました。

藤原時平は、ライバル菅原道真を太宰府に追放する

この時代、藤原氏の影響力を排除して政治を行う天皇もいました。その一人が、光孝天皇をついで887年に即位した**宇《う》多《だ》天皇**です。宇多天皇は、藤原基経が亡くなったあと、**「親政《しんせい》」**（天皇自らが政治を行うこと）を行いました。補佐役の蔵人頭には、学者の**菅原道真《すがわらのみちざね》**を抜擢しました。

道真の最大の功績は、894年の遣唐使の中止です。このころ、唐から学んだ律令制は日本に根

【図】つかの間の親政から再び藤原家へ

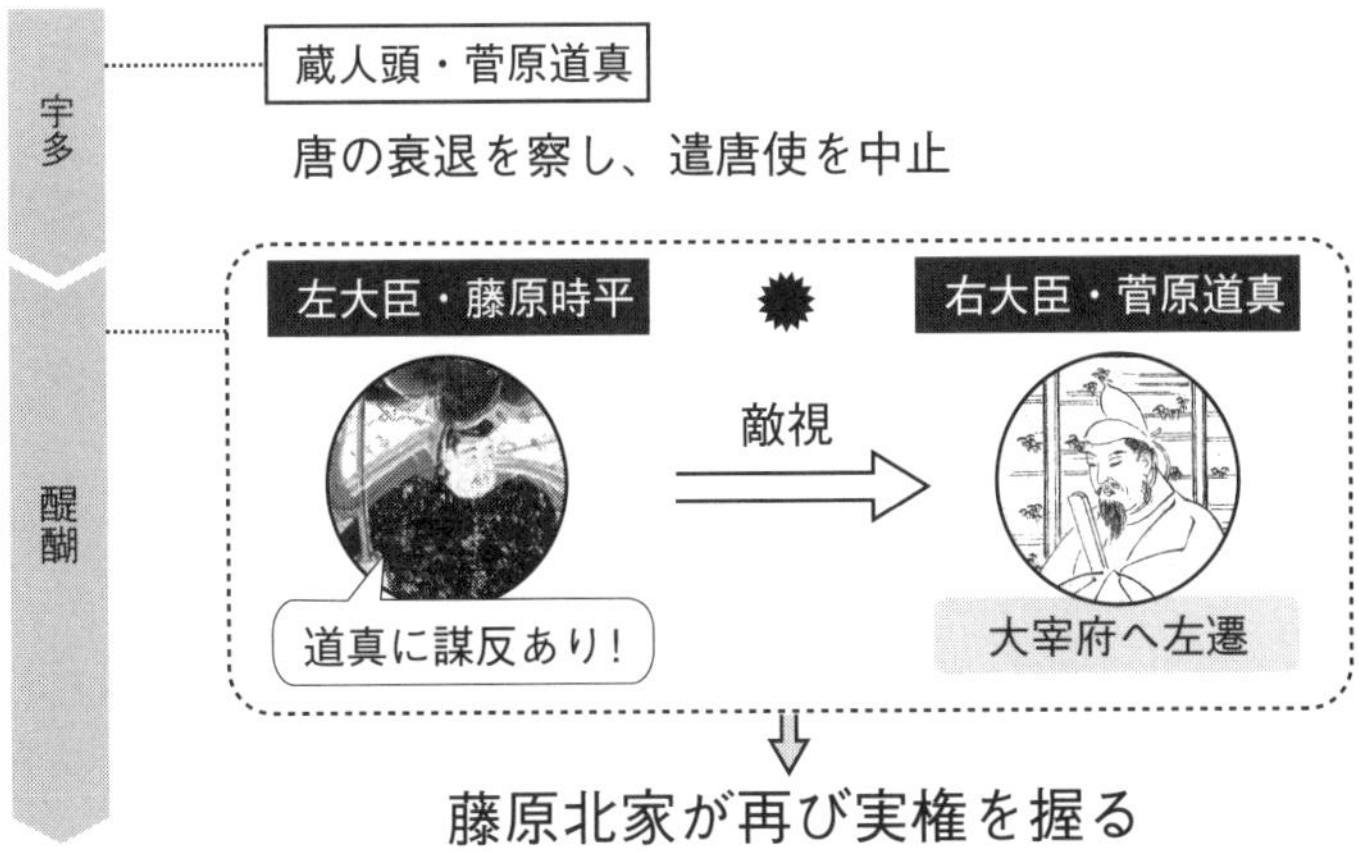

づき、唐から新たに学ぶべきことはほとんどなくなっていました。それに加え、唐が衰退に向かっているとみた道真は、危険をおかしてまで遣唐使を送る価値はないと判断しました。

道真の予想どおり、遣唐使中止から13年後の907年に唐は滅亡します。**これ以降、政治や文化の「国風化」が進みました**。

宇多天皇を継いだ醍醐《だいご》天皇も、摂政・関白をおかず、親政を行いました。当初、醍醐天皇は、菅原道真を右大臣、藤原時平《ときひら》を左大臣として、2人を並べて重用しました。

すると**時平は、「道真が謀反《むほん》を企てている」と醍醐天皇に密告し、901年、道真を太宰府左遷に追い込みました**（昌泰の変）。2年後、道真は太宰府で不遇のうちに没します。こうして藤原北家がふたたび盛り返すことになります。

No.13

【平将門・藤原純友の乱】

武士が登場し大反乱が起きる

◆要点

９３９年、関東で「新皇」を称した武士・平将門が朝廷に対して反乱を起こし、武士の存在感を際立たせる

●背景

武装した地主グループから武士が登場

9世紀頃から「武士」が登場します。背景には、土地システムの変化がありました。もともとめざした律令制の原則は、土地は国のもので、人々に口分田を貸し出し、死後に返却するというものでした（班田収授法）。それが自分で開墾した土地は所有できるようになります（墾田永年私財法）。これにより、力のある寺社や貴族が人を雇って土地を増やし「初期荘園《しょうえん》」が生まれます。

しかし、税と人の負担の重さから初期荘園が衰退すると、**「開発領主」**となる有力農民があらわれました。彼らは、重い税からのがれるため**戸籍に登録された土地を離れ、人を使って新たな土地を開墾**しました。そして、**土地を守るために武装グループ**をつくりました。これが武士の発祥です。

そんな開発領主たちは、地方にくだった賜姓《しせい》皇族（皇族の身分から離れ、姓をあたえられた者）や貴族たちに土地を寄進し（寄進地系荘園《きしんち》）、その権威を利用して国司からの徴税を免れようとしました。

こうして**賜姓皇族・貴族たちのもとに大武士団が形成されていきました。**武士団同士は

【図】武士団を生んだ「初期荘園」

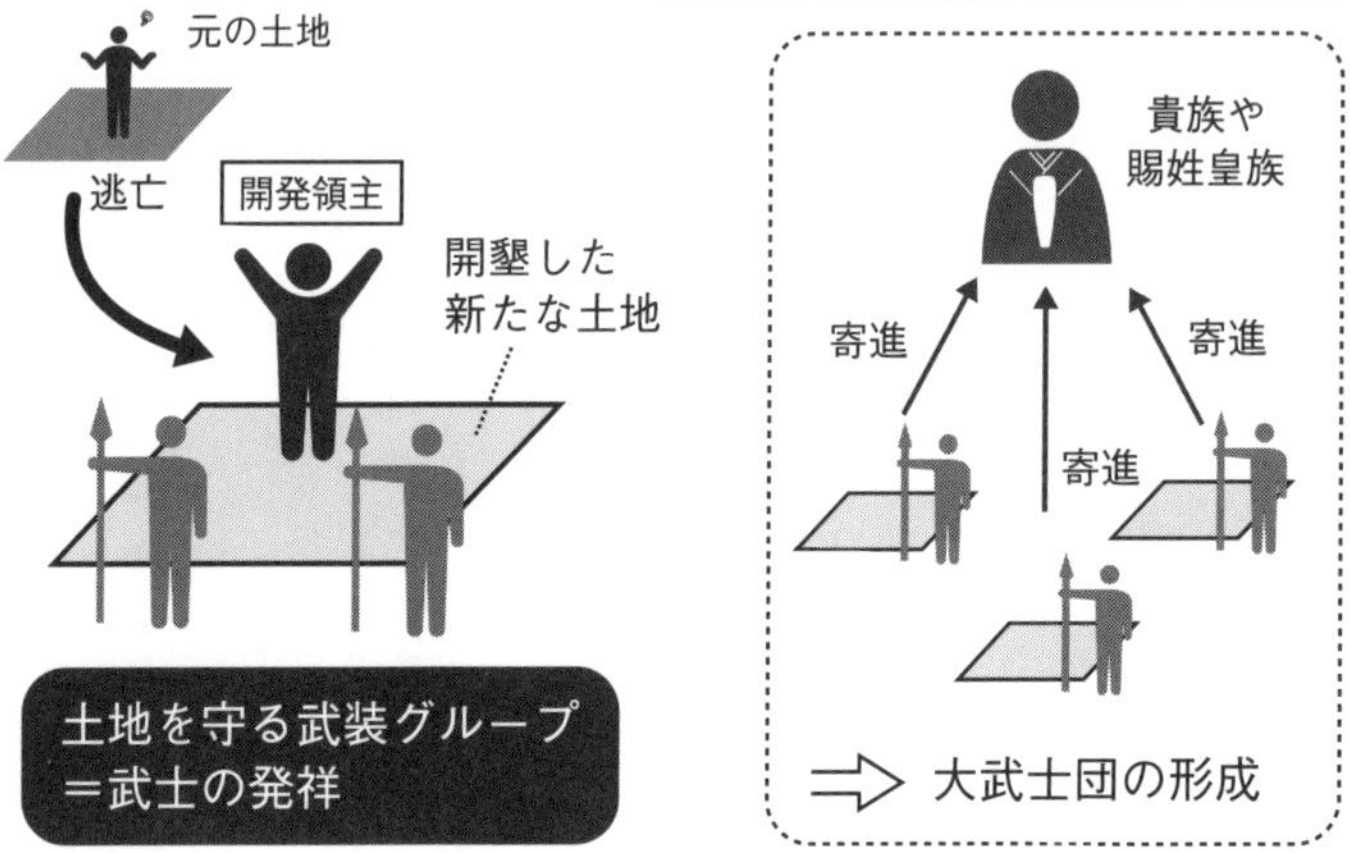

互いに争い、やがて**桓武天皇の流れをくむ「桓武平氏」**と、**清和天皇の流れをくむ「清和源氏」**に淘汰されます。「平氏」「源氏」といっても、そのルーツは皇族なのです。

一方、中央の貴族たちも身辺警護のために「侍」とよばれる武士を用いました。「侍」とはもともと「人に仕える者」という意味です。

武士団の反乱に無力だった朝廷

醍醐天皇の次の朱雀《すざく》天皇の時代になると、**地方で力をもった武士たち**が大反乱を起こしました。

関東では、**平将門《たいらのまさかど》の乱**が起きました。下総国《しもうさのくに》豊田郡を根拠地とする平将門は、平氏一族の争いに勝利して関東で地盤を広げ、国司や豪族の争いの調停に関わっているうちに、９３９年、常陸国の国府を襲いました。

【図】朝廷に歯向かった2つの乱

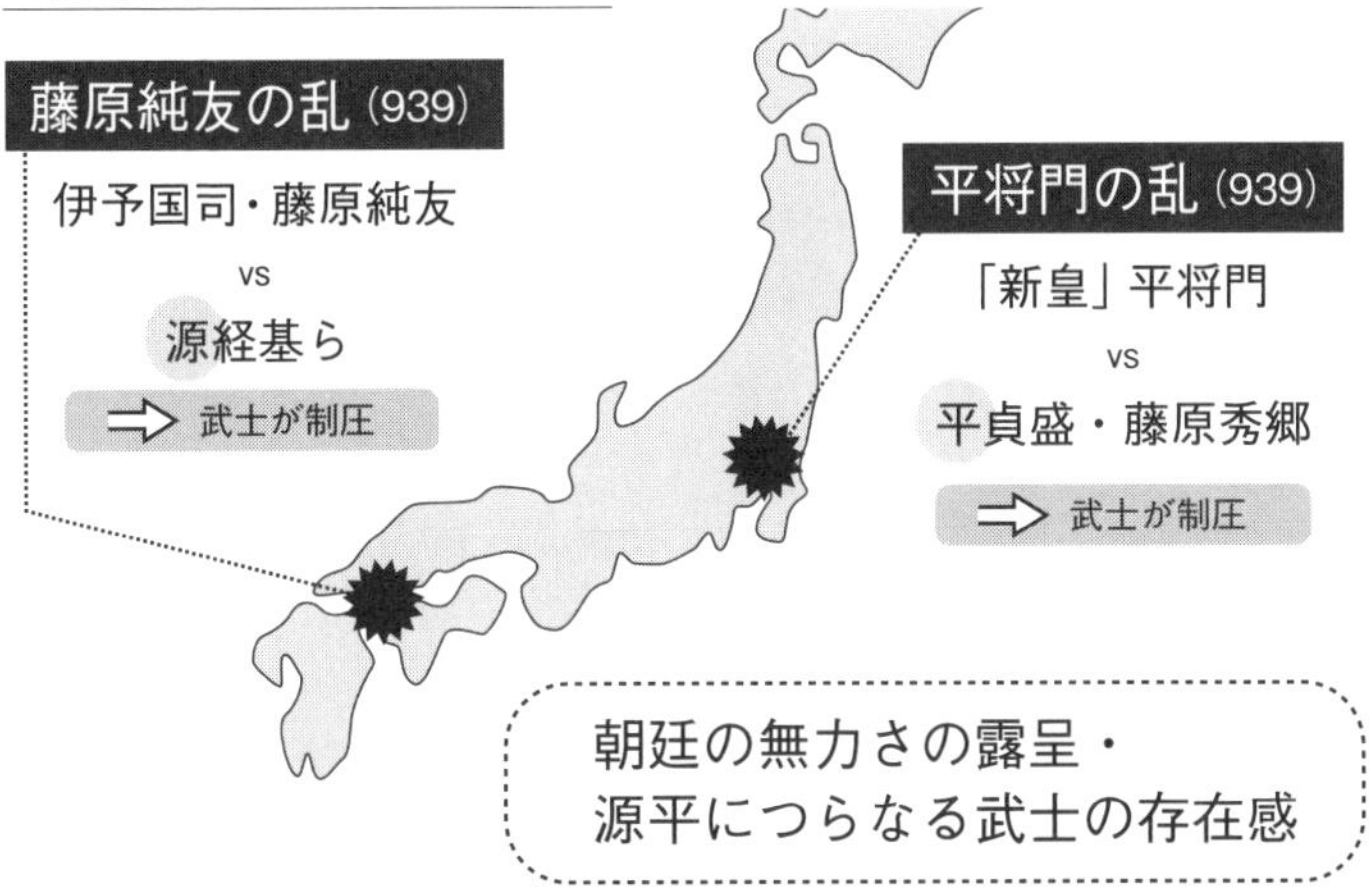

これで「朝廷への反逆者」となった平将門は、関東のほとんどを支配。**自らを「新皇《しんのう》」と称し、独立王国をつくる構えを見せました**。朝廷は大軍を差し向けますが、到着する前に、関東武士の平貞《たいらのさだ》盛《もり》と藤原秀郷《ひでさと》の前に将門は討ち死にしました。

同じころ、伊予国の国司だった**藤原純友《ふじわらのすみとも》**は、瀬戸内海の海賊集団の親分となりました。瀬戸内周辺の国々を襲い、**西は太宰府から東は淡路島まで**を襲い、やがて都をうかがう勢力となりました。しかし、清和天皇の孫の源経基《みなもとのつねもと》らによって捕えられ殺されました。

この東西の2つの反乱は「承平《じょうへい》・天慶《てんぎょう》の乱」といいます。いずれも地方の武士団の力を借りて鎮圧されており、**武士の存在感と朝廷の無力さを際立たせる**結果となりました。

No.14

【藤原北家の栄華】

藤原道長・頼通が権力を独占する

◆要点

1016年、摂関家の内部で権力闘争を勝ち抜いた藤原道長が後一条天皇の摂政となり摂関政治で藤原氏が絶頂期を迎える

●背景

4男・道長が摂関家の内部闘争を勝ち抜く

朱雀天皇の次の村上天皇は、摂政・関白をおかず「親政」を行いました。しかし村上天皇が亡くなると、969年、藤原氏はライバルとなる左大臣の源高明《たかあきら》（醍醐天皇の子）に謀反の企てがあると疑いをかけて太宰府左遷に追い込みました（安和《あんな》の変）。

これ以降、**藤原北家が摂政・関白を輩出しつづける摂関政治がはじまり**、藤原北家は「摂関家」とよばれるようになります。

摂関政治の全盛期をきずいたのは、**藤原道長《みちなが》**です。摂関職にあった藤原兼家《かねいえ》の4男にあたる道長は、本来なら実権をにぎるのは難しい立場にありましたが、兄たちが伝染病で次々とたおれるという運に恵まれました。亡くなった兄・道隆《みちたか》の子・伊周《これちか》との争いになりますが、伊周を失脚させ、左大臣となります。

そして、一条《いちじょう》天皇に娘の彰子《しょうし》を嫁がせました。一条天皇にはすでに中宮（正妻）の定子《ていし》（道隆の娘）がいましたが、それもおかまいなしで、**天皇に2人の正妻がいる異例の状況**となりました。まもなく彰子は男子（のちの後一条《ごいちじょう》天皇）をもうけますが、定子は次女出産時に亡くなります。

【図】藤原道長がきずいた摂関政治

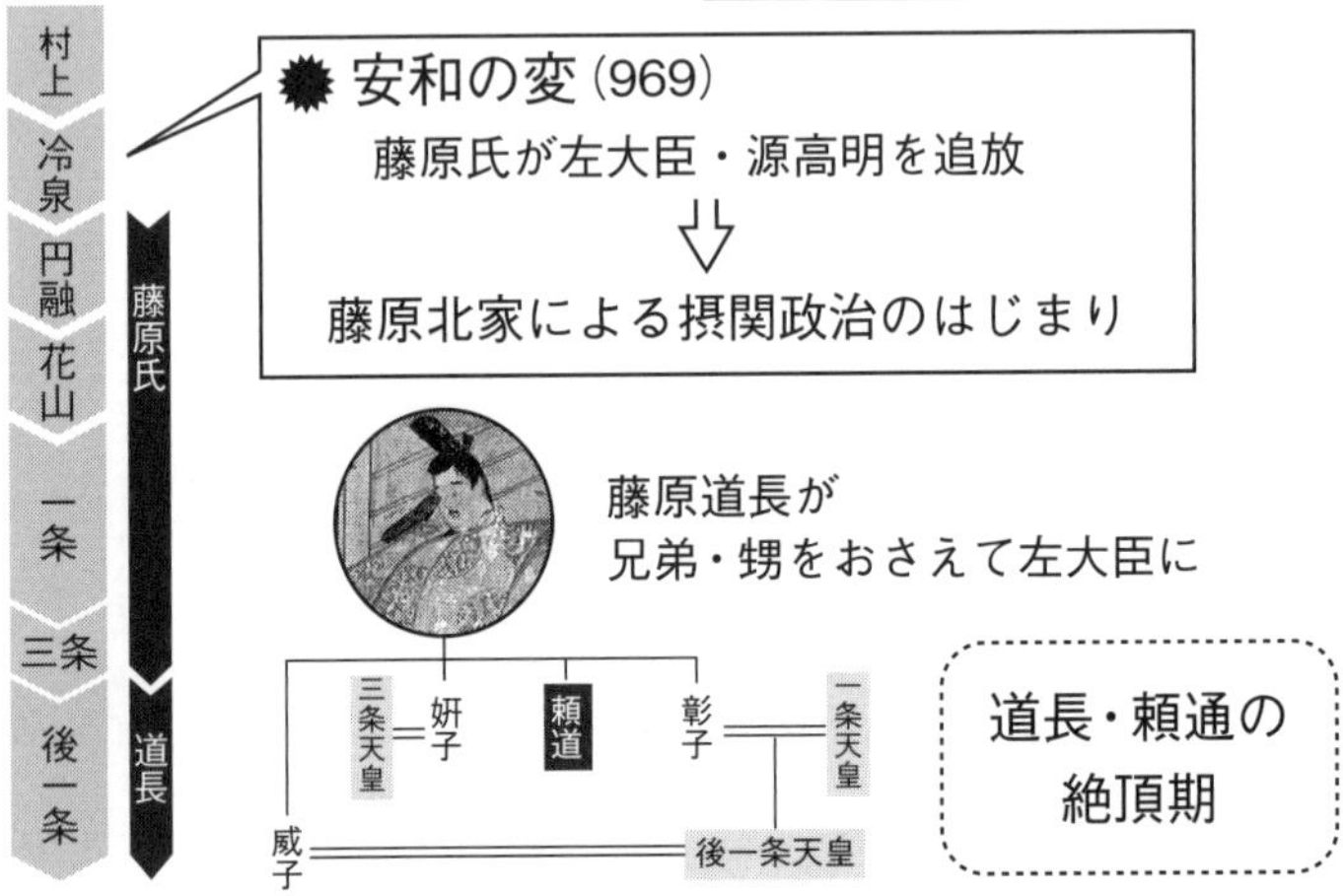

1016年、後一条天皇の即位と同時に道長は摂政となります。

1年後、**息子の頼通《よりみち》に摂政職をゆずり、自らは太政大臣となり、父子で政権を独占**しました。その後も、次女の妍子《けんし》を三条《さんじょう》天皇の中宮に、三女の威子《いし》を後一条天皇の中宮にし、一家から3人の后を輩出する快挙をなしとげました。

摂関家内部の権力闘争を勝ち抜き、運も味方につけて絶対的な権力をにぎった藤原道長。「この世をば我が世とぞ思ふ望月《もちづき》の欠けたることもなしと思へば」は、絶頂期の道長が詠んだ歌です。

国風文化が花咲き、浄土教が広まる

この時代、貴族の贅沢で華やかな生活を通して、日本風の文化（国風文化）が生まれました。

男性用の服装の「束帯《そくたい》」や女性用の服装の「十二《じゅうに》

【図】末法思想による浄土教の広まり

（©Martin Falbisoner）

平等院鳳凰堂（京都・宇治　1052年）

藤原頼道によって建立された寺院。
頼通も1074年にここで亡くなっている。

単《ひとえ》」が生まれたほか、清少納言《せいしょうなごん》の『枕草子《まくらのそうし》』や紫《むらさき》式部《しきぶ》の『源氏物語《げんじものがたり》』など「かな文字」を使った文学作品が生まれました。ちなみに、一条天皇の2人の正妻のうち、定子に仕えていたのが清少納言で、彰子に仕えていたのが紫式部です。

仏教においては、日本独自の浄土教が広まりました。背景には**末法《まっぽう》思想**があります。末法思想とは、「釈迦《しゃか》の入滅後1500年後には末法となり世が乱れる」という考え方です。

ちょうどそのときを迎え不安を募らせた民衆たちは、**「南無阿弥陀仏《なむあみだぶつ》」**（「阿弥陀仏に帰依《きえ》します」の意味）と**念仏を唱えるだけで極楽浄土に往生できるという浄土教**を信仰するようになりました。阿弥陀仏を安置する阿弥陀堂が盛んに建設されるようになり、その代表が、藤原頼通が宇治に建てた平等院鳳凰堂《びょうどういんほうおうどう》です。

No.15

【院政のはじまり】

子孫に皇位継承させる白河上皇

◆要点

1086年、皇位継承争いで白河天皇が息子の堀河天皇を即位させ上皇となり上皇が実権をにぎる院政がはじまる

● 背景

政治の主導権は「摂政・関白」から「上皇《じょうこう》（法皇《ほうおう》）」へ

藤原頼通は、娘を天皇に嫁がせますが男子が生まれることなく、藤原北家の摂関政治はこの代をもって終わります。1068年、摂関家（藤原氏）を外戚にもたない後三条《ごさんじょう》天皇が即位しました。

後三条天皇は藤原氏に遠慮せず、思い切った政策を行いました。

その1つが、**荘園の整理**です。寄進系荘園が増えて貴族・寺社が潤うなか、一方で国司を通して朝廷に入る税収は減少していました。そこで後三条天皇は「延久《えんきゅう》の荘園整理令」を出し、荘園を審査し、**朝廷の収入となる「公領《こうりょう》」と、貴族・寺社の収入となる「荘園」に整理**しました。これにより無秩序な荘園の拡大を防いだのです。

後三条天皇は息子を白河《しらかわ》天皇として即位させ、翌年に亡くなりました。後三条天皇の意向では、白河天皇の次は、その弟が天皇になるはずでした。

ところが1086年、**白河天皇は後三条天皇の意向を無視**し、8歳の息子を堀河《ほりかわ》天皇として即位させ、**自らは上皇となり政治の実権をにぎりました**。ここから、上皇（出家した場合は「法皇」）が政治を行う「院政」がはじまりました。白河上皇は、堀河天皇が亡くな

【図】白河天皇による「院政」

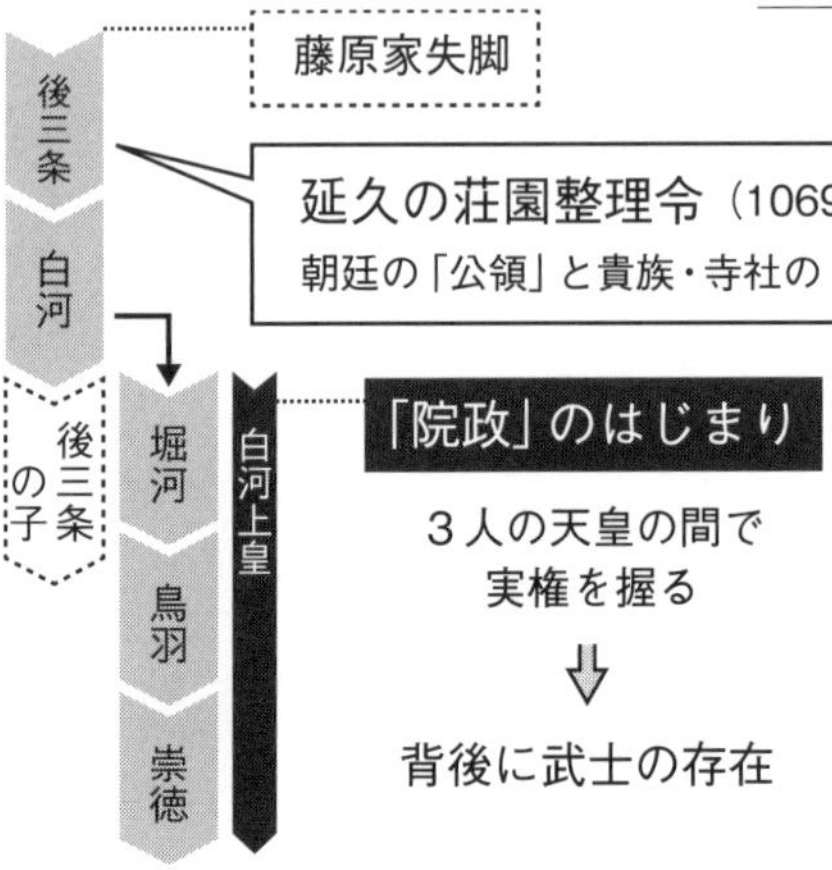
朝廷の「公領」と貴族・寺社の「荘園」に整理

白河法皇像

ると、その子を鳥羽《とば》天皇とし、さらには鳥羽天皇の子を崇徳《すとく》天皇として即位させました。このようにして白河上皇は、堀河・鳥羽・崇徳の3天皇のあいだで政権に君臨したのです。

上皇たちが政治を行った場所は、院（上皇の御所）におかれた**「院庁」**です。ここから出される命令文（院宣《いんぜん》）には絶大な効力がありました。

上皇がそれほどの力をもった背景の1つには、院の警備にあたらせた**「北面《ほくめん》の武士」の存在**があります。都では、無理な要求をつきつけて暴れまわる僧兵（武装した僧侶）の存在が朝廷を困らせていましたが、武士たちにはこれを押さえ込む力がありました。

しかし、武士を重用しすぎたことから、**のちの平氏や源氏の武士の台頭を招く**結果となります。

【図】東北地方の武士の争い

源氏の助けのもと、奥州藤原氏が全盛をきずく

東北地方では安倍氏と清原氏という2つの勢力が争っていましたが、統一に向かいます。

11世紀半ば、安倍氏が反乱を起こすと、陸奥《むつ》の国司・源頼義《みなもとのよりよし》は清原氏の助けを借りてこれを鎮圧します（前九年合戦）。その後、清原氏の内部対立が起きたときには、清原清衡《きよひら》が源義家《よしいえ》（源頼義の子）の手をかりて勝利します（後三年合戦）。

この2つの戦いは、**源氏が東国で勢力をきずくきっかけ**となりました。清原清衡は、平泉を拠点に東北地方を支配し、「藤原清衡」を名乗り、**「奥州藤原氏《おうしゅうふじわらし》」**の祖となりました。奥州藤原氏は、清衡・基衡《もとひら》・秀衡《ひでひら》と3代にわたって全盛をきわめます。

熱心な仏教徒であった清衡が東北のふんだんな金資源を使って建てたのが、中尊寺《ちゅうそんじ》です。

No.16

【平氏政権の栄華】

平清盛が２つの大乱を勝ち抜く

◆要点

１１６７年、朝廷内の２つの大乱で
いずれも勝利した平清盛が
太政大臣にのぼりつめて
平氏政権の絶頂期をきずく

●背景

朝廷の内乱、保元《ほうげん》の乱・平治《へいじ》の乱は武士が決着をつける

長く権力をにぎっていた白河上皇が亡くなると、鳥羽上皇とその子の崇徳天皇の時代になります。

鳥羽上皇は崇徳天皇を嫌い、その弟の近衛《このえ》天皇に皇位をゆずらせ、近衛天皇が亡くなると、もう1人の弟の後白河《ごしらかわ》天皇を即位させました。鳥羽上皇が崇徳天皇を嫌ったのは、じつは崇徳天皇が自分の子ではなく、自分の妻と祖父・白河法皇が不倫してできた子と考えていたからのようです。

いずれにしろ、こうした経緯から**「鳥羽上皇・後白河天皇」と「崇徳上皇」の対立**が生まれました。１１５６年に鳥羽上皇が亡くなると、後白河天皇と崇徳上皇の全面対決に突入し、ここに**復活をめざす摂関家・藤原氏や武士の源氏・平氏が敵味方に分かれてからんできました**。後白河天皇方についたのは、摂関家の藤原忠通《ただみち》、武士の源義朝《よしとも》と平清盛《たいらのきよもり》です。崇徳天皇方についたのは、藤原頼長《よりなが》（忠通の弟）、武士の源為義《ためよし》（義朝の父）と平忠正《ただまさ》（清盛の叔父）でした。

こうして保元《ほうげん》の乱が勃発します。結局、後白河天皇方が夜襲をかけて勝利しました。

【図】保元の乱

鳥羽上皇・後白河天皇		崇徳天皇
藤原忠通	兄と弟	藤原頼長
源義朝	子と親	源為義
平清盛	甥と叔父	平忠正

↓

後白河法皇

後白河陣営の勝利、院政へ
藤原信西・平清盛が力をつける

後白河天皇は、子の二条《にじょう》天皇に皇位をゆずり、院政をはじめました。このとき藤原通憲《みちのり》（信西《しんぜい》）が近臣として重用され、その信西と関係を深めた平清盛も勢力を拡大しました。

すると、**信西より高い家柄にあった藤原信頼や、保元の乱で活躍しながら清盛ほど報われない源義朝が不満を募らせます**。「反信西・反清盛」で一致した2人は、1159年に挙兵。これが平治の乱です。

この戦いは、平清盛が反撃して勝利しました。藤原信頼は斬首され、源義朝は家来に殺されました。義朝の三男・頼朝《よりとも》は平氏に捕らえられますが、まだ若かったことから伊豆へ流罪となりました。

平清盛が貴族・武家の両面から絶対的な権力をにぎる

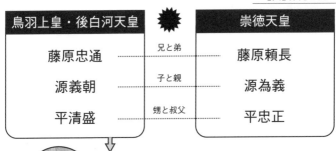

【図】平治の乱

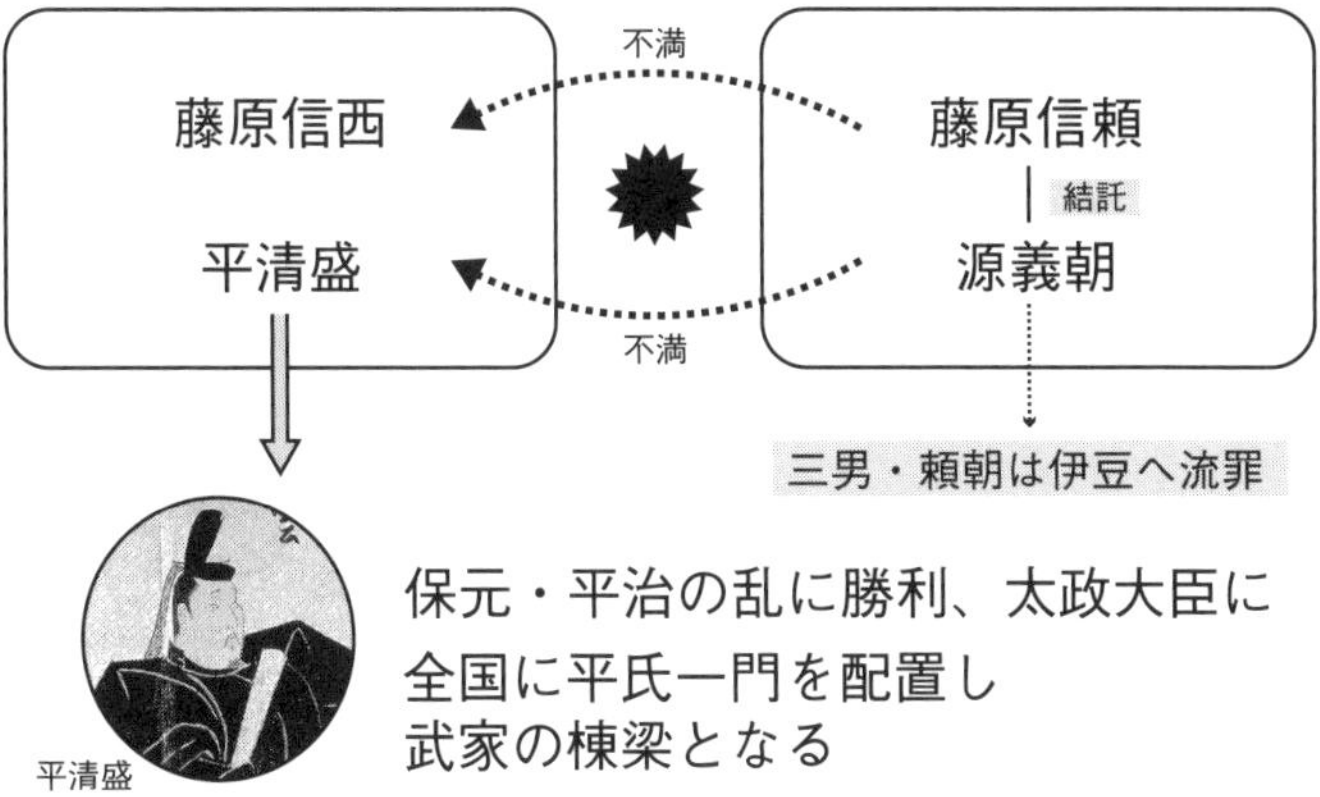

保元の乱と平治の乱のいずれにも勝利した平清盛は、**貴族・武家の両面で勢力を拡大**しました。

貴族社会のなかでは異例の出世をとげ、1167年に**朝廷の最高位である太政大臣**にのぼりつめました。この後、平氏一門の多くを朝廷の高官にとりたてるほか、娘の徳子《とくこ》を高倉《たかくら》天皇に嫁がせ、その子・安徳《あんとく》天皇を即位させ、自らはその祖父として実権をにぎりました。摂関家と同じような**外戚政策**をとったのです。

一方、武家社会のなかでは棟梁として君臨し、西日本を中心に各地の武士を地頭《じとう》（荘園などの現地支配者）に任命しました。朝廷からあたえられた国（知行国《ちぎょうこく》）には**平氏一門を国司として配置**しました。こうして日本の半分以上を支配下におさめたのです。また、大輪田泊《おおわだのとまり》（現在の神戸港）を窓口に日宋《にっそう》貿易を行い、莫大な富をきずきました。

第3章

鎌倉時代

No.17

【鎌倉幕府の誕生】

源頼朝が初の武家政権をきずく

◆要点

1185年、壇の浦の戦いで源頼朝の弟・源義経が平氏を滅ぼして源平合戦が終結し頼朝は武家政権の鎌倉幕府を樹立する

●背景

源平合戦で天才軍略家・源義経《みなもとのよしつね》が大活躍する

平氏政権の独裁に対しては、貴族や武士から不満が高まりました。1180年、後白河法皇の子の以仁王《もちひとおう》と源氏一族の源頼政《よりまさ》らは平氏打倒の兵をあげました。これをきっかけに各地の源氏が挙兵し、いわゆる**源平合戦（治承《じしょう》・寿永《じゅえい》の乱）**がはじまりました。

源氏一族のなかでも中心的な活躍を見せたのは、源頼朝と源（木曽《きそ》）義仲《よしなか》です。伊豆に流されていた源頼朝は、石橋山の戦いで平氏軍に破れますが、鎌倉を拠点に立て直し、富士川の戦いで勝利。この直後、平清盛が病死し、平氏政権は大きく動揺しました。

一方の信濃の源義仲は、倶利伽羅峠《くりからとうげ》の戦いで平氏軍を破り、京都へ攻め上って平氏を西国へ追い払いました。しかし、義仲軍は京都で乱暴や略奪をはたらいたため、後白河法皇は頼朝に支援を求めます。頼朝は、弟の源範頼《のりより》と源義経を送り込み、義仲を討たせました。

その勢いのまま義経軍は平氏打倒にむかい、一《いち》の谷《たに》の戦い、屋島《やしま》の戦いをへて、1185年、ついに壇《だん》の浦《うら》の戦いで平氏を滅ぼしました。

この間、**頼朝はあえて鎌倉にとどまり、新政権樹立にむけた準備を進めました**。平清盛が朝廷のなかで政権をきずこうとしたのに対し、源頼朝は**朝廷の外で武家政権をきずこう**

【図】治承・寿永の乱

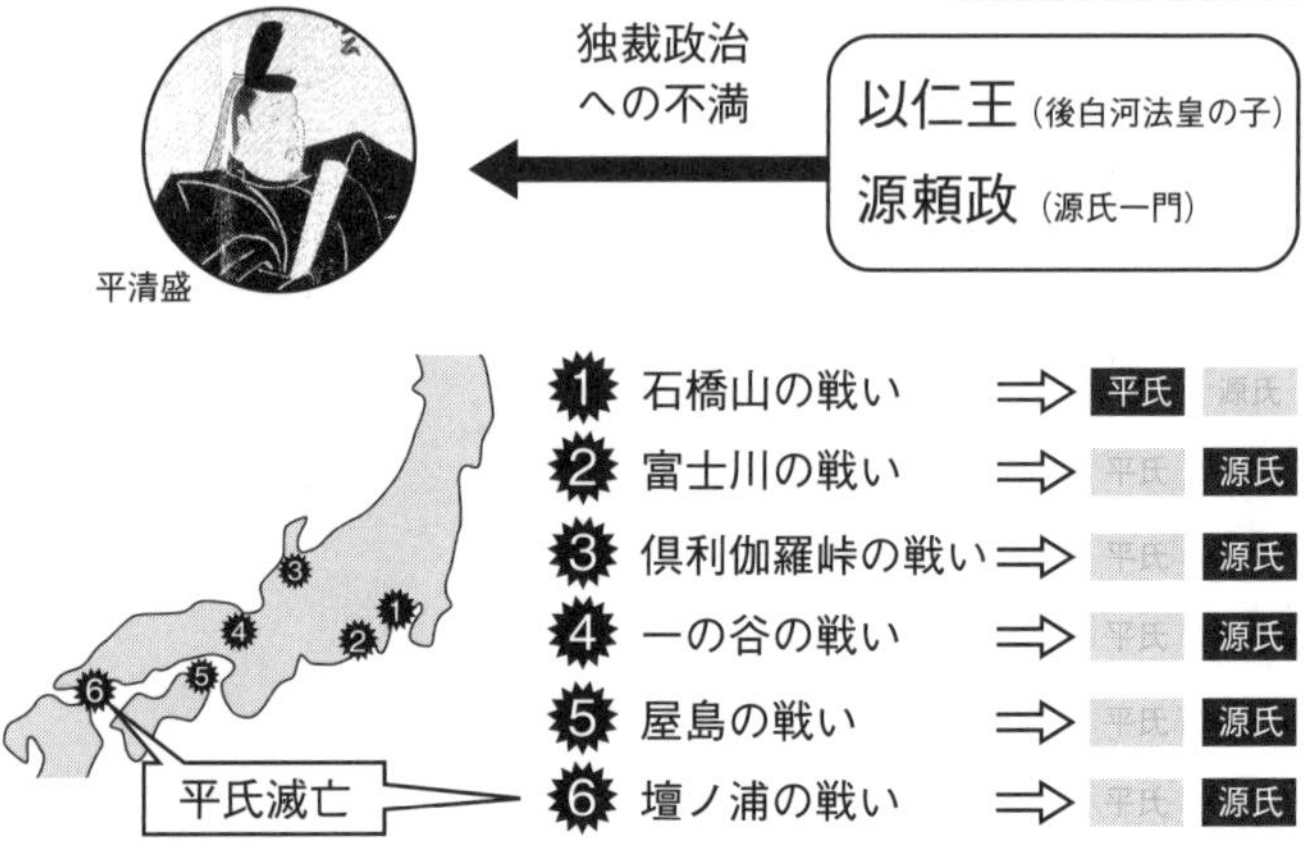

としたのです。

そんな頼朝を警戒した後白河法皇は義経を味方にして対抗しようとしますが、義経は頼朝によって孤立に追い込まれます。義経は青年期を過ごした平泉に逃げ、奥州藤原氏にかくまわれますが、第4代・泰衡《やすひら》は頼朝の圧力に屈し、義経を殺害。1189年、その奥州藤原氏も頼朝軍に滅ぼされました。

朝廷から地方の支配権を手に入れ、鎌倉幕府が本格始動

源頼朝は鎌倉幕府をきずきます。中央機関には「侍所《さむらいどころ》」（御家人《ごけにん》の組織と統制、軍事、警察）、「政《まん》所《どころ》」（一般政務と財務事務）、「問注所《もんちゅうじょ》」（裁判事務）を設置。**1185年**には、朝廷から地方機関である守護《しゅご》（軍事、警察）と地頭《じとう》（年貢の徴収、荘園・公領の管理と治安維持）を設置する権限があたえ

【図】鎌倉幕府の機関

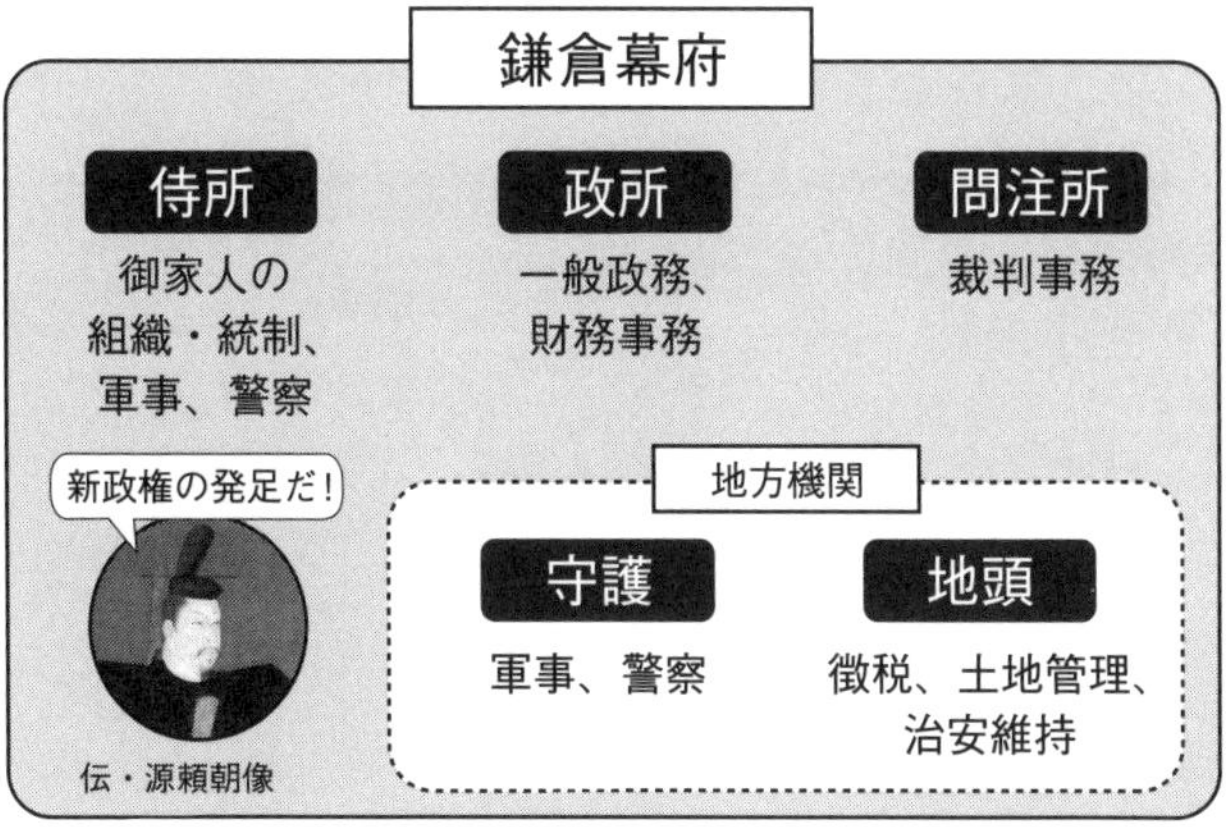

られました。現在では、**全国に支配力が及んだこの時点をもって鎌倉幕府が成立したとする説が有力**になっています。

１１９２年には、朝廷から「征夷大将軍」に任じられます。これ以降、征夷大将軍（「蝦夷（朝廷の敵）を征服する将軍」の意味）がつくった政権のことを「幕府」とよびます。

鎌倉幕府では、**将軍と御家人（家臣）が「御恩《ごおん》と奉公《ほうこう》」の主従関係で結ばれたのが特徴**です。将軍は御家人の土地支配権を保障したり、新たな土地を支給する「御恩」をあたえたのに対し、御家人は軍役を果たしたり、鎌倉・京都の警備にあたる「奉公」によって将軍にこたえたのです。

No.18

【北条氏の執権政治】

源氏の征夷大将軍が３代で絶える

◆要点

１１９９年、鎌倉幕府で源頼朝の外戚・北条時政が将軍に代わって実権をにぎり北条氏による執権政治がはじまる

●背景

北条氏によって次々と殺される将軍家

源頼朝は、頼朝が伊豆に流されたときに監視役となった北条時政《ほうじょうときまさ》の娘・政子《まさこ》と結婚しました。北条氏は平氏の一族なので、宿敵同士の結婚となりましたが、結果的にこれが北条氏躍進のきっかけとなりました。１１９９年、**頼朝が亡くなると、外戚の時政《ときまさ》が実権をにぎったのです**。

時政は、２代将軍・源頼家《よりいえ》（頼朝の子）を退け、その弟の源実朝《さねとも》を将軍にすえます。頼家は北条氏によって暗殺されました。時政は、政所の長官となり、将軍にかわって政務をとる地位につき、**「執権《しっけん》」**とよばれるようになります。時政は実朝も引退させようとしますが、政子の反対にあい、逆に時政が引退させられました。

次の執権は時政の息子・**北条義時《よしとき》**です。１２１３年、義時は侍所の長官・和田義盛《わだよしもり》を滅ぼし、**政所と侍所の両方の長官を兼任し、執権の地位を絶対的なものとしました**。

１２１９年、将軍・実朝《さねとも》は頼家の息子・公暁《くぎょう》に殺されます。公暁は、実朝が父・頼家を殺したと考えていたようです。その公暁を含め、頼家の息子４人は全員、北条氏によって殺されました。こうして源氏の征夷大将軍は3代で断絶。その後は形ばかりの将軍をたてて、

【図】将軍家の衰退と北条家の台頭

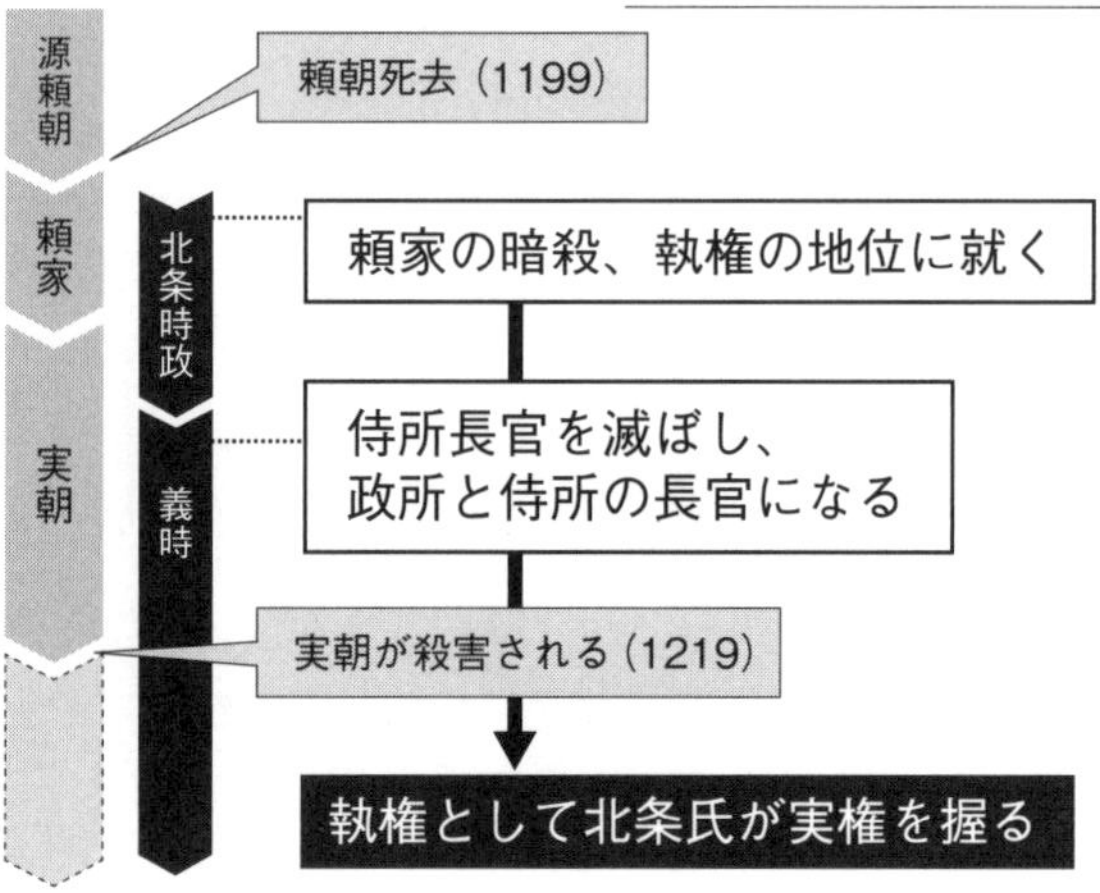

実権は北条氏がにぎりました。

承久《じょうきゅう》の乱に敗れた朝廷は、幕府に監視されることに

そのころ京都では、後鳥羽《ごとば》上皇が朝廷権力の復活を模索していました。「西面《さいめん》の武士」という武士団を結成して軍事力を高めるとともに、将軍・実朝を通じて幕府との関係を深めようとしていました。

ところが、その**実朝が暗殺されたことから、一気に倒幕へと動き出します**。幕府の御家人たちは、あくまでも源氏の将軍と主従関係を結んでいたので、北条氏に恩のない御家人たちは北条氏を見限るとふんだのです。1221年、後鳥羽上皇は北条義時追討をうったえて挙兵しました（承久の乱）。

この幕府存亡の危機に立ち上がったのが、「尼将

【図】「承久の乱」後の幕府機関

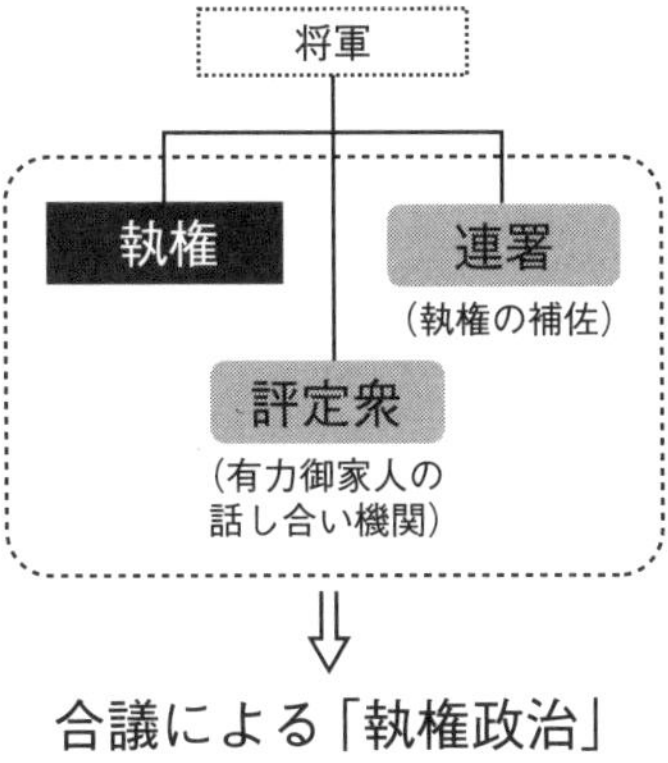

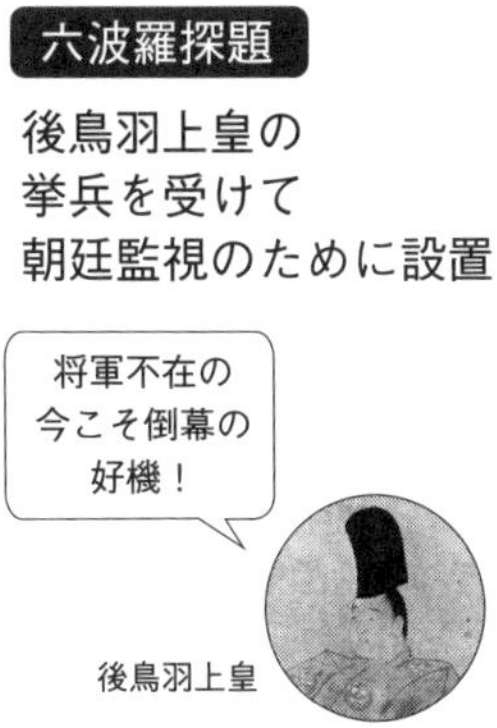

軍」とよばれた北条政子でした。彼女は御家人たちを前に、「いまこそ頼朝さまの御恩に奉公で報いるときです」と名演説をうちました。これで結束を固めた幕府は、朝廷軍を退け勝利します。

これ以降、幕府は朝廷への影響力を高めました。皇位継承に介入するほか、朝廷を監視するために京都の旧平清盛邸を改築して「六波羅探題《ろくはらたんだい》」をおきました。

幕府を牽引した北条義時と政子が亡くなると、3代執権・北条泰時《やすとき》は政治体制の再構築にとりかかりました。執権を補佐する「連署《れんしょ》」、有力御家人の話し合いの機関である「評定衆《ひょうじょうしゅう》」をおき、執権・**連署・評定衆による合議政治**の形をつくりました。これを**「執権政治」**といいます。また1232年に武家最初の体系的法典「御成敗式目《ごせいばいしきもく》」をつくり、争いごとを公平に裁くための根拠としました。

No.19

【元寇】

モンゴル軍の侵攻を退ける

◆要点

1274年と1281年、九州北部をフビライ＝ハンの元軍が襲撃し、幕府は2度とも撃退するが犠牲を払った御家人の不満が高まる

●背景

フビライ＝ハンの圧力に屈しなかった北条時宗《ときむね》

8代執権・北条時宗のとき、日本ははじめて海外勢力に侵略される危機に直面しました。13世紀後半、モンゴル高原の遊牧民だったチンギス＝ハンは、ユーラシア大陸の東西にまたがるモンゴル帝国をきずきます。孫のフビライ＝ハンは中国（宋）へ進出し、国名を「元」とあらためました。フビライは朝鮮半島の高麗《こうらい》を征服し、**日本にも服属を求めて使者を送りました**。

時宗が使者を追い払うと、1274年、高麗軍を主力とする元軍約3万が九州北部を急襲しました（文永《ぶんえい》の役《えき》）。日本は元軍の繰り出す集団戦法や「てつはう」という炸裂弾に苦しめられますが、なんとか退けます。翌年、フビライは降伏を求めて使者を送りますが、時宗はこれを斬り捨ててしまいます。御家人に九州防衛の「異国警固番役《いこくけいごばんやく》」にあたらせるほか、石垣（防塁《ぼうるい》）をきずいて、元の再来に備えました。

1281年、フビライは征服地の南宋から連れてきた海軍を加えた14万の大軍で攻めてきました（弘安《こうあん》の役《えき》）。日本は暴風雨（神風）にも助けられ、元軍の撃退に成功しました。

幕府は2度の蒙古襲来《もうこしゅうらい》（元寇《げんこう》）を退けたものの、**これは自衛戦争であり、土地もなにも**

【図】元寇後の問題

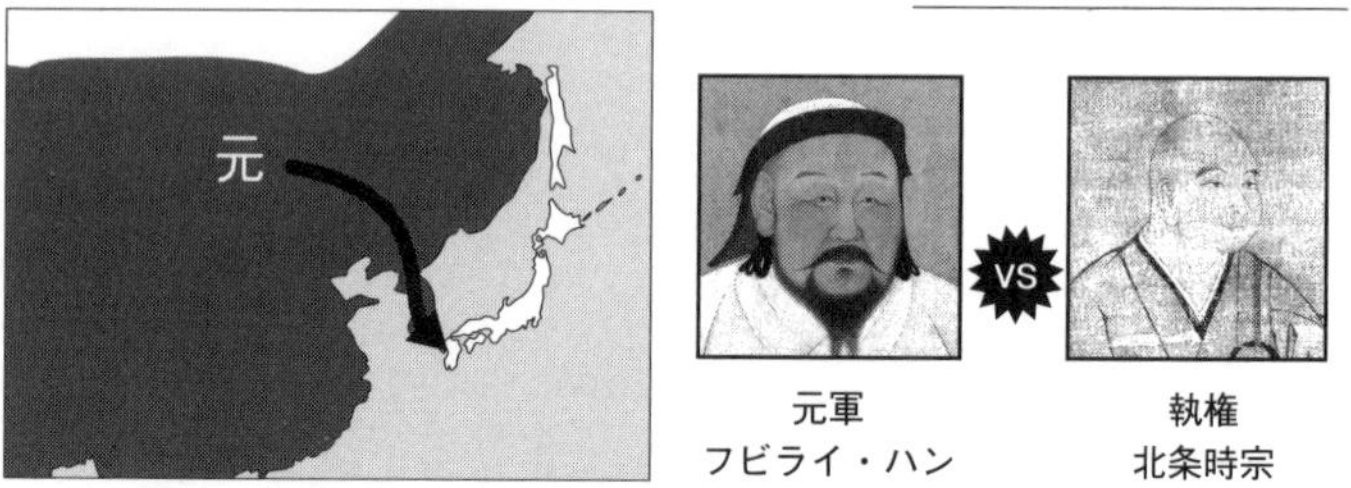

文永の役　弘安の役

⇩

元軍を退けるも、御家人に不満が残った

手にしていません。犠牲を払って戦った御家人たちにあたえられる十分な恩賞もありませんでした。

そのため、御家人たちのあいだでは不満が広がり、やがてこれが倒幕運動につながっていきます。

「念仏をとなえる」「座禅をする」だけの鎌倉新仏教が登場

鎌倉時代には新しい仏教が生まれました。この時代は、戦乱や天変地異、飢餓が頻発したことから末法思想が広まり、民衆たちの不安が高まりました。

そうした民衆たちを救おうと生まれたのが**「鎌倉新仏教」**です。以下の6人の僧侶が活躍しました。それまでの仏教は貴族に向けた難解な教えでしたが、鎌倉新仏教は**武士や民衆に向けて、わかりやすく実践しやすい教え**という共通点があります。

【図】動乱の時代と新たな仏教の始まり

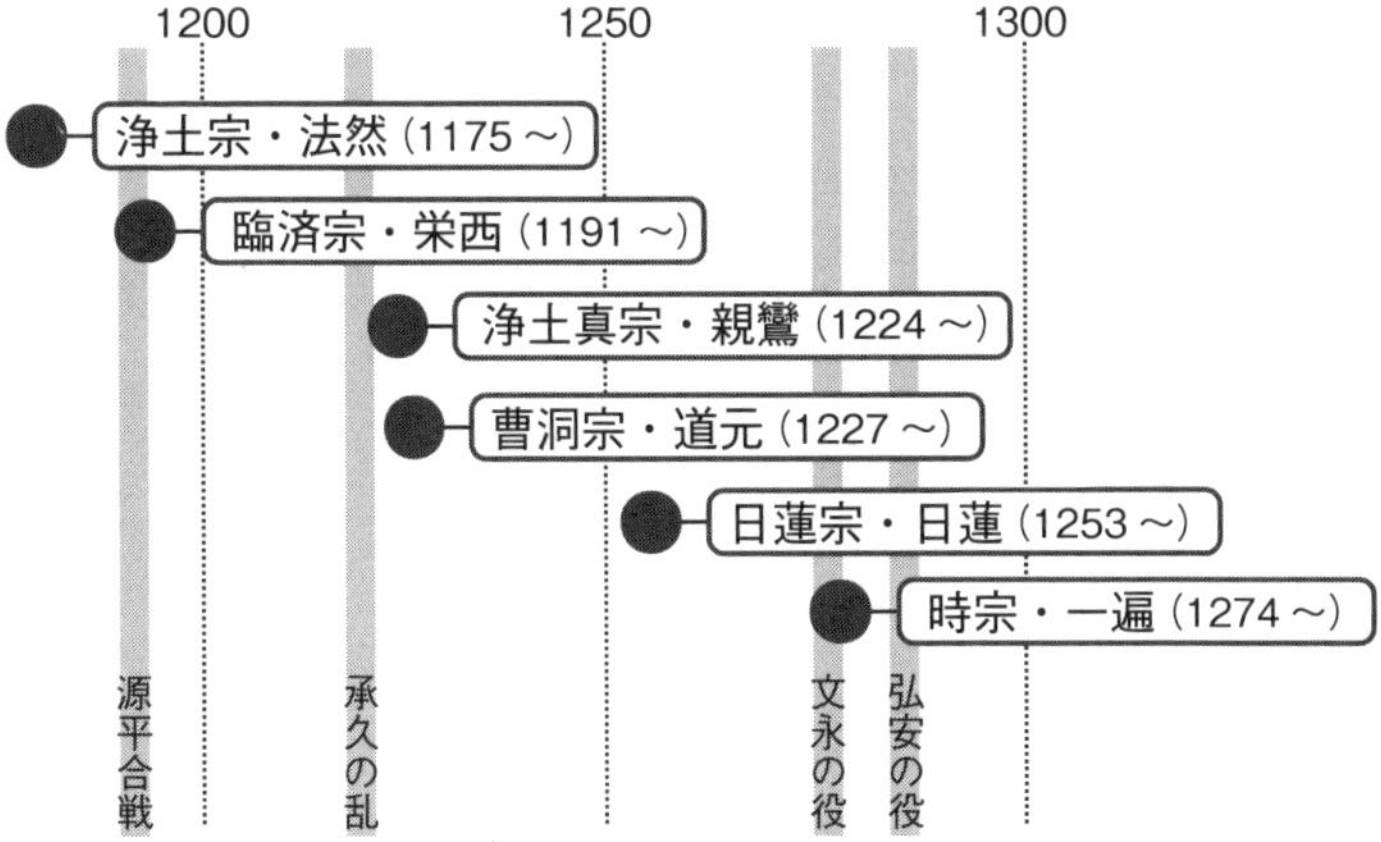

浄土宗の法然《ほうねん》は、ひたすら念仏（南無阿弥陀仏）をとなえれば救われる（専修念仏《せんじゅねんぶつ》）としました。

法然の弟子の1人である親鸞《しんらん》は、**浄土真宗**《じょうどしんしゅう》を開きます。念仏をとなえること自体が阿弥陀仏からいただいた（他力）だとし、悪人こそが往生できる（悪人正機説《あくにんしょうきせつ》）としました。

時宗《じしゅう》の一遍《いっぺん》は、阿弥陀仏の救いは約束されているとし、その喜びを踊念仏《おどりねんぶつ》によって表現しました。

日蓮宗《にちれんしゅう》の日蓮《にちれん》は『法華経《ほけきょう》』の「南無妙法蓮華経《なむみょうほうれんげきょう》」の題目《だいもく》をとなえれば、そのまま仏になれると説きました。

栄西《えいさい》は宋で学んだ禅宗《ぜんしゅう》を日本に紹介し、**臨済宗**《りんざいしゅう》を開きます。公案（師があたえる問題）を解決することで悟りにいたるとしました。

曹洞宗《そうとうしゅう》の道元《どうげん》は、ひたすら座禅をすることで悟りをえられる（只管打坐《しかんたざ》）としました。

No.20

【建武の新政】

後醍醐天皇が倒幕に成功

◆要点

1333年、隠岐から脱出した後醍醐天皇が倒幕に成功し建武の新政をはじめるが天皇中心の政治に武士の不満が高まる

●背景

天皇の倒幕運動、足利高氏《あしかがたかうじ》・新田義貞《にったよしさだ》が天皇側に寝返る

9代執権・北条貞時《さだとき》の時代になると、北条氏の本家である「得宗家《とくそうけ》」と、得宗家につかえる家来（御内人《みうちびと》）による独裁的な政治**（得宗専制政治）**がはじまりました。

御家人たちは、元寇への負担や貨幣経済の浸透によって立場が苦しくなっていきましたが、**御内人の独裁により政治の舞台からも締めだされた**ため、より不満を募らせていきました。御内人の平頼綱《よりつな》が有力御家人の安達泰盛《あだちやすもり》を滅ぼす「霜月騒動《しもつき》」という事件も起き、**「御内人」と「御家人」の対立**は激しくなりました。

一方の朝廷では、天皇家が**「持明院統《じみょういんとう》」**と**「大覚寺統《だいかくじとう》」**という2つの家系に分かれて対立しました。幕府はこの問題に対し、両統から交互に天皇をたてる「両統迭立《てつりつ》」というルールを設けて仲裁しますが、直後に即位した**大覚寺統の後醍醐《ごだいご》天皇は皇位の独占を目論みます**。さらに後醍醐天皇は、幕府に対する御家人たちの不満の高まりを倒幕のチャンスと見て動きだします。

後醍醐天皇は倒幕計画を立てたものの、2度とも幕府側にバレてしまい、失敗に終わりました。1332年、後醍醐天皇は捕らえられ、隠岐《おき》（島根）へ流されました。それでも、後

【図】幕府と朝廷それぞれの対立

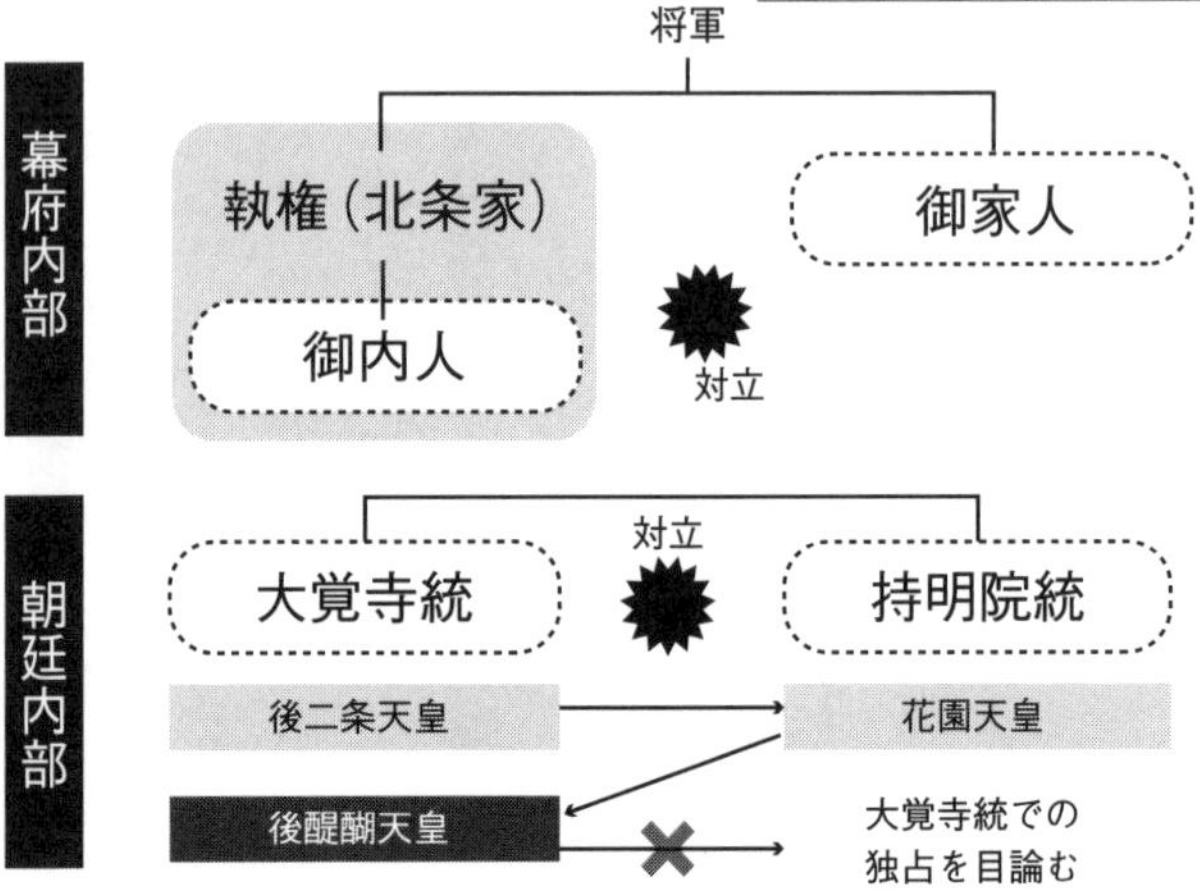

醍醐天皇の子・護良《もりよし》親王と河内国（大阪府）の「悪党」（幕府に属さない新興武士）の楠木正成《くすのきまさしげ》が、ねばり強く倒幕運動をつづけます。楠木正成は河内の千早城《ちはやじょう》で籠城戦を展開し、幕府軍を苦しめました。

その間に後醍醐天皇は隠岐を脱出し、倒幕勢力を結集。幕府は有力御家人の足利高氏（のちの尊氏《たかうじ》）を差し向けますが、**尊氏は天皇側に寝返り、幕府の拠点である六波羅探題を攻め落としました。**千早城を攻めていた新田義貞も天皇側に寝返り、鎌倉を急襲。1333年、ついに鎌倉幕府は崩壊しました。

醍醐天皇の天皇中心の政治を理想とした「建武《けんむ》の新政」をはじめる

後醍醐天皇は新政権を樹立し、平安時代の醍醐天皇が行った**天皇中心の政治（天皇親政）を理想**

【図】鎌倉幕府の滅亡と建武の親政への不満

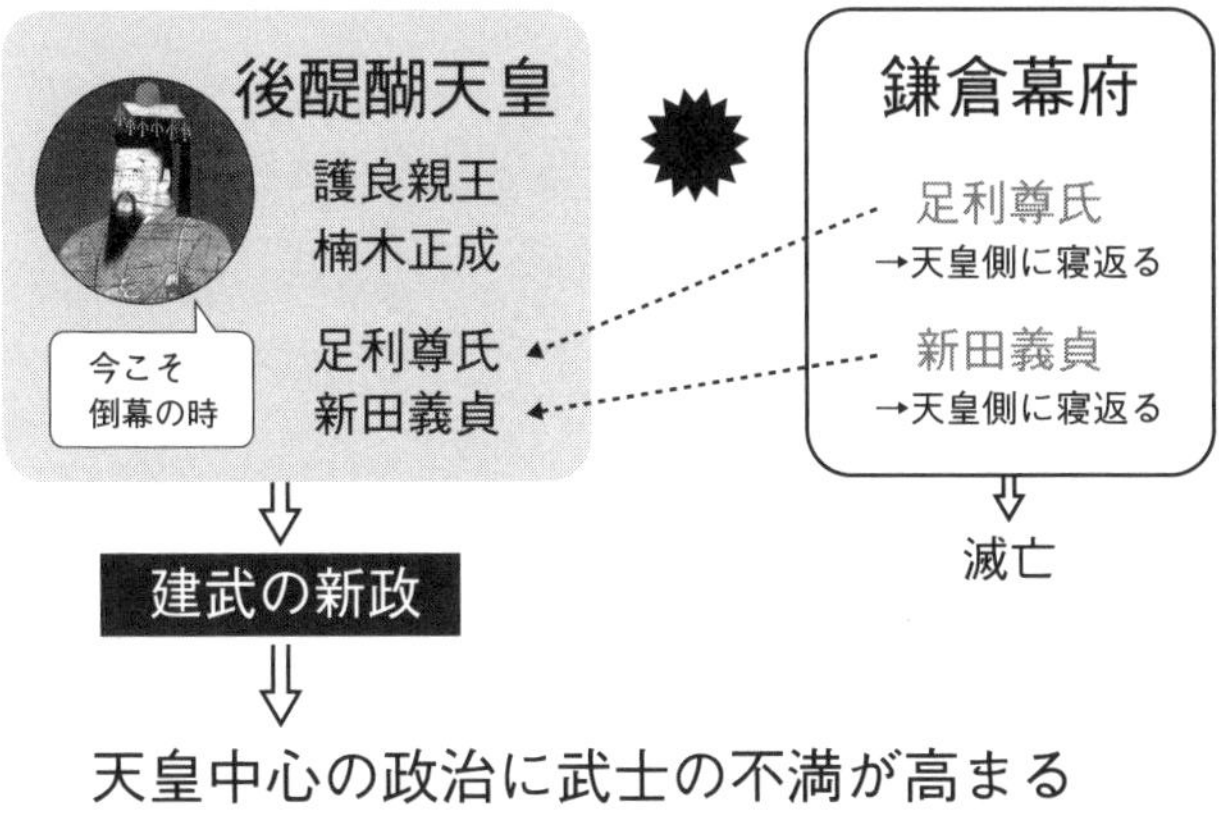

とした「建武の新政」をはじめました。天皇中心の政治の邪魔になるような「摂関政治・院政・武家政治」を否定し、重要事項の決定はすべて天皇自ら行うようにしました。

ちなみに、以上のような「倒幕から天皇中心の政権への移行」という流れは、日本史ではもう1度起きます。それが明治維新です。

ところが、後醍醐天皇の進めた「建武の新政」はわずか3年ほどで崩壊しました。原因は、武家社会の伝統や先例を無視して、**すべての決定を天皇の「綸旨《りんじ》」(命令書)でやろうとしたので無理が生じ、政治が停滞した**ことです。

また、自分に近い貴族や側近を重用したことで、倒幕運動で活躍した武士の不満が高まりました。源氏の血筋である足利尊氏に「武家政権の再興」の期待が集まりました。

第4章

南北朝・室町・戦国時代

No.21

【南北朝の内乱】

足利尊氏が２度目の裏切りで政権奪取

◆要点

１３３６年、京都で足利尊氏が北朝を打ち立てて室町幕府をひらき後醍醐天皇の南朝と対立する

● 背景

京都と吉野に２人の天皇が並び立つ

後醍醐天皇に対する求心力が低下するなか、鎌倉幕府は復活の機会をうかがっていました。最後の執権・北条高時《たかとき》の子・時行《ときゆき》は幕府復興をかけて反乱を起こし、鎌倉を占拠（中先代《なかせんだい》の乱）。しかし、足利尊氏がすぐにこれを鎮圧。すると、「新しい武家政権の樹立を」という武士たちの期待をうけて、**尊氏は後醍醐天皇を相手に挙兵**しました。鎌倉幕府を裏切った尊氏にとって、２回目の裏切りでした。

多くの武士が尊氏側につくなか、新田義貞や楠木正成などは天皇側につきました。尊氏軍はいったんは天皇側に敗れますが、九州で再起し、京都を制圧しました。

１３３６年、尊氏は**持明院統の光明《こうみょう》天皇をたてて、「北朝」とよばれる朝廷をおこしました**。新しい政治方針として「建武式目《けんむしきもく》」を制定し、征夷大将軍となり、京都に幕府をひらきました。３代将軍・足利義満《よしみつ》が京都・室町に「室町殿」を建てたことから、のちに「室町幕府」とよばれます。

一方、後醍醐天皇は京都から吉野に逃れ、自らの大覚寺統の正当性を主張し、北朝への対決姿勢をつづけました。京都の「北朝」に対し、吉野の朝廷は「南朝」になります。

【図】南北朝の対立構造

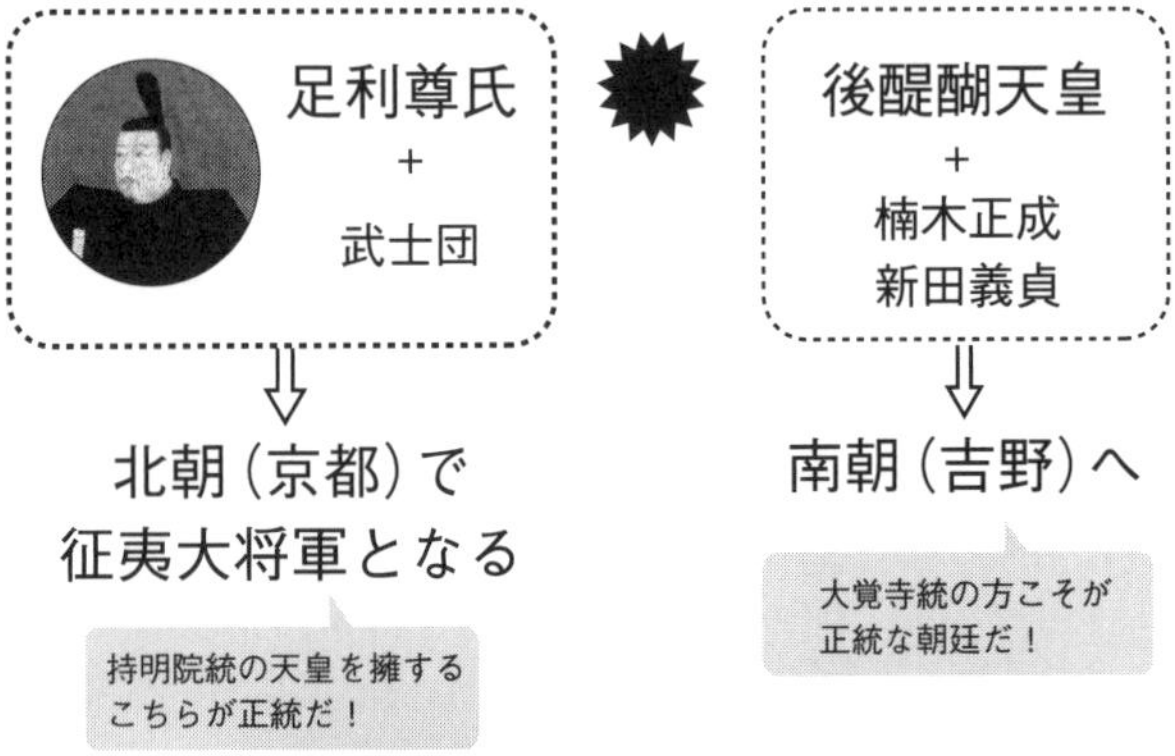

南北朝の対立のはじまり

ちなみに、飛鳥時代の大海人皇子（天武天皇）も皇位継承争いから都を離れ、南の吉野に逃れ、再起を図っています。吉野は古くから「リスタートの地」として認識されていたのです。

北朝内部の対立が南北朝の内乱を激化させる

こうして2つの朝廷が並び立つ「南北朝時代」に突入しました。

南朝では、有力武士の新田義貞や北畠顕家《きたばたけあきいえ》などを失い、後醍醐天皇も死没すると、急速に弱体化しました。

一方の北朝では、「尊氏を支持する新興武士層」と「尊氏の弟・直義《ただよし》を支持する伝統的武士層」のあいだで対立が起き、全国的な戦乱**（観応《かんのう》の擾乱《じょうらん》）**となりました。この過程で、両者は相手を牽制す

【図】南北朝時代の内部争い

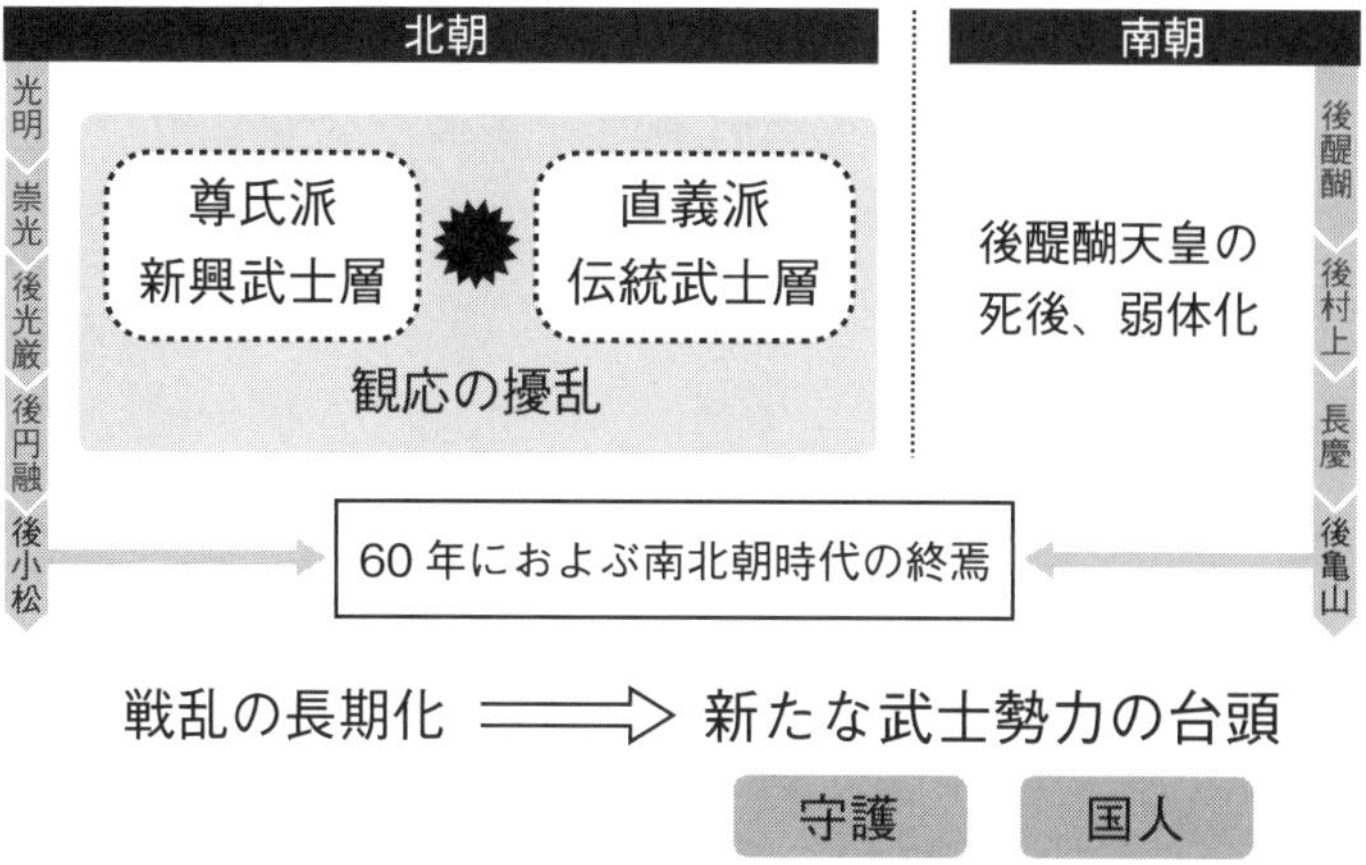

るために南朝と結びついたため、南朝が盛り返し、南北朝の内乱は長期化しました。

幕府は、**各地の武士たちをおさえこむために、守護の権限を大幅に拡大**しました。鎌倉時代までの守護がもつ権限は軍事・警察のみでしたが、これに年貢の一部を徴収したり裁判を行うなどの強力な権限をあたえました。こうして地域を支配する強力な力を手にした守護は**「守護大名」**とよばれるようになります。

一方で、**「国人《こくじん》」**とよばれる地域の土着の武士が力をもち、支配力を強める守護に対して立ち上がることもありました。これを「国人一揆」といいます。

のちに守護大名や国人たちの台頭が下克上を引き起こし、戦国時代につながっていきます。

No.22

【南北朝合一】

足利義満のもとで室町幕府の全盛期を迎える

◆要点

1392年、室町幕府の3代将軍・足利義満が南北朝合一を実現し有力守護をおさえて全国政権をきずく

●背景

有力守護を討伐し、政権を安定させる

室町幕府の3代将軍が足利義満です。義満は11歳で将軍となり、やがて後見役だった細川頼之《よりゆき》を退けて独裁体制をきずきました。1392年、南朝にはたらきかけ、**60年あまりつづいた南北朝の内乱を終結させます**。南朝の後亀山《ごかめやま》天皇（後醍醐天皇の孫）が北朝の後《ご》小松《こまつ》天皇に皇位をゆずり、かわりに後亀山天皇の皇子が皇太子となることで南北朝合一が実現しました。

さらに義満は、幕府の組織を強くするため、**有力守護を取り込みました**。足利氏一門の細川氏・斯波《しば》氏・畠山氏を**将軍の補佐役（管領《かんれい》）**とし、赤松氏・山名氏・一色氏・京極氏を**侍所の長官（所司《しょし》）**としました。幕府の中核を支えたこの7家は**「三管領・四職」**といいます。

一方で、美濃・尾張・伊勢の3か国の守護である土岐《とき》氏や、一族で山陰地方や畿内の11か国の守護となった山名氏、中国地方の6か国の守護である大内氏など、南北朝期に強い権限をあたえられ**強大化した守護を討伐**し、勢力を減退させました。

関東の統治のためには**鎌倉府**をおきました。足利氏一族を鎌倉公方《くぼう》（鎌倉将軍）に任命し、

【図】室町幕府の機関

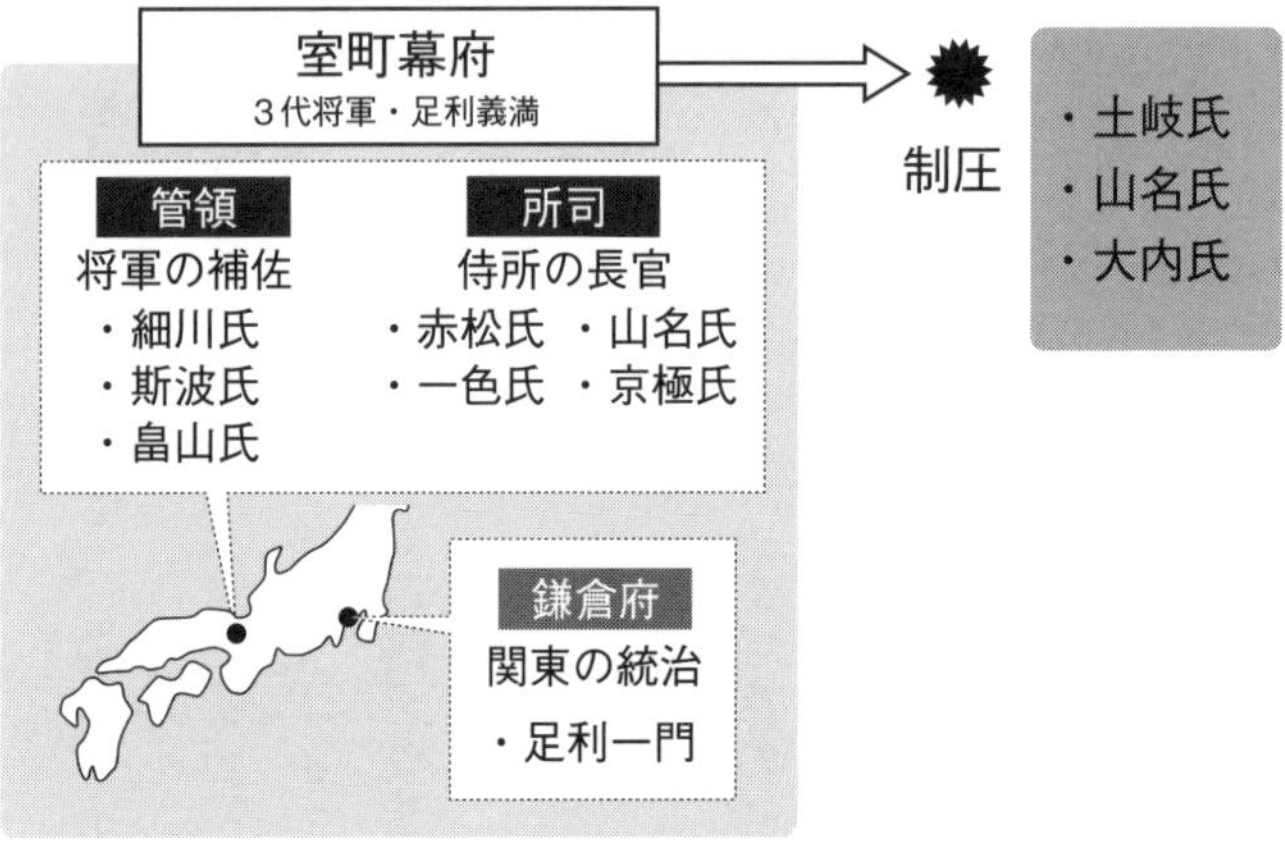

その補佐役として関東管領をおきました。この鎌倉府はやがて室町幕府と対立する勢力になります。

日明貿易を実現し、財政基盤を安定させる

義満は、南朝との戦いで悪化した幕府の財政を立て直すため、中国との貿易に目をつけました。

中国の元とのあいだでは、鎌倉幕府のもとで私的な貿易が行われていました。義満が将軍となった１３６８年、元にかわって明《みん》が成立。その３年後、明は海上貿易を禁じました（海禁政策）。南北朝の混乱期に活動を活発化した海賊「倭寇《わこう》」を封じ込めるためです。

ただし**明は、属国として貢物をする国には貿易をゆるしました**。これを「朝貢貿易」といいます。

じつは南朝の懐良《かねよし》親王（後醍醐天皇の皇子）は一時、

【図】3代・義満の貿易政策

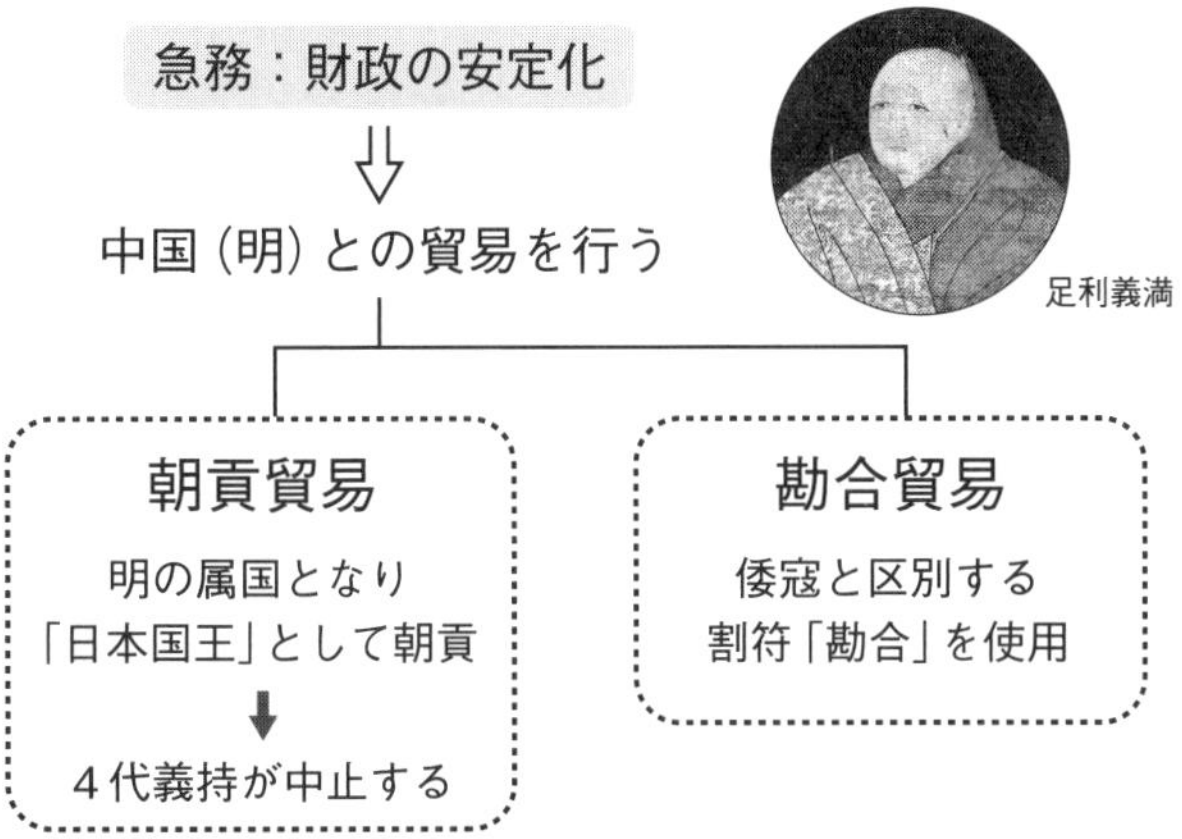
急務：財政の安定化
中国（明）との貿易を行う
足利義満
朝貢貿易
明の属国となり
「日本国王」として朝貢
4代義持が中止する
勘合貿易
倭寇と区別する
割符「勘合」を使用

九州の太宰府を拠点に、「日本国王」として明に朝貢したとされます。しかし、室町幕府は太宰府を奪回し、懐良親王を追放しました。

「日本国王」として朝貢できるのは天皇だけです。そこで義満は1395年、将軍職を子の義持《よしもち》にゆずり、武家では平清盛以来となる太政大臣に就任し、これもやめて出家します。「准三后《じゅさんごう》」（准皇族の意味）となり、**天皇の外交権を代行するかたちで明に朝貢しました**。

こうして日明貿易を開始し、幕府の財政基盤を安定させました。倭寇と区別するため勘合《かんごう》とよばれる割符《わりふ》を使ったことから「勘合貿易」とよばれます。

また、出家後の義満は京都・北山に移り住み、金閣寺に代表される「北山文化」を花開かせました。

No.23

【応仁の乱】

次期将軍の座をめぐり内乱が勃発

◆要点

1467年、京都で

8代将軍・足利義政の

後継者争いから応仁の乱が勃発し

幕府は衰退、下克上の風潮が強まる

● 背景

「くじ引き将軍」が恐怖政治をしく

3代将軍・足利義満の後は不安定な政権がつづきます。

4代将軍・足利義持は、明の属国となることを嫌い日明貿易を中止。5代将軍・足利義《よし》量《かず》が早世したため、義持は再度政権をになうますが、後継者を指名する前に死亡。そのため**義持の4人の弟がくじを引き、義教《よしのり》が6代将軍となりました**。

義教は、日明貿易を再開したのはよかったですが、「くじ引き将軍」と見下されることを恐れ、逆に**恐怖政治をしきました**。気に入らない守護大名は殺害し、所領を没収。すると、このやり方に反発した鎌倉公方の足利持氏《もちうじ》が挙兵したのにつづき、播磨の守護大名・赤松満祐《みつすけ》は義教を暗殺しました。

こうして幕府が弱体化するなか、新たに台頭した階級の1つが、**農民**です。農民たちは「惣《そう》」や「惣村《そうそん》」とよばれる自治的性格をもつ共同体をつくりました。ときには、自分たちの要求を掲げて蜂起する「土一揆《つちいっき》」を起こしました。借金の帳消しを求めて起こした一揆は「徳政《とくせい》一揆」といいます。

【図】くじ引き将軍が招いた幕府の弱体化

くじ引き将軍　６代・義教

気に入らない守護大名を
殺害するなど、恐怖政治をしく

⇓

守護大名・赤松満祐に暗殺される

幕府が弱体化、農民による一揆の発生

将軍・義政は物見遊山、大乱は11年におよぶ

８代将軍・足利義政《よしまさ》のとき、「応仁の乱」が起きます。

子供にめぐまれなかった義政は、次期将軍に**弟の義視《よしみ》**を指名しましたが、その直後、妻の日野富《ひのとみ》子《こ》が**義尚《よしひさ》を出産**。富子は義尚を次期将軍とするため、幕府の実力者・山名持豊《やまなもちとよ》（宗全《そうぜん》）に近づきました。

もう１人の実力者である元管領の細川勝元《かつもと》は義視の後見人だったことから、**持豊と勝元の対立が表面化**しました。西軍の山名持豊と東軍の細川勝元。これに三管領の畠山氏や斯波氏、有力守護も東西陣営に分かれて加わり、１４６７年、ついに京都で応仁の乱がはじまりました。

戦局は東軍優勢で進みますが、有力守護の大内政弘《まさひろ》が大軍を引き連れ西軍に味方したことから形

【図】応仁の乱

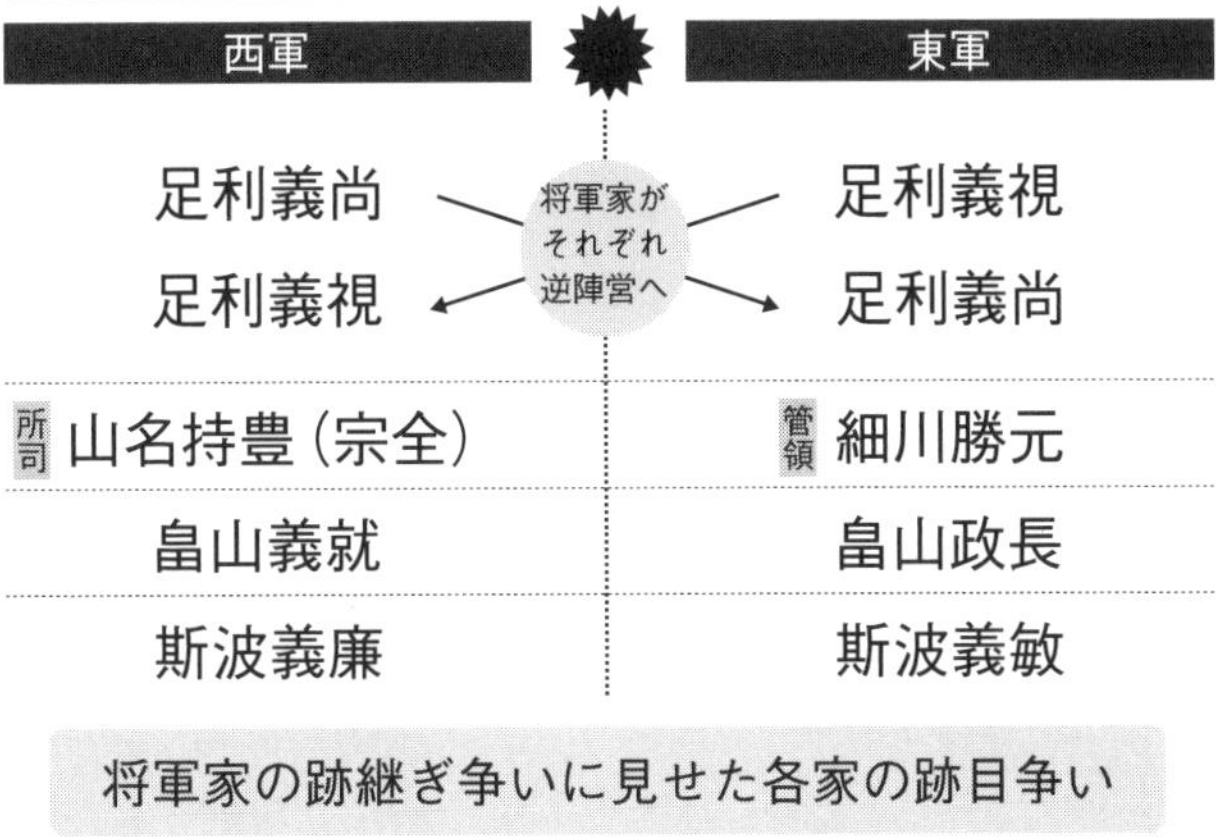

勢は逆転。**西軍優勢に動揺した義視は、戦線離脱し、やがて西軍に寝返ります。**義政は義視を支持して東軍についていましたが、こうした義視の姿勢に失望し、政治への関心を失っていきます。

義政は、乱の最中にもかかわらず、物見遊山や芸術品の収集にふけるようになりました。義政が隠居所として建てたのが銀閣寺であり、ここを拠点に**「東山文化」**が生まれます。

１４７３年、総大将の細川勝元と山名持豊が相次いで亡くなり、その翌年、義政は将軍職を義尚にゆずりました。それからも戦乱はつづきましたが、１４７７年にようやく終結します。

応仁の乱によって京都は焼け野原となり、幕府の衰退は明らかとなりました。一方、守護大名が留守にしているあいだに**各領地では守護代や国人が力をつけ、下克上の風潮が強まっていきました。**

No.24

【戦国時代の幕開け】

後北条氏が関東を平定する

◆要点

1495年、小田原城を幕府の役人だった北条早雲が攻め落として相模国の大名にのしあがり戦国時代の幕開けを告げる

●背景

実力で関東へ進出した北条早雲

応仁の乱のあと、それまでの権威や身分に関係なく、**実力で「分国《ぶんこく》」（支配領域）を奪い合う「戦国時代」**に突入しました。その戦国時代の幕開けを告げた人物が、**北条早雲《そううん》（伊《い》勢宗瑞《せそうずい》）**です。

室町幕府・政所の執事・伊勢氏の出身である早雲は、駿河の守護大名・今川氏の後継ぎ争いに介入したのをきっかけに、関東へ進出します。

そのころ鎌倉府の長官である「鎌倉公方」は、下総国古河《こが》を拠点とする「古河公方」と伊豆国堀越《ほりごえ》を拠点とする「堀越公方」に分裂し、対立していましたが、**早雲は堀越公方を滅ぼし、伊豆国を奪います**（のちに孫・氏康《うじやす》が古河公方も吸収）。その勢いで1495年、小田原城を攻め落とし、やがて相模国の大名にのしあがりました。

早雲の子・氏綱《うじつな》は、鎌倉幕府の執権・北条氏の名声を利用し、**苗字を「伊勢」から「北条」に改めました**。こうして北条氏（後北条氏）は、5代（早雲・氏綱・氏康・氏政《うじまさ》・氏《うじ》直《なお》）100年にわたって関東に覇権をとなえました。

伊勢早雲

関東へ進出し、
相模国の大名になる

⇩

「北条早雲」と改め、
北条氏は５代にわたり関東に君臨

【図】伊勢早雲の関東進出ルート

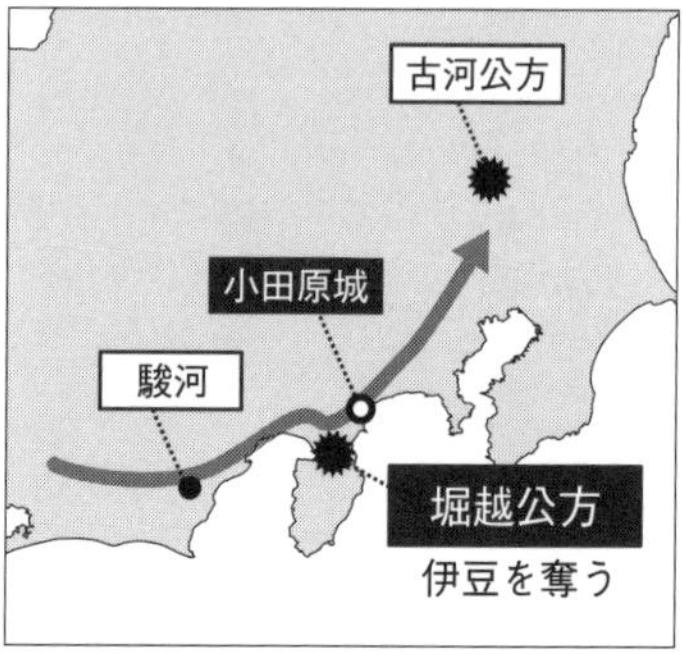

管領・細川氏が排除され、家臣の三好氏が政権をうばう

戦国時代、尾張の織田信長《おだのぶなが》が登場するまでに活躍した主な戦国大名を見てみましょう。

越後の守護代・長尾景虎《ながおかげとら》は、上杉憲政《うえすぎのりまさ》から関東管領をゆずられたのをきっかけに「**上杉謙信《けんしん》**」を名乗ります。謙信は、甲斐の守護大名・**武田信玄《たけだしんげん》**と信濃国支配をめぐって争い、川中島で5度の合戦を繰り広げました。駿河の守護大名・**今川義元《いまがわよしもと》**は、武田信玄・北条氏康と同盟を結んで背後をかため、京都進出をうかがいましたが、1560年、**織田信長**の前に敗れました（桶狭間《おけはざま》の戦い）。北近江の**浅井長政《あざいながまさ》**は信長の妹・お市《いち》を妻に迎えますが、のちに越前の**朝倉義景《あさくらよしかげ》**とともに信長と対立します。

山口を拠点とする守護大名・**大内義隆《よしたか》**は、中国地方から北九州まで勢力を拡大します。義隆は石《いわ》

【図】織田信長台頭以前の大名とおおまかな領地

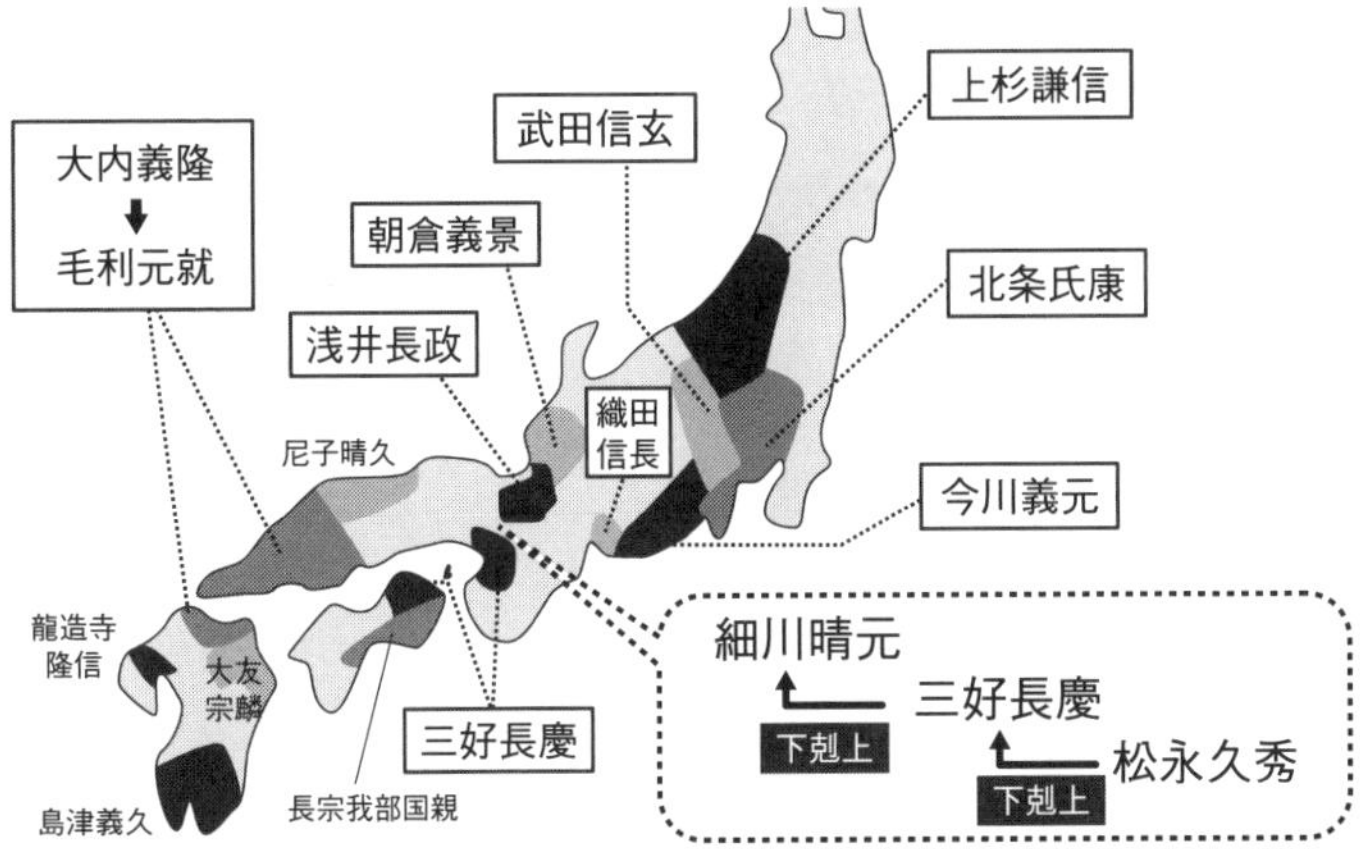

見《み》銀山を開発するとともに、明との勘合貿易をにぎり、莫大な富をきずきました。応仁の乱で荒廃した京都に対し、山口は「西の京」とよばれるほどの繁栄を見せました。ところが義隆は、家臣の陶晴賢《すえはるかた》に滅ぼされます。その陶氏も村上水軍と同盟した**毛利元就**《もうりもとなり》に破れます（厳島《いつくしま》の戦い）。毛利氏は石見銀山や瀬戸内海航路をおさえ、西国一の戦国大名となります。

一方、そのころの京都では、**管領・細川晴元**《はるもと》が足利将軍家を支えていましたが、**家臣の三好長慶**《みよしながよし》によって政権をうばわれます。長慶の死後、**その家臣の松永久秀**《まつながひさひで》と三好三人衆（三好長慶の3人の家臣）が13代将軍・足利義輝《よしてる》を暗殺し、14代将軍・足利義栄《よしひで》を擁立。しかし、久秀と三好三人衆の関係がこじれ、戦乱状態に陥りました。そこに15代将軍・足利義昭《よしあき》を奉じてあらわれたのが、信長でした。

No.25

【本能寺の変】

織田信長が天下統一へ突き進むが…

◆要点

1582年、京都・本能寺で戦国大名の織田信長が家臣の明智光秀に討たれて自害し天下統一事業は豊臣秀吉に引き継がれる

●背景

南蛮《なんばん》貿易の富が集まり、鉄砲の供給地となった堺に目をつける

戦国時代は、世界史のなかでは「大航海時代」にあたります。**ヨーロッパ諸国は、貿易の拡大やキリスト教の布教、領土の獲得などを目的に海をわたり**、その一派が日本にもやってきました。

明との勘合貿易をにぎっていた大内義隆が陶晴隆に滅ぼされたため、公式の日明貿易は断絶します。するとふたたび倭寇（後期倭寇）が暗躍するようになるのですが、その中心にいたのが中国人の王直《おうちょく》でした。1543年、王直の船に乗ったポルトガル人が種子島に漂着し、鉄砲（火縄銃）を伝えます。**鉄砲は紀州の根来《ねごろ》と大坂の堺に伝わり、ここが鉄砲製造の中心となりました**。また1549年には、イエズス会の宣教師フランシスコ＝ザビエルが来日し、キリスト教がもたらされました。

これ以降、**海禁政策をとる明にかわってポルトガル人やスペイン人が日本との貿易をになう**ようになりました。これを**中継貿易（南蛮貿易）**といいます。南蛮貿易の窓口となった堺は、空前の繁栄をみせ、財力を背景に傭兵を雇って町を守り、守護大名の介入を排除し、独立国家のような自治都市をきずきました。

【図】外国との貿易の変化

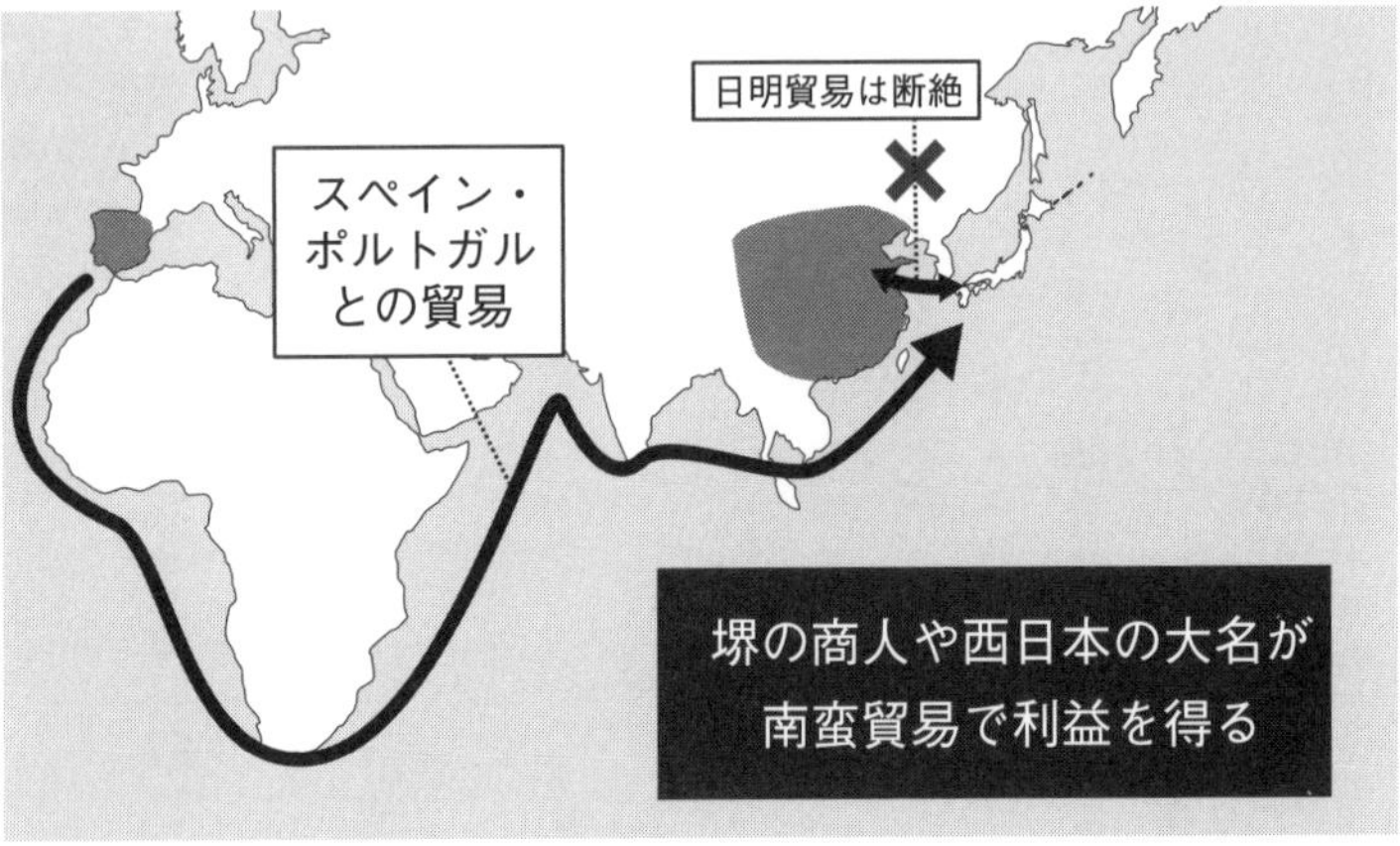
日明貿易は断絶
スペイン・ポルトガルとの貿易
堺の商人や西日本の大名が南蛮貿易で利益を得る

一方、西日本の大名のなかには、**南蛮貿易を目的に、キリスト教の布教を許可**する者があらわれ、自らキリスト教に入信した大名（キリシタン大名）もいました。

今川・浅井・朝倉・武田…戦国の実力者を次々となぎ倒す信長

尾張の守護代の一族だった織田信長は、桶狭間の戦いで今川義元を破り、三河国の松平元康《まつだいらもとやす》（徳《とく》川《がわ》家康《いえやす》）と同盟を結び、**美濃国を平定**します。

１５６８年、足利義昭を迎えて京都に入り、義昭を15代将軍とし、室町幕府を再興しました。将軍家の威光を利用して、周囲の諸大名をしたがわせようとしたのです。また堺に圧力をかけて直轄地とし、**貿易による富と鉄砲の供給源を手に入れました。**

【図】織田信長の戦いの遍歴

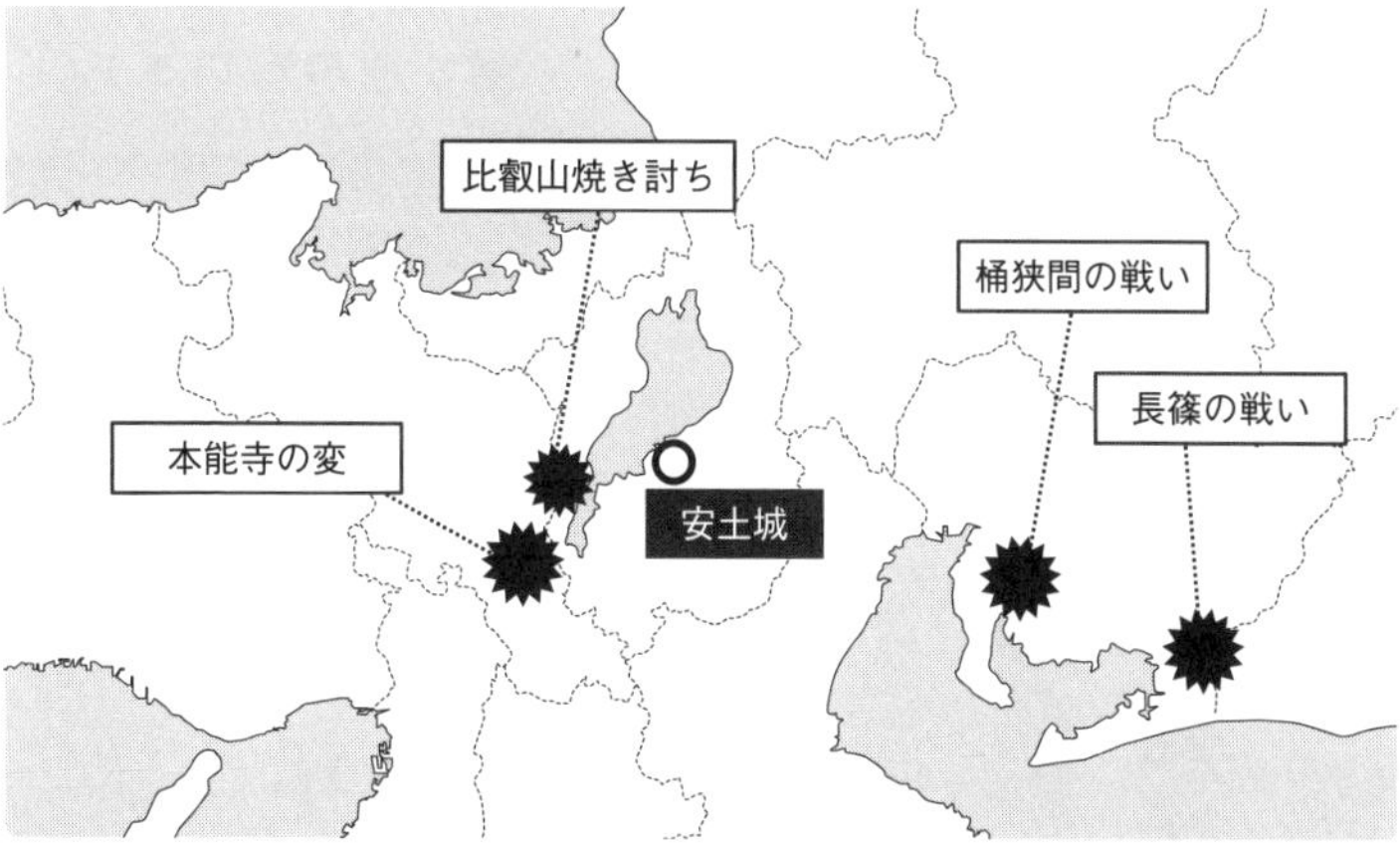

信長は、抵抗勢力をつぎつぎと排除しました。比叡山を焼き討ちにし、浅井氏・朝倉氏を滅ぼし、対立した義昭を追放。**１５７３年、室町幕府は滅亡しました**。１５７５年、武田勝頼《かつより》(信玄の子)が織田・徳川領に侵攻してくると、３０００丁の鉄砲を配備し、大敗に追い込みました(長篠《ながしの》の戦い)。

翌年、信長は近江に安土城《あづちじょう》をきずき、**統一政権樹立の基礎固め**をしました。関所を廃止し、城下町に楽市令《らくいちれい》を発し、商人の自由な商取引を奨励。また、キリシタン文化を取り入れました。

しかし１５８２年、毛利氏攻めの最中、京都の本能寺に宿泊していたところを家臣の明智光秀《あけちみつひで》から襲撃をうけ、自害に追い込まれました(本能寺の変)。この事件については、光秀単独犯行説のほか、秀吉・家康・義昭・近衛前久《このえさきひさ》(公家の実力者)などの黒幕説がとなえられています。

No.26

【秀吉の天下統一】

天下統一から朝鮮出兵、そして関ヶ原の戦いへ

◆要点

1590年、小田原城攻めで豊臣秀吉が北条氏を滅ぼして天下統一を完遂するが秀吉の死後に徳川家康が実権を奪う

●背景

明智光秀・柴田《しばた》勝家《かついえ》を破り、信長の後継者を名乗る

織田信長の天下統一事業を引き継いだのは、家臣の羽柴秀吉《はしばひでよし》（豊臣秀吉《とよとみ》）でした。備中で毛利氏と戦っていた秀吉は、信長自害の知らせをうけると、すぐに毛利氏と和平を結び、全軍をすばやく京都に向けました（中国大返し）。明智光秀を山崎の戦いで破り、その翌年には、最大のライバルだった柴田勝家を賤ヶ岳《しずがたけ》の戦いで破ります。織田信雄《のぶお》（信長の子）と徳川家康の連合軍との戦い（小牧《こまき》・長久手《ながくて》の戦い）には苦戦しましたが、講和にもちこみ、**信長の後継者としての地位を固めました**。

秀吉は、天下統一の拠点として**大坂城**をきずきます。場所は、信長がたおした一向一揆の本拠地・石山本願寺跡地です。秀吉は、四国の長宗我部《ちょうそかべ》氏や九州の島津氏を平定し、東北の伊達《だて》氏を服属させ、関東の北条氏を滅ぼし、**1590年に天下統一を完成させました**。

農民出身で何の権威もない秀吉でしたが、1585年に関白となり、翌年には太政大臣となり、天皇から豊臣姓をあたえられました。

秀吉は、全国の土地の生産力を米の収穫量（石高《こくだか》）で示す**「太閤検地《たいこうけんち》」**や、1つの土地の持ち主は1人の農民だけとする「一地一作人《いっちいっさくにん》の原則」、農民の武器を没収し、武士化を

【図】豊臣秀吉の天下統一事業

太閤検地 土地の生産力を測定	**一地一作人** 1つの土地は1人の農民のもの	
兵農分離 農民の武士化を防ぐ	**バテレン追放** スペインの進出を防ぐ⇒失敗	**朝鮮出兵** 弱体化した明を狙う⇒失敗

防止する「兵農分離」などを行いました。また九州平定の際には**「バテレン（宣教師）追放令」**を発しました。イエズス会に長崎が寄進されていることなどを目の当たりにし、**キリスト教布教を利用したスペインの進出を恐れた**からです。ただし、南蛮貿易はつづけられたため、追放令は不徹底に終わりました。

国内を統一した秀吉は、弱体化した明の征服をねらって、**2度の朝鮮出兵**（文禄《ぶんろく》の役、慶長《けいちょう》の役）を行いました。**日本が自ら海外侵略にでるのは史上初です**。陸上部隊は敵なしの状態でしたが、朝鮮の李《り》舜臣《しゅんしん》率いる水軍に補給路をおびやかされて、苦戦します。秀吉の死をもって撤退となりました。

五大老筆頭・徳川家康と五奉行筆頭・石田三成《みつなり》が対立

【図】関ヶ原の戦いの対立構造

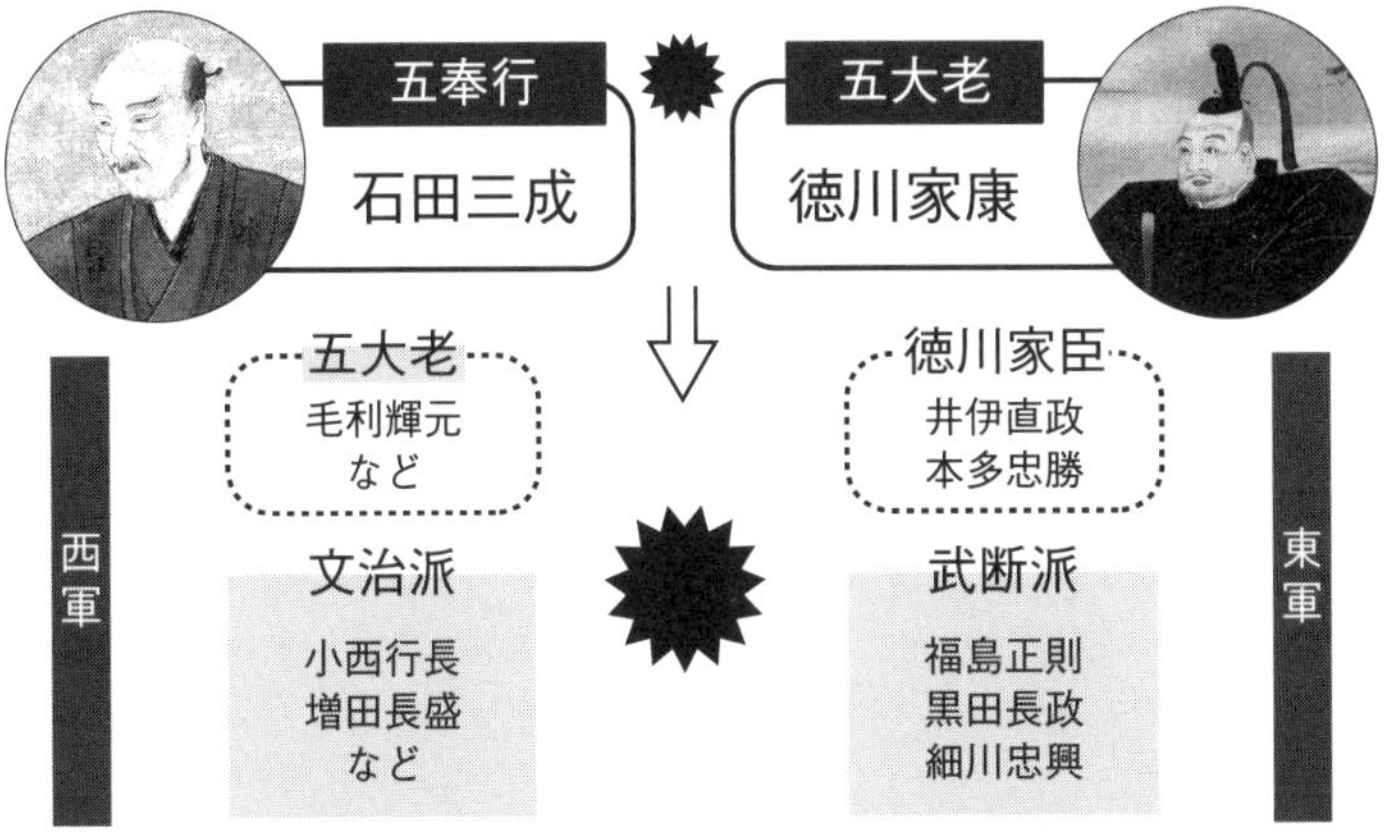

秀吉晩年の豊臣政権は、「五大老」といわれる有力大名と「五奉行」といわれる秀吉の家臣たちが支えました。

ところが秀吉の死後、**五大老筆頭の徳川家康が実権をうばい、幼い豊臣秀頼《ひでより》（秀吉の子）を守る五奉行筆頭の石田三成と対立**しました。家康には軍務をになった武断派（福島正則《まさのり》など）がつき「東軍」を形成し、石田三成には政務をになった文治派（小西行長《ゆきなが》など）と五大老の毛利輝元《てるもと》などがつき「西軍」を形成しました。

1600年、家康は会津征伐に向かうと見せかけ、三成を挙兵させます。これをきっかけに東軍は大坂へ向けて進軍。三成は、関ヶ原で防衛ラインを引きました。壬申の乱で大海人皇子軍が陣をしいた不破関のすぐ東の原野で、ふたたび東西勢力がぶつかったのです（関ヶ原の戦い）。

第5章

江戸時代

No.27

【江戸幕府のはじまり】

豊臣家を滅ぼし、徳川家が武家のリーダーに

◆要点

1603年、江戸で徳川家康が征夷大将軍となって幕府を開き武断政治で諸大名を統制する

●背景

関ヶ原の戦い・大坂の陣で豊臣家を滅ぼす

関ヶ原の戦いは、はじめは石田三成の西軍が優勢でしたが、山上から戦況をうかがっていた西軍の小早川秀秋《こばやかわひであき》が徳川家康の東軍に寝返ったことから形勢が逆転。東軍の勝利に終わりました。わずか半日の戦いでした。

大坂城にいた西軍の総大将・毛利輝元が本気で参戦すれば戦況が変わった可能性がありますが、所領を安堵してもらえると聞いた輝元は、あっさりと大坂城を明け渡しました。この結果、**豊臣秀頼の領地は減らされ、一大名の地位に転落**。石田三成は京都で処刑されました。

1603年、家康は征夷大将軍となります。2年後、将軍の地位を息子の徳川秀忠《ひでただ》にゆずり、自らは**「大御所」（前将軍）**となりました。**徳川の世が世襲によってつづくことを示した**のです。とはいえ、徳川家の安定的な権力継承が保証されたわけではありません。家康が死んでしまえば、諸大名から人気のない秀忠がつぶされ、豊臣秀頼が権力を奪い返す恐れも依然としてありました。

1614年、家康は秀頼に言いがかりをつけて、生母淀殿《よどどの》を人質として差し出すか、大

【図】徳川家康の世襲政策

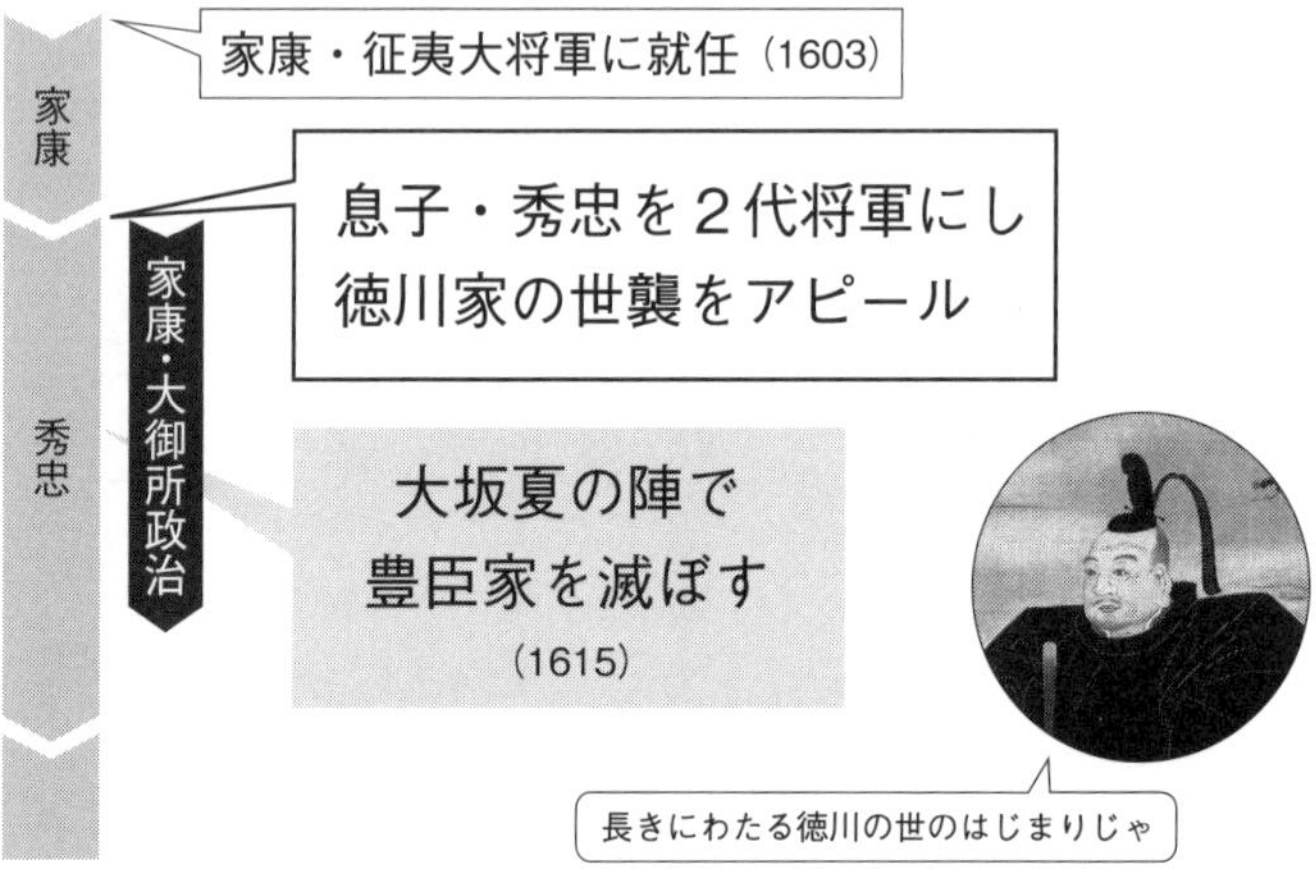
家康
秀忠
家康・征夷大将軍に就任（1603）
家康・大御所政治
息子・秀忠を２代将軍にし
徳川家の世襲をアピール
大坂夏の陣で
豊臣家を滅ぼす
（1615）
長きにわたる徳川の世のはじまりじゃ

坂城を明け渡すように迫りました。すると豊臣家は数万の浪人を集め、徳川軍との開戦に踏み切りました（大坂冬の陣）。徳川軍は大軍で攻めますが、豊臣軍の守りは鉄壁です。家康は、大坂城の掘を埋めることなどを条件に和平を結びました。

しかし、これは家康の罠でした。翌年春、徳川軍はほぼ丸裸の大坂城を攻め落とします。秀頼・淀殿母子は自害し、ここに豊臣家は滅亡したのです（大坂夏の陣）。

武断政治で大名を統制
朱印船貿易が活発化

江戸幕府初期、徳川家康・秀忠・家光《いえみつ》の3代は、**武力や罰則をもって大名を統制する「武断政治」**を行いました。家康の代には、「一人の大名につき、居城をひとつに限る」という「一国一城令《いっこくいちじょうれい》」を発

【図】徳川家の武断政治と外交

国内の大名統治

一国一城令

1人の大名につき、城は1つ

大名配置

全国の大名を「親藩」「譜代」「外様」に分類

外国との交易

朱印船貿易

東南アジアの国々と公式に貿易、朝鮮とも講和

2代将軍秀忠

令したほか、大名たちが守るべきルールを「武家《ぶけ》諸法度《しょはっと》」にまとめました。

秀忠の代には、**「大名配置」**を行っています。全国の大名を、徳川家の親戚の「親藩《しんぱん》」（徳川家、松平家など）、関ヶ原の戦い以前から徳川家にしたがってきた「譜代《ふだい》大名」、関ヶ原の戦いをきっかけに徳川家にしたがった「外様《とざま》大名」（加賀の前田家、薩摩の島津家、陸奥の伊達家など）の3つに分けたうえで、**親藩や譜代大名は江戸や大坂など要衝の周りにおき、外様大名は地方に配置**しました。

一方、このころは外交や貿易に積極的でした。朝鮮出兵により国交が断絶していた朝鮮とは講和を結び、貿易を再開。東南アジアの国々とは、海外渡航の許可状である「朱印状《しゅいんじょう》」をもとにした朱印船貿易を行いました。東南アジアには日本の移住者が増え、「日本町《にほんまち》」もできました。

No.28

【鎖国体制の確立】

徳川家光が参勤交代・鎖国を開始

◆要点

1624年、南蛮貿易で3代将軍・徳川家光がスペイン船の来航を禁止して宗教・貿易を統制し鎖国体制をきずく

●背景

参勤交代で大名を監視下におく

3代将軍・徳川家光は「武断政治」を引き継ぎ、大名に対する統制を強めました。その1つが**「参勤交代《さんきんこうたい》」**です。大名の妻や子を江戸の屋敷に住まわせ、大名自身は江戸と領国を1年交代で往復することとしました。こうして大名を定期的に監視下におくことで幕府への反乱を防ぎました。もう1つは**「御手伝普請《おてつだいぶしん》」**です。これは幕府がもつ城の修理や治水工事を大名に義務づけるものでした。

家光の時代には幕府の組織も整いました。「将軍」のもとで5~6人の**「老中《ろうじゅう》」が政治を総括**し、3~5人の**「若年寄《わかどしより》」がそれを補佐**。非常時には**臨時の最高職として「大老《たいろう》」**がおかれました。

幕府の財政は、農地をもつ農民（本百姓《ほんびゃくしょう》）が納める年貢からなるので、**農民に対する統制**も行いました。「田畑永代売買の禁令《でんばたえいだいばいばいのきんれい》」により、農民が農地を売って耕作を放棄しないようにし、さらに「分地制限令」により、農地が相続されるごとに分割されることを防ぎました。また「五人組制度」を設け、近隣の5戸が1組となって年貢の納入や犯罪防止に連帯責任を負うこととしました。

【図】3代家光の内政

続・国内の大名統治
- 参勤交代
  大名は江戸と領地を1年ごとに往復
- 普請役
  幕府所有の城の修理・治水工事を義務付ける

3代将軍家光

幕府の財政策
- 田畑永代売買の禁令　分地制限令　五人組
  農地の放棄・分割を阻止し、連帯責任とする

オランダがヨーロッパ諸国で唯一の貿易相手国に

幕府は当初、南蛮貿易によるメリットからキリスト教を容認していましたが、その貿易相手国である**スペイン・ポルトガルが世界史のなかで没落します**。16世紀末、スペインの無敵艦隊はイギリスに破れ、スペインからオランダが独立しました。世界覇権はイギリス・オランダにうつりました。

そんななかオランダが幕府に接近し、「スペインは日本を植民地にする」と警告しました。これに警戒を強めた幕府は、1624年、**スペイン船の来航を禁止**にします。さらに1637年、多数のキリスト教徒が加わった島原の乱がおきると、オランダは「ポルトガルが反乱を支援している」と幕府に告げ、幕府軍を支援します。反乱鎮圧後の1639年、幕府は**ポルトガル船の来航を禁止**しました。

【図】鎖国体制とオランダとの貿易

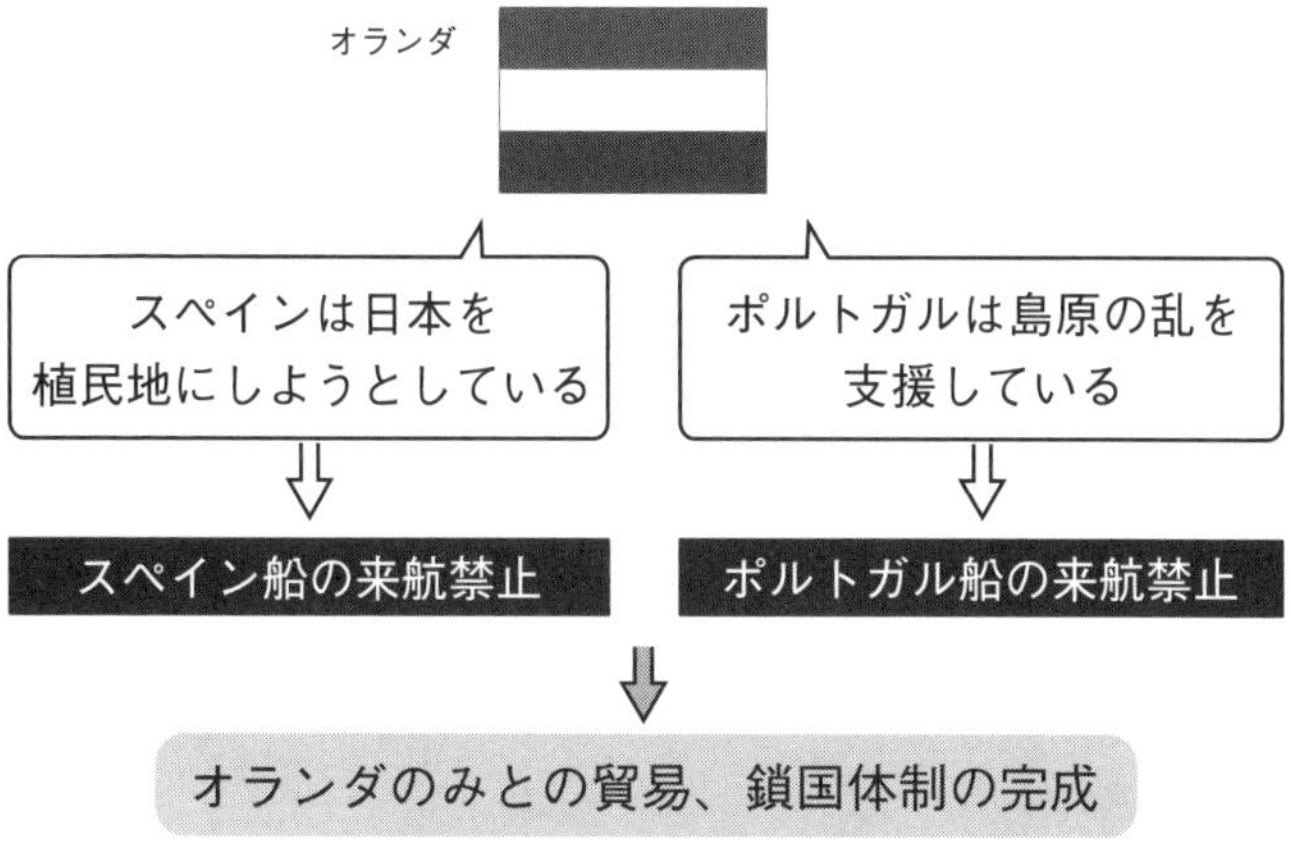
オランダ
スペインは日本を植民地にしようとしている
ポルトガルは島原の乱を支援している
スペイン船の来航禁止
ポルトガル船の来航禁止
オランダのみとの貿易、鎖国体制の完成

この結果、プロテスタント国で**布教を目的としていなかったオランダが、ヨーロッパ諸国のなかで唯一の日本の貿易相手国**となりました。同時に、朱印船貿易も禁止となりました。幕府は、朱印船貿易によって莫大な富をきずく西日本の大名が脅威となることを警戒したのです。

こうして鎖国体制がきずかれますが、完全に国が閉じたわけではありません。**①長崎口**（幕府の長崎奉行が、出島《でじま》でオランダ、唐人《とうじん》屋敷《やしき》で中国と交易）、**②対馬口**（対馬藩が朝鮮と交易）、**③薩摩口**（薩摩藩が琉球と交易）、**④松前口**（松前藩がアイヌと交易）という4つの窓口では交易が行われました。

また、幕府は宗教統制を強め、キリスト教を禁止にしました。すべての人はいずれかの仏教の宗派に入り（宗門改《しゅうもんあらた》め）、寺の**「宗門改帳」**に記録されました。これが戸籍の役割を果たしたのです。

No.29

【享保の改革】

幕府中興の祖・徳川吉宗が財政再建

◆要点

18世紀前半、悪化した幕府の財政を8代将軍・徳川吉宗が享保の改革で立て直しに成功し「幕府中興の祖」として後代の模範となる

●背景

武断政治から文治政治へ転換

家康・秀忠・家光の「武断政治」によって幕府の体制は確立されましたが、大名の取りつぶしや領地削減により、多くの武士がリストラにあい、**主君をもたない「牢人（浪人）」が激増**しました。

そんななか、1651年に慶安《けいあん》事件が起きます。幕府への反逆を企てた兵学者・由井《ゆい》正《しょう》雪《せつ》と牢人たちが捕らえられた事件です。4代将軍・徳川家綱《いえつな》はこれをきっかけに**「武断政治」を見直し、「文治《ぶんち》政治」に転換しました。**武力により圧迫するのではなく、社会不安を取り除き、社会の秩序を保とうとしたのです。大名に対しては、死ぬ前に駆け込みで養子をとることを認め（末期養子）、大名家の存続を図りました。また、将軍や大名の死の際に家臣が後追いで切腹する「殉死」を禁止しました。

5代将軍・徳川綱吉《つなよし》も文治政治を進めました。とくに、犬をはじめとする動物愛護のための法令「生類憐《しょうるいあわれ》れみの令」は、**人を殺すのが功名だった戦国時代の雰囲気をやわらげる**効果がありました。

6代将軍・家宣《いえのぶ》と7代将軍・家継《いえつぐ》の代は、幕臣となった**朱子学《しゅしがく》**（南宋の朱子がきずいた

【図】武断政治からの変遷

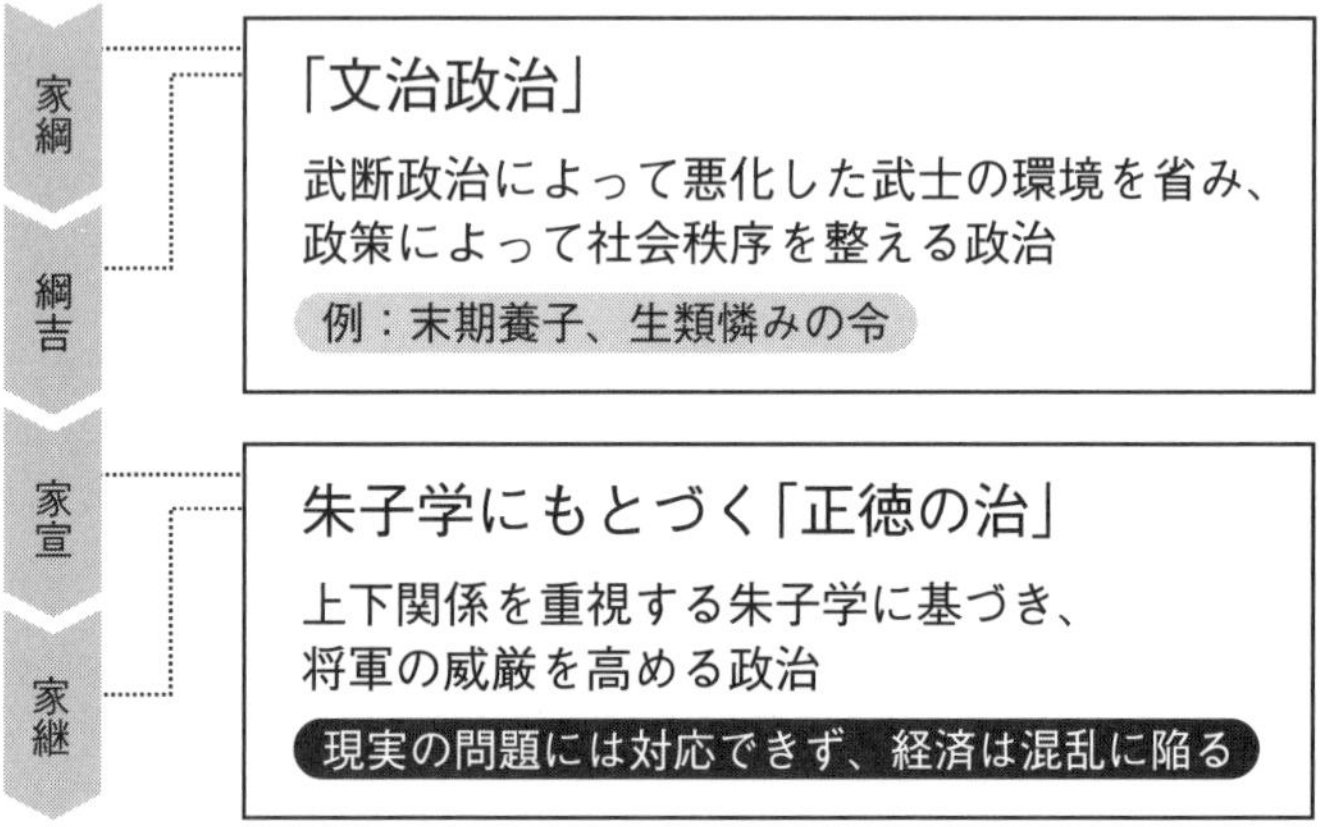
家綱
綱吉
家宣
家継
「文治政治」
武断政治によって悪化した武士の環境を省み、政策によって社会秩序を整える政治
例：末期養子、生類憐みの令
朱子学にもとづく「正徳の治」
上下関係を重視する朱子学に基づき、将軍の威厳を高める政治
現実の問題には対応できず、経済は混乱に陥る

新しい儒学）の学者・新井《あらい》白石《はくせき》が理想主義的な政治を展開しました（正徳《しょうとく》の治）。ただし、将軍の威厳を高めたものの、現実問題には適応できませんでした。たびたびの貨幣改鋳は、かえって経済を混乱させました。

「米将軍」の財政再建策により年貢収入量が過去最高に

江戸中期に入ると、さまざまな産業が発展して貨幣経済が広まり、物価が上がりました。反対に、生産量が増えた米の価値が下がりました。これにより**年貢米にたよる幕府の財政が逼迫します**。

すると、徳川御三家紀州藩主から8代将軍に抜擢された徳川吉宗《よしむね》が**「享保《きょうほう》の改革」**を行い、財政再建に乗り出しました。その1つが**「上米《あげまい》の制」**です。これは大名の参勤交代で江戸にいる期間を

【図】財政を立て直した「享保の改革」

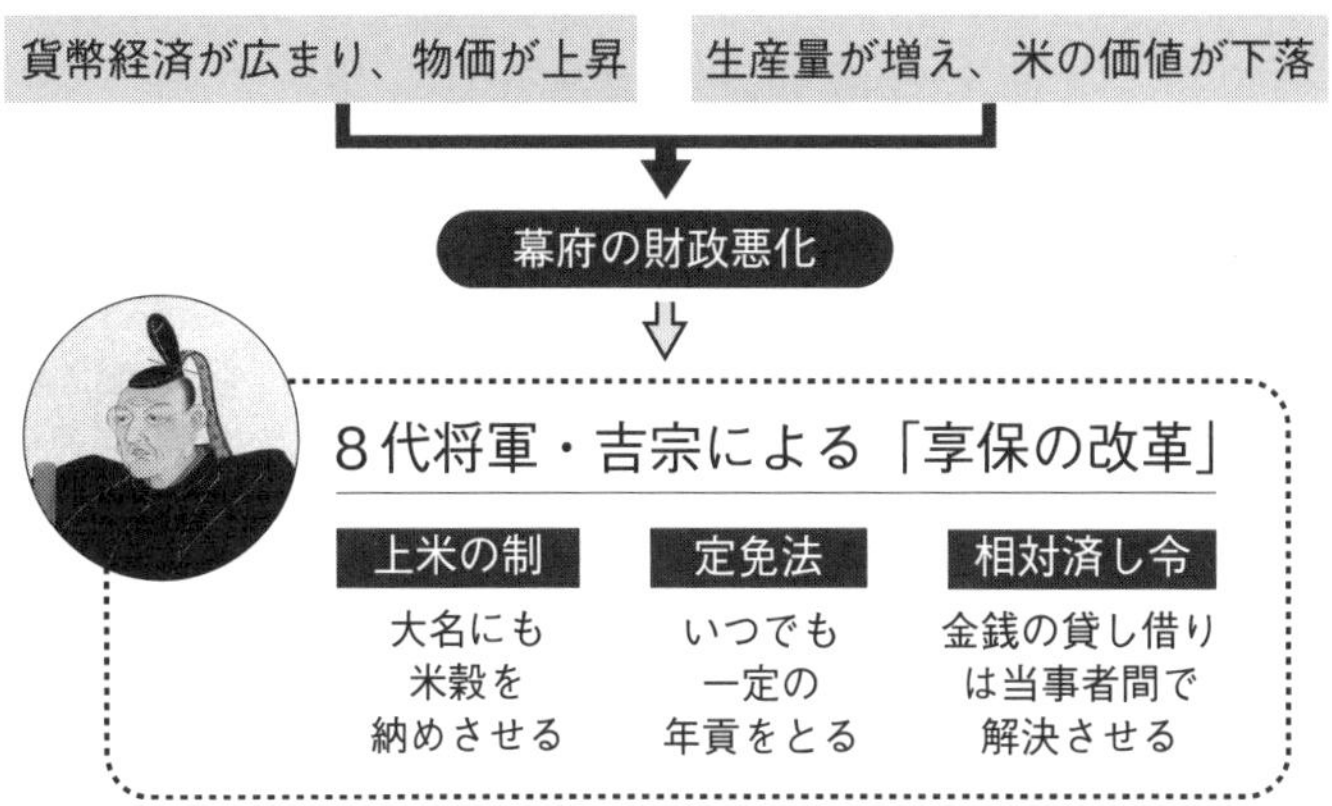
貨幣経済が広まり、物価が上昇
生産量が増え、米の価値が下落
幕府の財政悪化
8代将軍・吉宗による「享保の改革」
上米の制
大名にも米穀を納めさせる
定免法
いつでも一定の年貢をとる
相対済し令
金銭の貸し借りは当事者間で解決させる

半年に減らすかわりに、一定量の米穀を納めることを義務づけたものです。また「**定免《じょうめん》法**」により、豊作凶作にかかわらず農民から一定の年貢をとることとしました。新田開発にも力を入れました。こうした改革により、年貢収入量は過去最高となり、吉宗は「米将軍」とよばれるようになりました。

また吉宗は、負債にあえぐ武士を救うため、金銭の貸し借りの訴訟は当事者間で解決するという「**相対済《あいたいすま》し令**」をだしました。これで事実上、武士は借金の踏み倒しが可能となったのです。一方、民衆の声を拾い上げるために「**目安箱**」をおいたり、町《まち》火《び》消《けし》を設けるほか、貧民の救済施設として小石川養生所をつくるなど、民衆向けのさまざまな政策も実施しました。

吉宗は多方面で実績を残し、**幕府中興の祖**とされました。その政治は後代の模範となったのです。

No.30

【田沼政治と寛政・天保の改革】

老中が幕府財政の再建に取り組む

◆要点

18世紀後半、悪化した幕府の財政の中で老中・田沼意次が、お金を重視する商業主義の改革を行うが反発が強く、失敗に終わる

●背景

先進的だった田沼意次《たぬまおきつぐ》の「お金」を重視する改革

9代将軍・徳川家重《いえしげ》は、徳川吉宗の政策を引き継ぐことで、幕府財政を立て直しました。しかし、10代将軍・徳川家治《いえはる》の時代になると、ふたたび幕府財政は悪化します。ここで老中の田沼意次が、お金を重視する商業主義の改革を行います。**江戸の三大改革（享保・寛政《かんせい》・天保《てんぽう》）はすべて米を重視する重農主義**をとりましたが、**意次の改革はお金に着目したという点で先進的でした**。

まず、同業者の組合である**「株仲間《かぶなかま》」**を公認して、商売を優遇するかわりに、その利益の一部を税として徴収しました。輸入が中心だった貿易は、輸出に力を入れ、海外から金・銀を取り戻そうとしました。

また、金貨の「二朱金」と同じ価値をもつ「南鐐《なんりょう》二朱銀」をつくることで、**金と銀の両替を容易にし、商取引を活発化**させました。

しかし、こうしたお金を重視する改革には反発も強く、意次には「お金に汚い」というイメージがついてしまったことで、退陣に追い込まれました。

【図】老中・田沼の改革

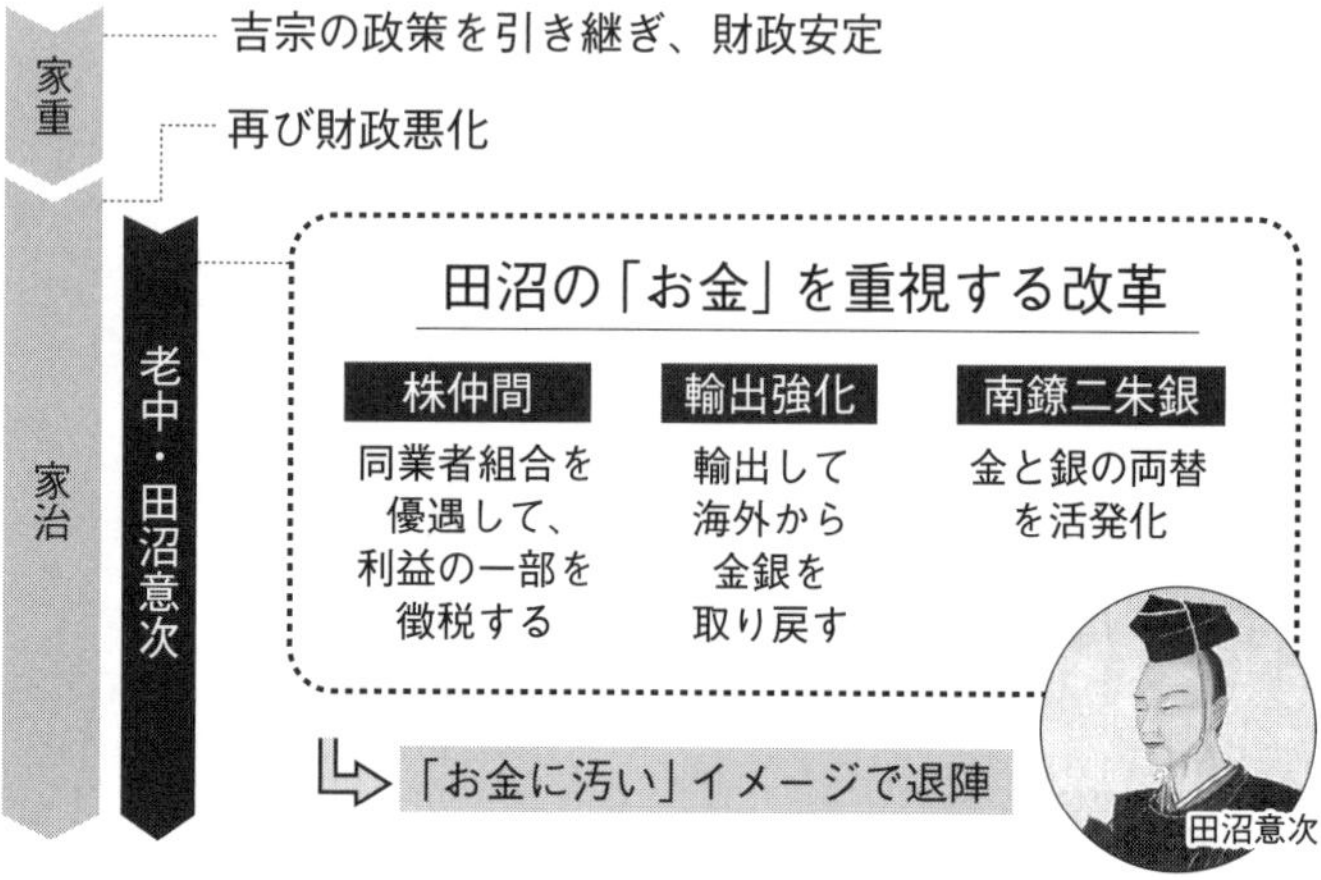
家重
吉宗の政策を引き継ぎ、財政安定
再び財政悪化
家治
老中・田沼意次
田沼の「お金」を重視する改革
株仲間
同業者組合を優遇して、利益の一部を徴税する
輸出強化
輸出して海外から金銀を取り戻す
南鐐二朱銀
金と銀の両替を活発化
「お金に汚い」イメージで退陣
田沼意次

松平定信《さだのぶ》と水野忠邦《ただくに》の改革は失敗

11代将軍・徳川家斉《いえなり》の時代は、前半は老中・松平定信が**「寛政の改革」**を行います。

定信は、8代将軍・吉宗の孫にあたることもあり、享保の改革を手本とし、重農主義の改革を行います。全国の大名には飢饉対策として**「囲米《かこいまい》」**（米の備蓄）をさせました。また、江戸に流入した農民には資金を援助して農地に返し、耕作をさせました（旧里帰《きゅうりき》農令《のうれい》）。江戸にあふれた貧民は「人足寄場《にんそくよせば》」に収容し、社会復帰のための職業指導を行いました。

また借金まみれの武士たちを救うため、借金を帳消しにする「棄捐《きえん》令」をだしました。一方、**「倹約令」により旗本・御家人のぜいたくを禁止**しました。

定信の辞任後は、将軍・家斉がみずから政治を行いますが（大御所時代）、**倹約の反動から、放漫財政でぜいたくにふける**ようになりました。物価が上昇

【図】寛政・天保の改革

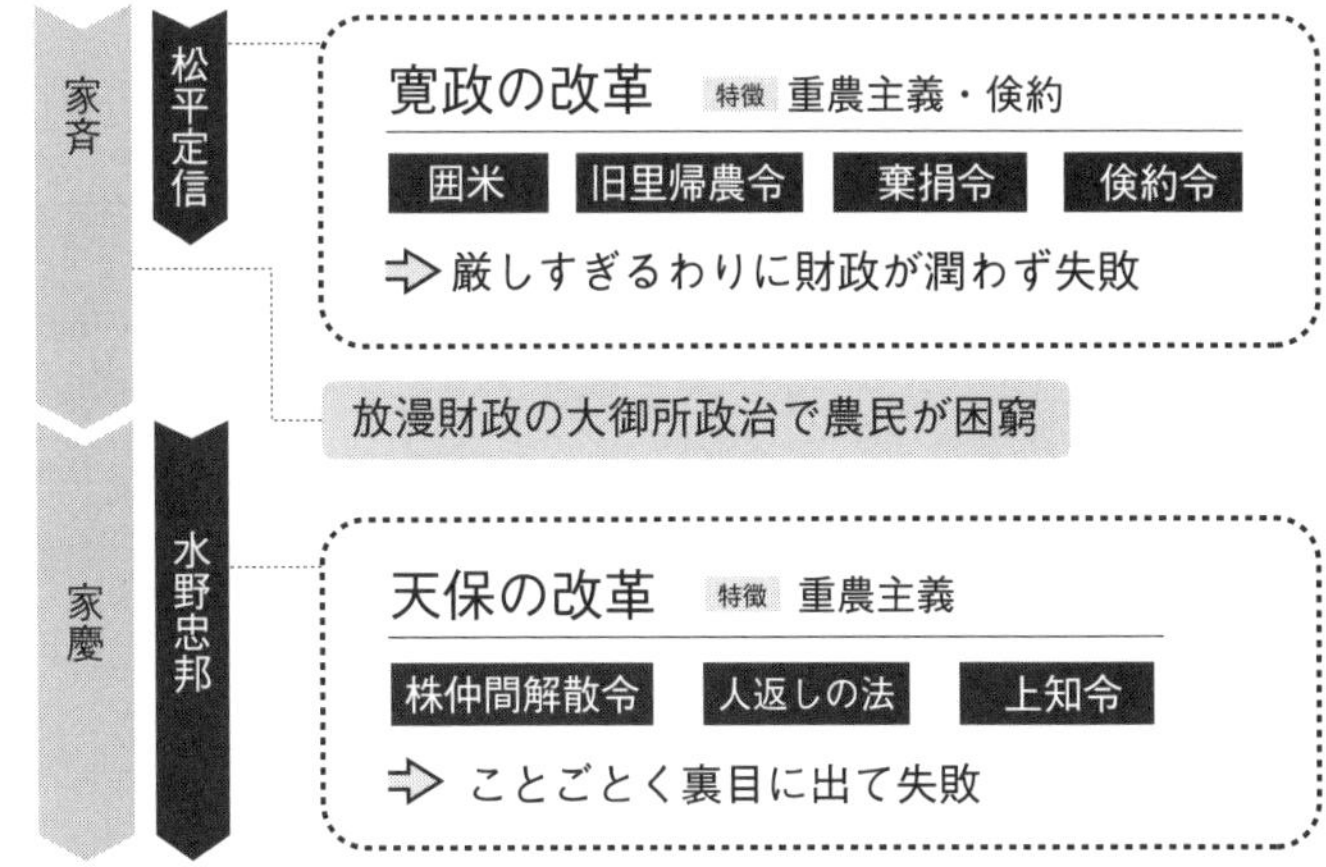

し、商人の生活は豊かになる一方、農民は困窮化しました。

　そんななかで天保の飢饉が起き、**農民一揆や打ちこわしが頻発**します。1837年には、大坂町奉行所の役人が貧民の救済をうったえて武装蜂起する大《おお》塩平八郎《しおへいはちろう》の乱が起きました。

　次の12代将軍・徳川家慶《いえよし》の時代は、老中・水野忠《みずのただ》邦《くに》が重農主義の**「天保の改革」**を行いました。株仲間が物価を釣り上げていると考え、「株仲間解散令」をだしますが、かえって商品の流通が滞り、物価が上昇しました。また「人返《ひとがえ》しの法」で、江戸に流入していた農民を強制的に農地に返しました。財政基盤を安定化するため、江戸・大坂周辺の領地を幕府の直轄地とする「上知令《じょうちれい》」をだしますが、**領地を失った大名や旗本の反発を招きました**。

　結局、天保の改革も失敗に終わりました。

No.31

【黒船来航】

欧米列強の圧力に屈し、開国へ

◆要点

1853年、浦賀にアメリカのペリーの艦隊（黒船）が来航して日本に開国を迫り

翌年の開国で幕府の権威は低下する

●背景

アヘン戦争の清《しん》の敗北をきっかけに異国船打払令《うちはらいれい》を撤回

江戸時代も末期に近づくと、国際情勢が大きく変わり、次々と外国船が日本沿岸におしよせます。

１７９２年、**南下してくるロシアに対する海防政策**をうったえた思想家・林子平《はやししへい》は処罰されますが、その数か月後、ロシアの使節ラクスマンが根室に来航しました。子平の予言通りとなります。１８０４年、ロシアの使節レザノフが長崎を訪れ、通商を要求しますが、幕府はこれを拒絶。その後、１８０８年にはイギリス船フェートン号が長崎港に侵入し、オランダ商館の人々を人質に食料や燃料を要求する「フェートン号事件」が起きました。

これを機に**幕府は「日本沿岸に来航する外国船は撃退せよ」という「異国船打払令」をだします**。この法令にしたがい、１８３７年には浦賀にきたアメリカ商船モリソン号を撃退します。しかし、この船は日本の漂流民の送還にやってきたものでした。

１８４２年、老中・水野忠邦は**異国船打払令を撤廃し、「天保の薪水給与令《しんすいきゅうよれい》」をだします**。遭難した船にかぎり、食料・燃料の補給を認めるというものです。この政策転換の背景には、アヘン戦争（１８４０〜42年）でアジアの大国・中国（清）がイギリスに敗北したことが

【図】幕末の幕府の対外政策

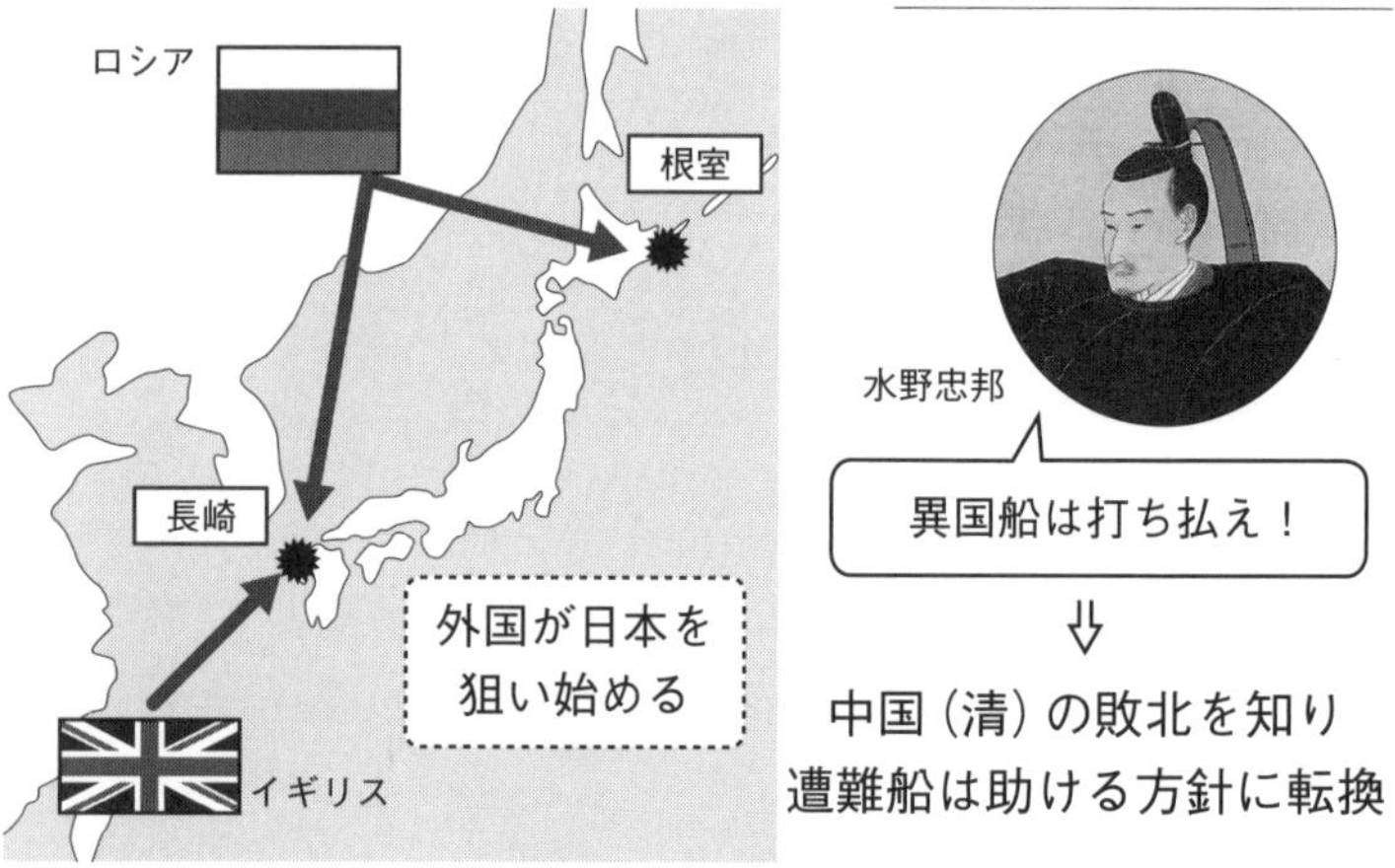
ロシア
根室
長崎
イギリス
外国が日本を
狙い始める
水野忠邦
異国船は打ち払え！
⇩
中国（清）の敗北を知り
遭難船は助ける方針に転換

ありました。**幕府は欧米列強の実力を思い知らされ、不用意に刺激しないほうがよいと考えた**のです。

黒船の開国要求に対し、挙国一致でのぞむ

1853年、アメリカ東インド艦隊司令長官のペリーが軍艦4隻で浦賀に来航し、開国を要求しました。当時のアメリカは東海岸からはじまった領土拡大が西海岸に達し、太平洋進出をはじめたところでした。**中国との貿易や捕鯨業の拡大のために、日本を寄港地として使いたいと考えた**のです。

ちなみに、ペリーの軍艦4隻のうち2隻は蒸気船でした。帆船はすぐに後進することはできませんが、蒸気船はいつでもすぐに後進できます。そのため敵国の沿岸ぎりぎりまで迫って、大砲で脅かすことができるのです。そんな軍艦が江戸湾の入り口まで乗りつけたことで幕府は動揺したのです。

【図】開国要求に対する幕府の対応

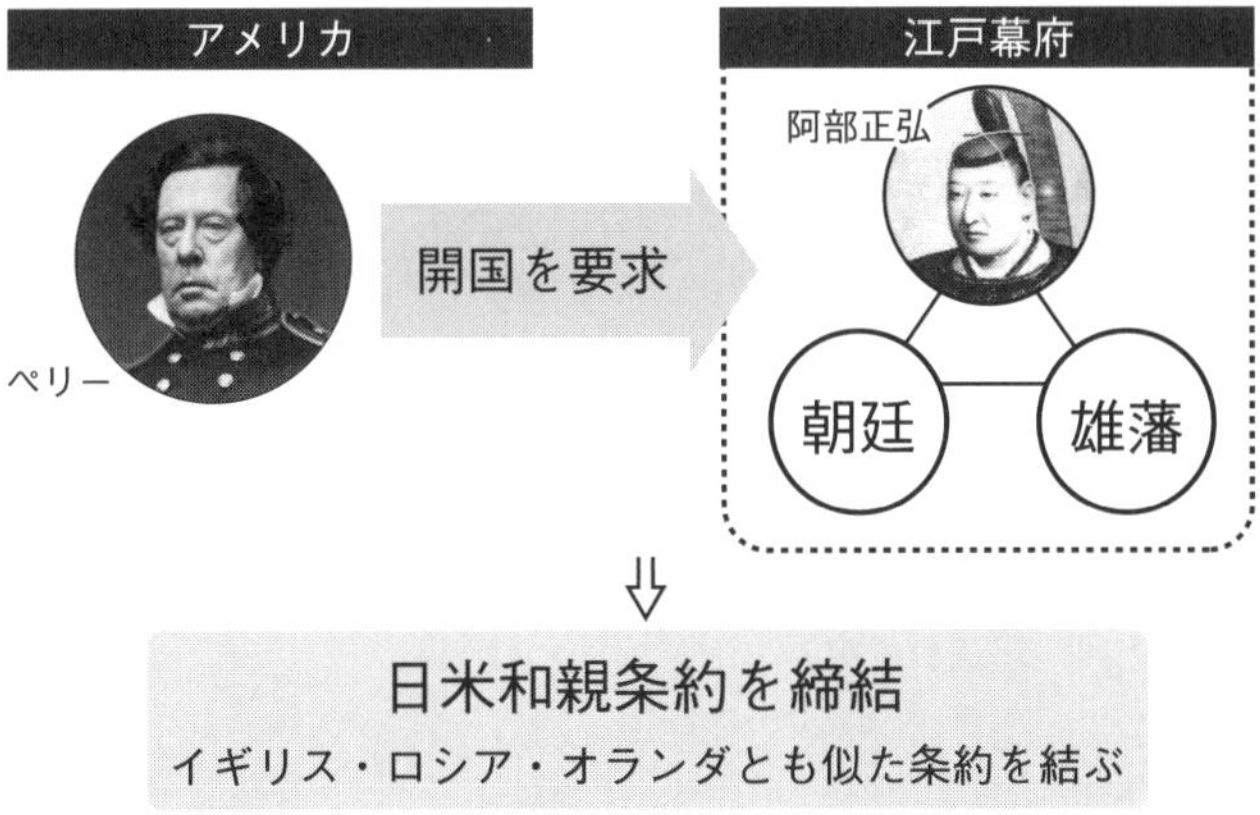

幕府はひとまず1年待つようにペリーに伝えます。老中・阿部《あべ》正弘《まさひろ》は、朝廷や諸大名に意見や協力を求め、挙国一致で対応しました（安政《あんせい》の改革）。しかし、**これが幕府の権威低下を招き、雄藩《ゆうはん》（江戸末期に藩政改革を行い実力をつけた藩）の幕政への進出をゆるすことになります**。

さて、幕府は翌年に再来したペリーと「日米和親条約」を締結し、開国にいたります。下田と箱館の2港をひらきました。またアメリカには、その国にもっとも有利な地位や条件をあたえるという最恵国待遇もあたえました。その後、イギリス・ロシア・オランダとも同じような和親条約を結びます。

ここから、**幕府・朝廷・雄藩などが欧米列強の圧力のもとで主導権争いを演じる動乱の時代、いわゆる「幕末」に突入**します。ペリー来航から幕府崩壊までわずか15年の出来事でした。

No.32

【安政の大獄】

大老・井伊直弼は反対派を弾圧する

◆要点

1858年、神奈川で大老・井伊直弼が日米修好通商条約を独断で結び反発した尊皇攘夷派に弾圧を加える

●背景

条約締結「賛成派・反対派」、将軍後継者「南紀《なんき》派・一橋派」の間で板挟み

新たに幕府の実権をにぎった老中・堀田正睦《ほったまさよし》は、解決しがたい2つの問題に直面します。

1つは、**アメリカの初代総領事ハリスが要求してきた自由貿易**です。

このときハリスは、アロー戦争（第2次アヘン戦争）で清がイギリス・フランスに敗北したことを脅迫材料に、執拗に**通商条約の締結**を迫ってきました。幕府の内部は、賛成派と反対派に割れます。堀田は、孝明《こうめい》天皇の許可（勅許《ちょっきょ》）をえて反対派を押さえ込もうとしますが、天皇から勅許はえられず、この試みは失敗に終わりました。

もう1つは、**病弱な13代将軍・徳川家定《いえさだ》の後継ぎ問題**です。

次期将軍候補には、紀伊藩主の徳川慶福《よしとみ》（のちの家茂《いえもち》）と一橋家の一橋慶喜《よしのぶ》の2人がいました。井伊直弼《いいなおすけ》など幕府の主流派は、家定のいとこで血筋が近い徳川慶福を推し、「南紀派」とよばれました。一方、越前藩主・松平慶永《よしなが》（春獄《しゅんがく》）、薩摩藩主・島津斉彬《なりあきら》、土佐藩主・山内容堂《ようどう》（豊重《とよしげ》）など、安政の改革時に登用された大名たちは、非常に優れた才能をもつ一橋慶喜を推し、「一橋派」とよばれました。

結局、堀田正睦は失脚。この2つの問題の解決は、大老となった井伊直弼に持ち越され

【図】幕府が抱えた2つの問題

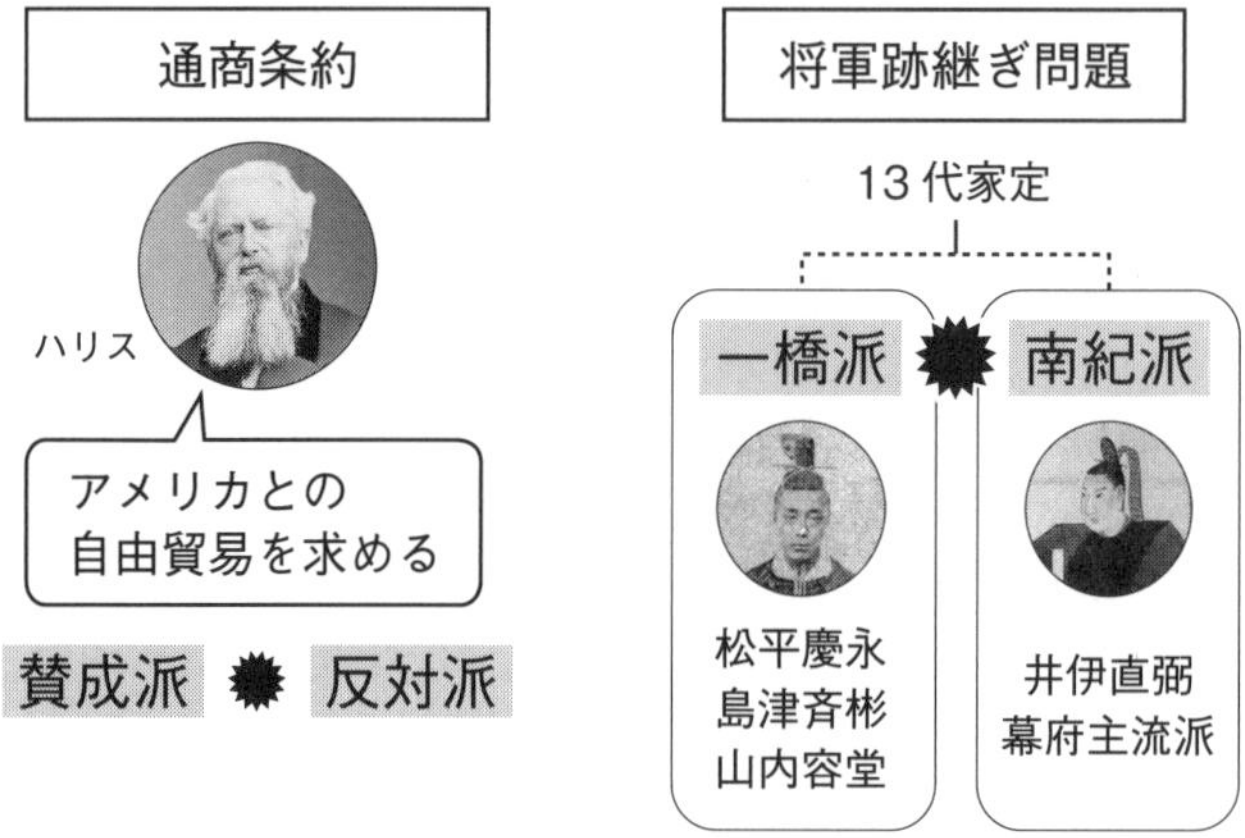

ます。

大老・井伊直弼の独断に反発し、尊皇攘夷思想が生まれる

1858年、井伊直弼は**天皇の許可なしで、独断で日米修好通商条約を結びます**。これにより神奈川・長崎・新潟・兵庫が開港します。

問題は、**この条約には不平等条項が含まれていた**ことです。一方的な最恵国待遇が継続されるだけでなく、日本で犯罪を犯した外国人は駐日領事が裁く（つまり、日本人が外国人を裁くことができない）という**「領事裁判権」を認め**、安い外国製品の流入を防ぐために日本が関税を決める**「関税自主権」もありません**でした。同年、同じ内容の条約をイギリス・フランス・ロシア・オランダとも結び、アメリカとの条約も含め「安政の五か

【図】井伊直弼と尊王攘夷派の対立

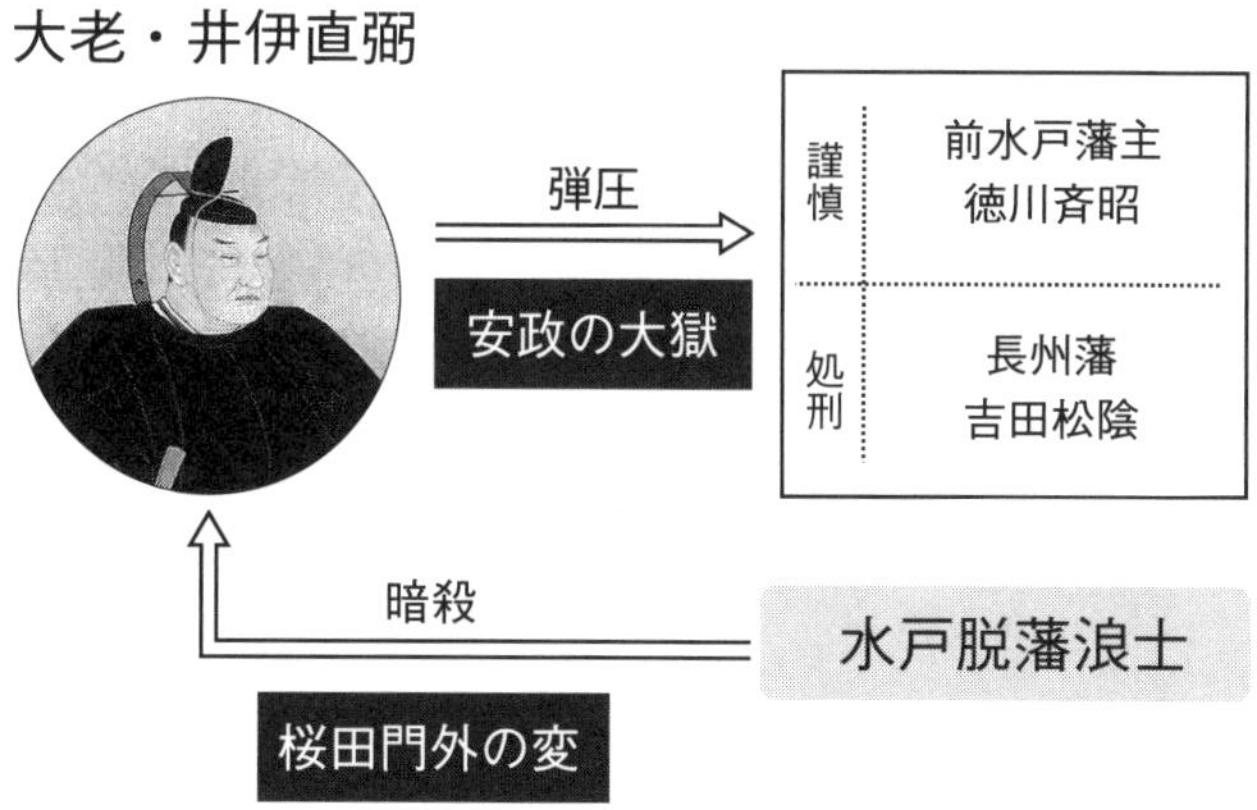

国条約」とよばれます。

一方、将軍の後継ぎ問題については、**南紀派の井伊直弼は徳川慶福を次期将軍に決めました**。その同じ年（１８５８年）、家定が亡くなり、慶福は14代将軍・徳川家茂として就任しました。

以上の井伊直弼の独断的なやり方には反発が強く、「天皇を敬え」「外国勢力を排除せよ」という、いわゆる「尊皇攘夷《そんのうじょうい》思想」が広まりました。これに対し井伊直弼は、**幕府の権威を保つため、反対派の弾圧にかかります（安政の大獄）**。一橋派の前水戸藩主徳川斉昭《なりあき》（一橋慶喜の父）や松平慶永などの大名を謹慎させ、長州藩士の吉田松陰《しょういん》などを処刑しました。

すると１８６０年、水戸藩を脱藩した浪士たちが、井伊直弼を暗殺しました（桜田門外の変）。

No.33

【薩長同盟】

公武合体派・薩摩藩と尊皇攘夷派・長州藩が和解

◆要点

１８６６年、京都の薩摩藩邸で

長州藩と薩摩藩が

坂本龍馬らの仲介により同盟にいたり

倒幕にむけた強力な基盤ができる

●背景

「薩摩藩・幕府・朝廷（公武合体派）vs 長州藩（尊皇攘夷派）」で薩長対立

暗殺された井伊直弼をついだ老中・安藤信正《あんどうのぶまさ》は、**幕府と朝廷が協力する「公武《こうぶ》合体」を推進**します。その証として、将軍・家茂の夫人に孝明天皇の妹・和宮を迎えました。

その安藤は1862年に辞任においこまれますが、薩摩藩主の父・島津久光《ひさみつ》が幕政に入り、公武合体をさらに進めます。一橋慶喜を将軍後見職とし、松平慶永を政事総裁職、会津藩主・松平容保《かたもり》を京都守護職につけました。

これに対し**長州藩は、朝廷を抱き込んで尊皇攘夷を進めようとしました**。1863年には、下関海峡で単独で外国船に砲撃を加えました。過激さを増す長州藩に危機感を覚えた薩摩藩・会津藩などの**公武合体派は、朝廷から長州勢力を追放**（八月一八日の政変）。翌年、長州藩は巻き返しをはかり、京都御所で薩摩藩・会津藩と交戦しますが、敗れます（禁門《きんもん》の変）。長州藩は「朝敵」とされました。

その翌月、長州藩は外国船砲撃の報復として、イギリス・フランス・アメリカ・オランダの4国艦隊から砲撃をうけます。さらに禁門の変の処分として幕府軍の侵攻をうけました（第1次長州征討）。

【図】朝廷・幕府・外国と敵対する長州

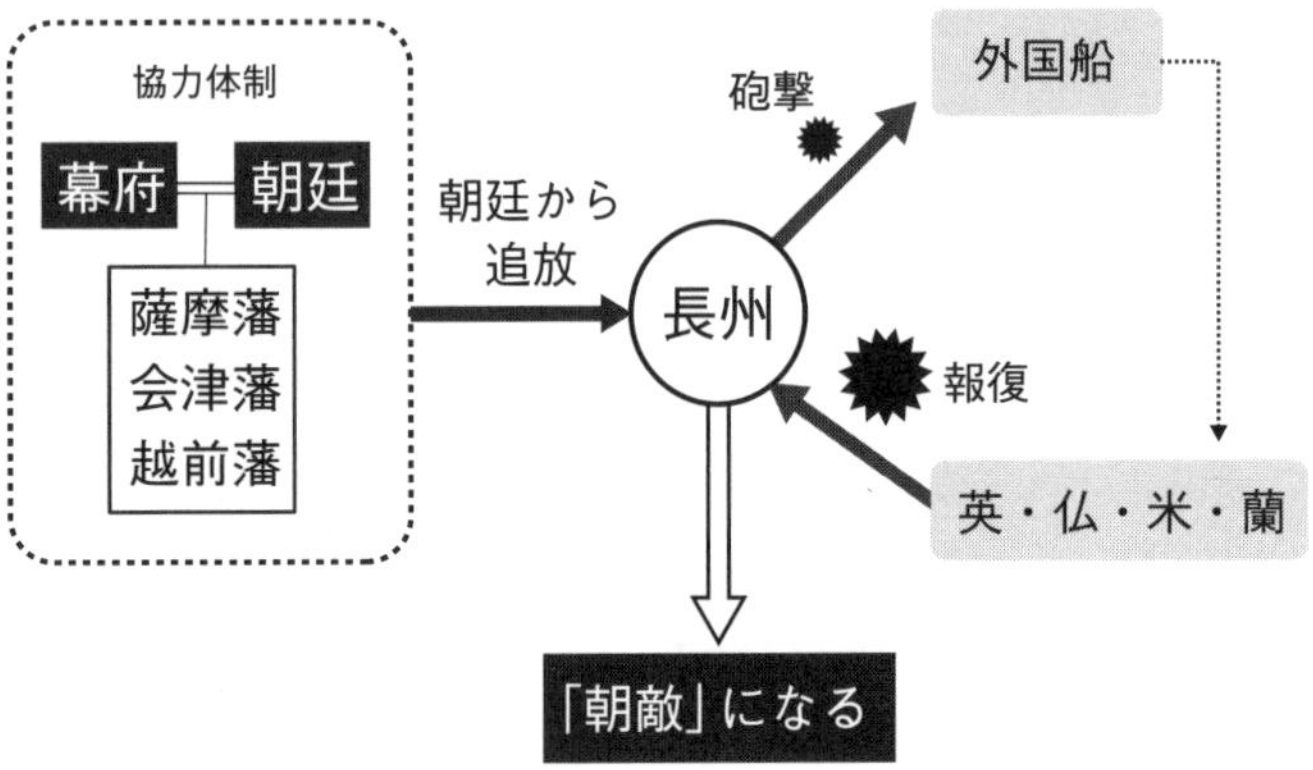

薩長同盟により「薩長（イギリス）vs幕府（フランス）」に転換

このときまで長州藩と薩摩藩は対立関係にありましたが、どちらも藩政改革を成功させ、軍事力を増強していた雄藩であり、実際に欧米列強と戦ったという共通点がありました。

長州藩は欧米艦隊の砲撃をうけましたが、薩摩藩も、薩摩藩士がイギリス人を斬った生麦《なまむぎ》事件の報復として、1863年、イギリスの攻撃をうけています（薩英《さつえい》戦争）。

両藩は、外国勢力を追い払う攘夷はとても不可能であり、**古い体制の幕府をたおし、中央集権の近代国家をつくる必要性**を感じていました。ちなみに、両藩は関ヶ原の戦いでは西軍につき、幕府に所領を減らされていたという共通点もあります。

そんななか、両藩に接近したのが**イギリス**でし

【図】薩長と幕府の背後に存在する英仏

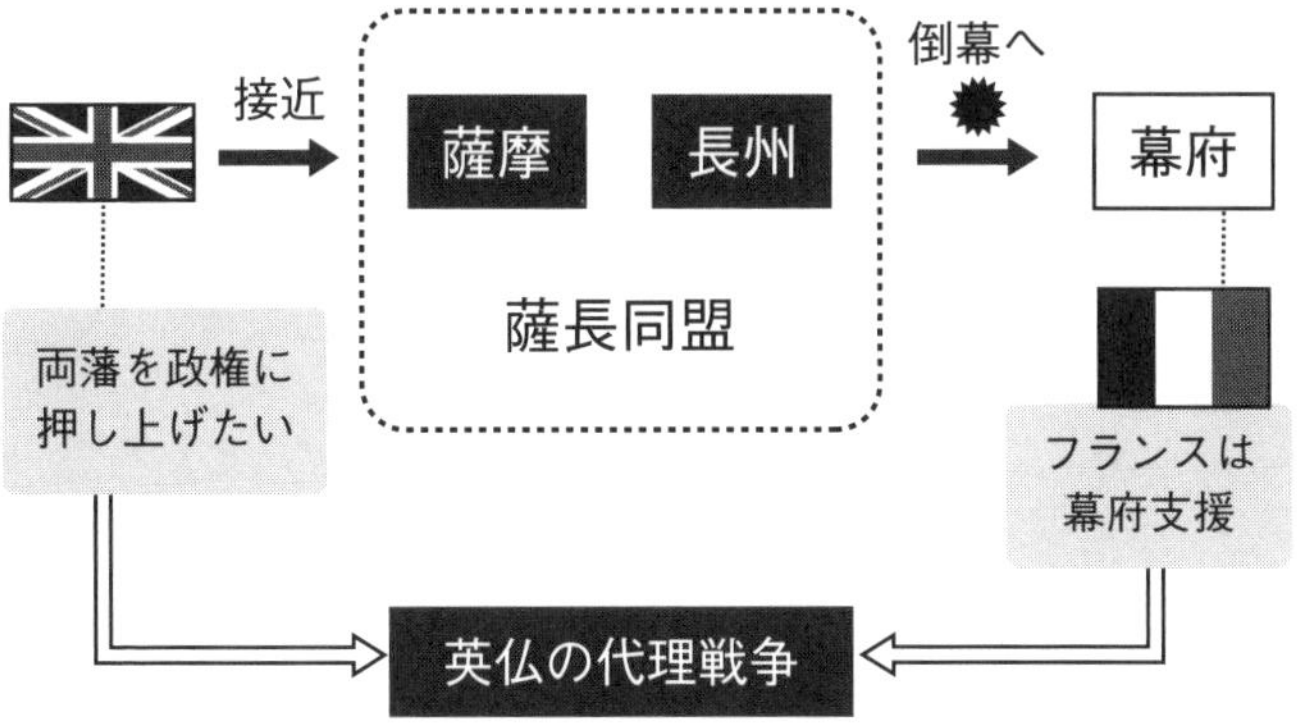

た。イギリス公使パークスは、弱体化する幕府にかわって日本の政権をになうのは薩長と見ます。**両藩を援助して政権に押し上げたうえで、日本との貿易を拡大することを狙いました。**

まずは薩長を和解させる必要がありますが、その仲介役となったのが土佐藩出身の坂本龍馬《りょうま》と中岡慎太郎《しんたろう》でした。「朝敵であるがゆえに武器購入を禁じられた長州藩に、薩摩藩がイギリスから軍艦や武器を購入して提供。かわりに長州藩は薩摩藩が不足していた兵糧米を提供する」という条件のもと、1866年に結ばれたのが**「薩長同盟」**です。

一方、幕府に対しては、イギリスのライバルであるフランスが軍事・財政の支援を行いました。こうして「薩長 vs 幕府」の構図となるわけですが、これは**英仏の代理戦争という側面**もあったのです。

No.34

【大政奉還《たいせいほうかん》と戊辰《ぼしん》戦争】

江戸幕府は終焉を迎える

◆要点

1867年、京都の二条城で15代将軍・徳川慶喜が朝廷に政権を返上して江戸幕府が終わり新政府発足をめぐって旧幕臣が抵抗する

●背景

公武合体を支える徳川家茂と孝明天皇が亡くなる

１８６４年の第１次長州征討後、長州藩では尊皇攘夷派にかわって保守派が政権をになっていました。しかし、**高杉晋作らのクーデタにより尊皇攘夷派が復活**します。幕府はこの動きを封じ込めようと、１８６６年６月、**ふたたび長州を攻撃しました**（第２次長州征討）。

このタイミングで、公武合体を支えていた主要人物２人が亡くなります。

１人目が、同年７月に20歳で病死した14代将軍・徳川家茂です。幕府軍はこれをきっかけに長州から撤退しました。15代将軍についたのは徳川慶喜です。

２人目が、翌年１月に35歳で急死した孝明天皇です。孝明天皇の死については不審な点が多く、暗殺説も唱えられています。新たに即位したのは14歳の明治天皇です。**公武合体を支えていた２人を失ったことで、薩長同盟により強まった倒幕の動きは加速しました。**

薩長が武力倒幕をめざしたのに対し、坂本龍馬らは朝廷を中心とした（徳川家を含む）**大名たちによる連合政権を構想**します。土佐藩の前藩主・山内豊重はこれを徳川慶喜に伝え、政権を朝廷に返上することを勧めました。１８６７年10月、慶喜は京都の二条城で大政奉還《たいせいほうかん》を行いました。

【図】朝廷と幕府の対立

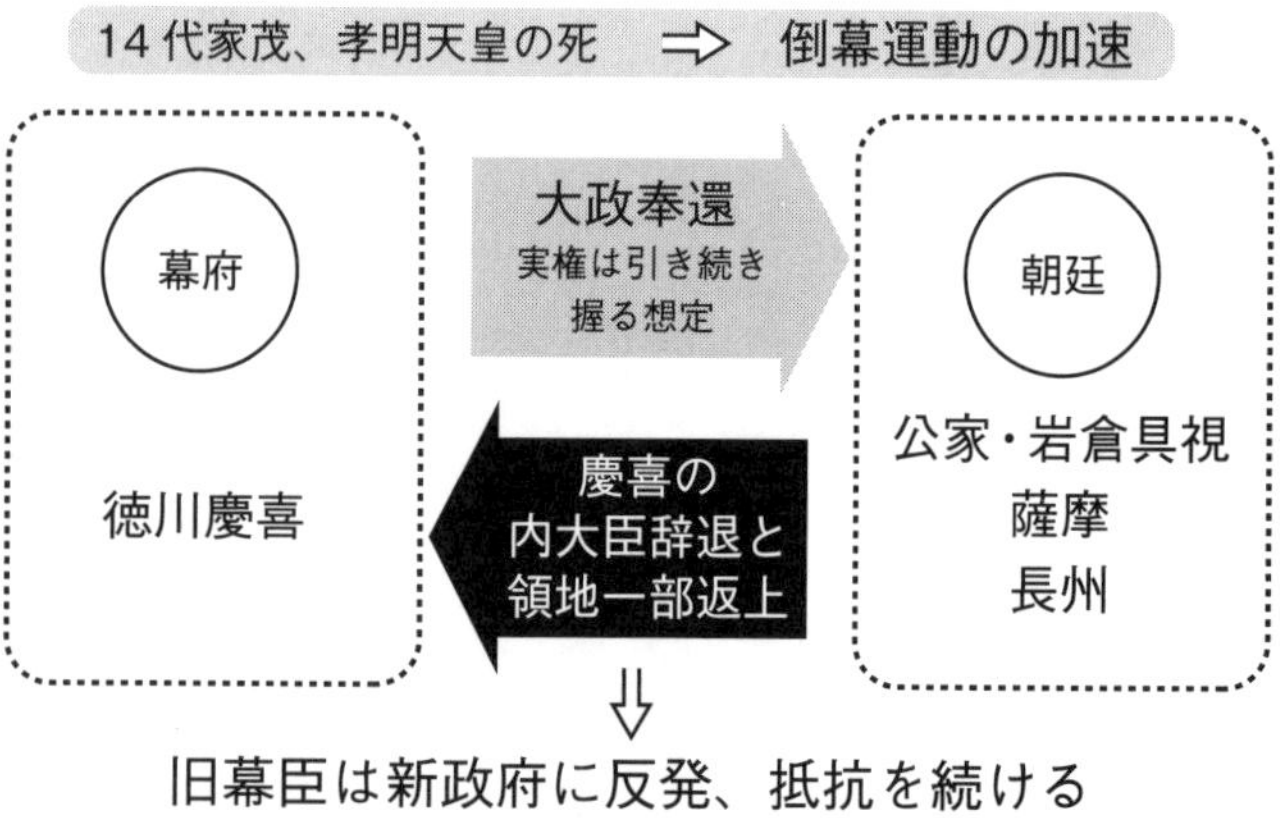

新政府から徳川氏が排除されたことをきっかけに、戊辰戦争が勃発

同年12月9日、天皇を中心とした新政府の樹立が宣言されます（王政復古《おうせいふっこ》の大号令）。徳川慶喜は、新政府でも大名たちのリーダーとして実権をにぎるつもりでしたが、この日の朝廷での会議で、**薩長の倒幕派と公家の岩倉具視《いわくらともみ》は、慶喜の内大臣の辞退と領地の一部返上を決定**します。

新政府から徳川家が排除されたことで、これに反発する幕府の巻き返しがはじまりました。

翌年1月3日、旧幕臣や会津藩・桑名藩などからなる旧幕府軍が京都に攻め上がり、**薩長を中心とする新政府軍と衝突**します。戦いは、近代的兵器をもつ新政府軍が優勢となりました（鳥羽《とば》・伏《ふし》見《み》の戦い）。

ここから戊辰戦争とよばれる1年半におよぶ内

【図】北上した戊辰戦争

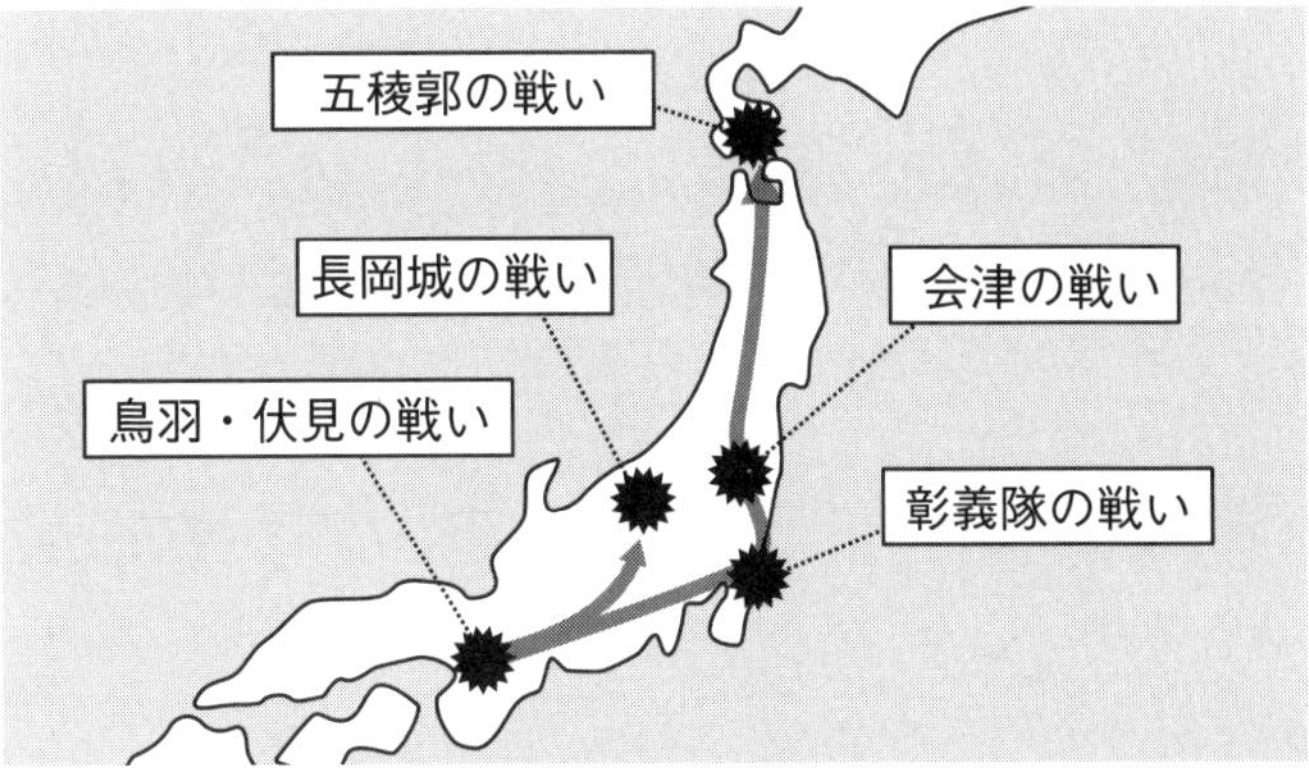

箱館の地で戊辰戦争は終焉を迎える

乱に突入します。大坂城にいた慶喜は海路江戸に戻り、恭順の意を表明しましたが、新政府軍は江戸に攻め上がります。

ここで新政府軍参謀の西郷隆盛《さいごうたかもり》と幕府の全権を委任された勝海舟《かつかいしゅう》が交渉。武力衝突により江戸の多くの人命が奪われることを避けたい勝海舟は、**徳川家の存続を条件に、江戸城の明け渡しを提案し、合意にいたりました**。こうして4月、江戸無血開城が実現します。

しかし、これ以降も旧幕臣らは抵抗をつづけ、東北の諸藩は奥羽越列藩《おううえつれっぱん》同盟を結成して新政府軍と戦いました。最後は、幕府海軍副総督の榎本武揚《えのもとたけあき》が箱館の五稜郭《ごりょうかく》を拠点に箱館戦争を繰り広げますが、1869年5月に降伏。戊辰戦争は終結しました。

第6章

明治時代

No.35

【明治新政府の改革】

版籍奉還・廃藩置県で中央集権化

◆要点

1871年、東京で明治新政府が廃藩置県を行い中央が各地を治める全国政権となる

●背景

廃藩置県《はいはんちけん》をクーデタ的に断行、藩がなくなる

1868年4月、江戸城が新政府に明け渡され、明治天皇と新政府はここにうつりました。江戸は「東京」と改称されます。

この時点ではまだ戊辰戦争がつづいており、欧米諸国は新政府、旧幕府のどちらにもつかないという中立を宣言していました。したがって新政府としては、**旧幕府がもつ権限を押さえたことを内外に示すため、政府を東京にうつすことにこだわりました**。また、この間に新政府は元号を正式に「明治」と改め、「一世一元の制」（天皇1人につき元号1つ）を定めました。

新政府にとっての最大の課題は、中央集権化でした。戊辰戦争が終わっても、新政府の直轄地は旧幕府領だけで、300ほどある藩が各地を治める地方分権体制がつづいていました。そこで新政府は、諸藩の土地（版）と領民（籍）を天皇に返上する「版籍奉還《はんせきほうかん》」を行いました。

ただ、これでも藩主が知藩事《ちはんじ》と名前を変えただけで、実態は変わりませんでした。そこで1871年、ほとんどクーデタのような形で「廃藩置県」を行います。**全国の知藩事を**

【図】中央集権の体制へ

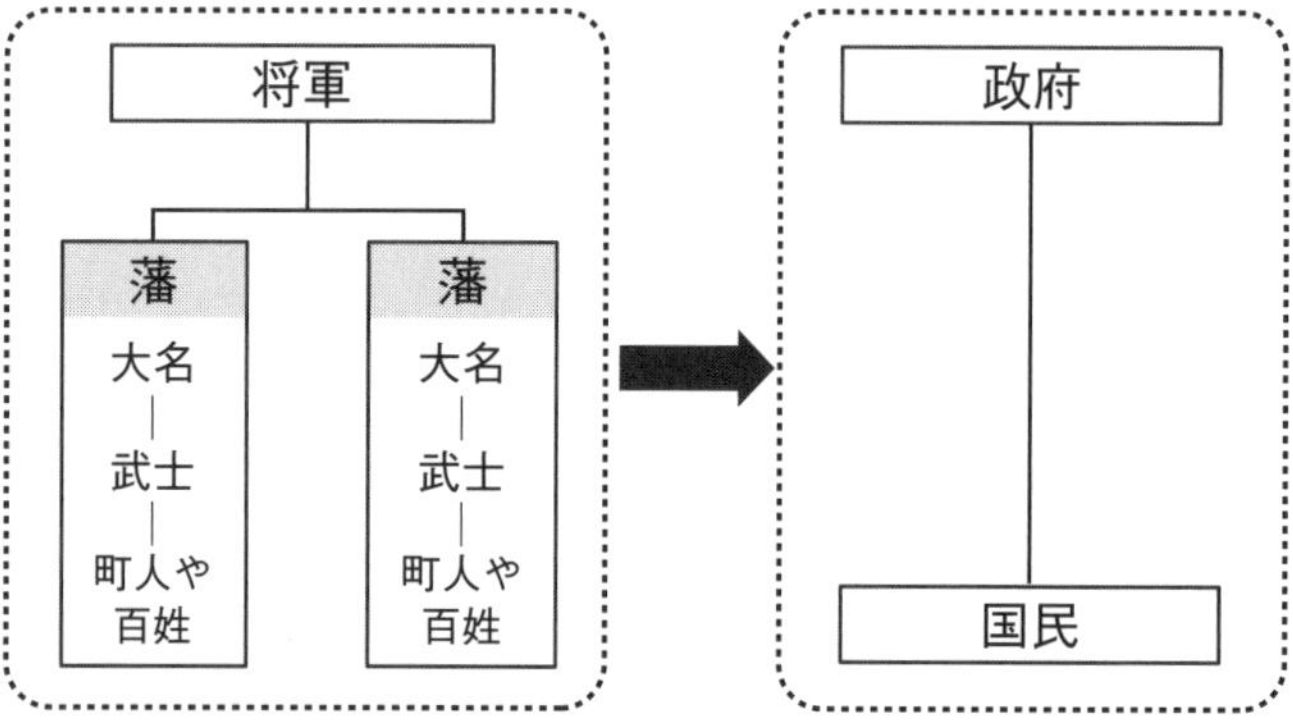

政府が国民を直接統治し、１つの「国」となる

東京へ呼び集め、彼らを罷免し、藩も廃止しました。かわって府県（3府72県）という地方行政区をおき、そこに中央政府から府知事・県令を派遣しました。これにより新政府はようやく全国政権となったのです。

留守政府の改革、特権を奪われた士族の不満が反政府の乱となる

次に新政府は二手に分かれ、外交と内政を進めます。

外交では1871年末から、岩倉具視、大久保利通《としみち》、木戸孝允《たかよし》、伊藤博文《ひろぶみ》らによる「岩倉使節団」が、**欧米の視察と不平等条約の改正交渉**に出かけます。しかし、条約改正は失敗に終わります。

一方、西郷隆盛、板垣退助《いたがきたいすけ》、大隈重信《おおくましげのぶ》らは「留守政府」として、さまざまな改革を実行しました。

【図】新政府の外交・内政改革

外交

不平等条約の改正は
成功ならず

（右）岩倉使節団
中央が岩倉具視

内政

地租改正
地価の３％をお金で納税

封建的身分制度の廃止
華族・士族・平民へ改訂

⇨ 失うものが多かった武士の不満が高まる

1つは、**地租改正条例による税制改革**です。まず、土地の値段（地価）を算出し、地価の3％の額をお金で納めることにしました。豊作・不作に左右される年貢米と違い、国家の財源が安定しました。

身分制度の改革では、大名や公家を華族、武士を士族、農工商を平民としました。平民の苗字をゆるし、異なる身分間での結婚、職業選択、移住の自由をあたえました。**「四民《しみん》平等」**のスローガンのもと、それまでの士農工商（四民）の封建的身分制度は廃止されました。

一連の改革で犠牲となったのは、士族です。満20歳に達した男性に兵役の義務を課す「徴兵制」の施行により、戦士としての価値を失い、**政府から支払われていた給料（家禄《かろく》）は1876年に打ち切りに**。プライドも傷つけられ、経済的にも困窮し、その不満が反乱となってあらわれてきます。

No.36

【征韓論争】

「岩倉使節団」と「留守政府」が対立

◆要点

1873年、明治新政府内で西郷隆盛や板垣退助ら征韓派が激論の末にやぶれて政府を降り武力と言論に分かれ政府に対抗する

● 背景

征韓《せいかん》派の挫折が、不平士族の乱・自由民権運動を引き起こす

1873年、朝鮮との外交問題をめぐり、政府内で対立が起きました。

明治政府は、**鎖国政策をとる朝鮮に対し国交を結ぶよう要求**していましたが、朝鮮がこれを拒否しつづけます。すると「留守政府」の板垣退助は「武力で圧力をかけるべきだ」と主張し、西郷隆盛は「自ら朝鮮に赴いて交渉にあたり、交渉が決裂したときに武力行使にでるべきだ」と主張します。

閣議では西郷の派遣が決定しました。この対朝鮮の強硬論は「征韓論」とよばれますが、これには**士族たちに戦場での活躍の場をあたえ、政府に対する不満を解消させる狙い**もありました。

さて、欧米視察から急遽帰国した岩倉使節団の**岩倉具視や大久保利通は、征韓論に反対**しました。彼らは、日本の近代化の遅れを痛感しており、いまは外交問題よりも内政を優先すべきと考えました。激しい論争の末、征韓派はやぶれ、板垣・西郷ら600人ほどが政府をおります（明治六年の政変）。

政府を降りた征韓派は、2つに分かれて政府に対抗しました。1つは、**不平士族と結び**

【図】征韓論をめぐり対立する新政府

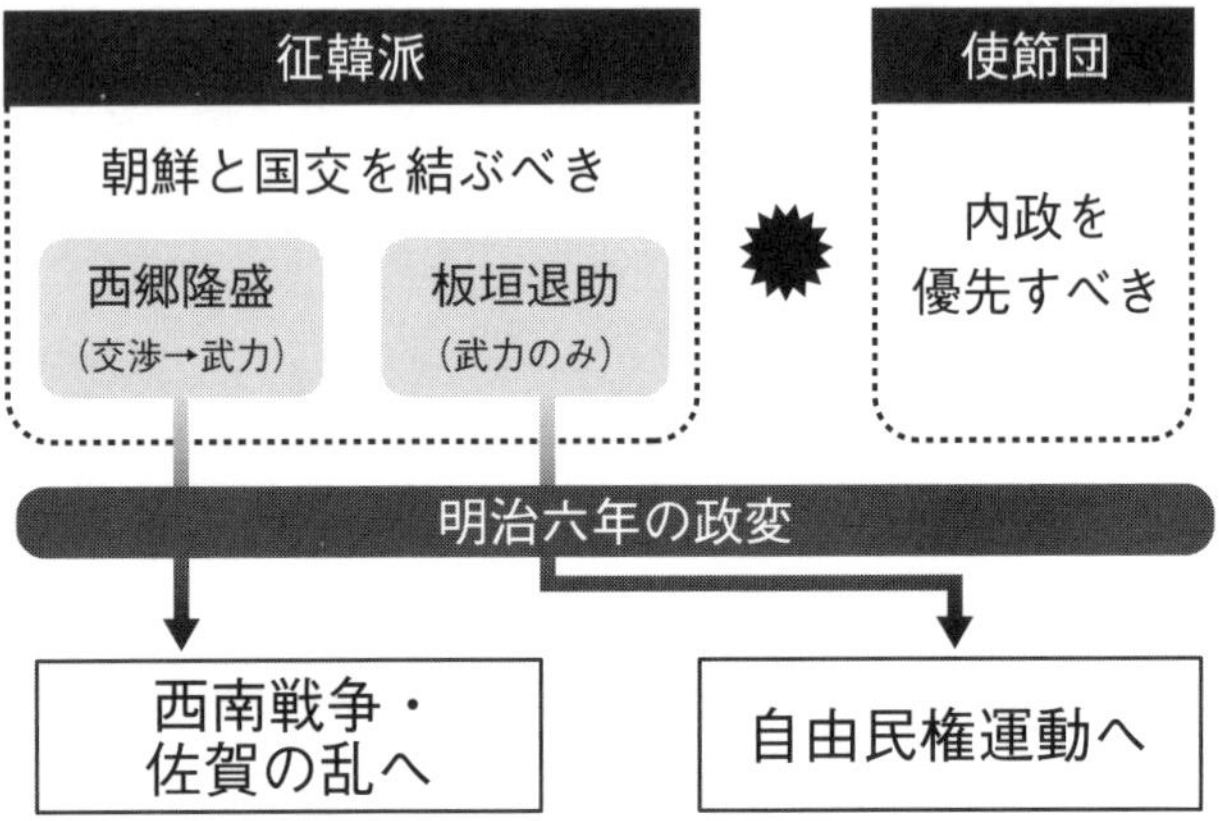

ついて反乱を主導するというものです。1874年には江藤新平《えとうしんぺい》が佐賀の乱を起こし、1877年には西郷隆盛が西南《せいなん》戦争を起こしました。しかし、いずれも徴兵制によって組織された鎮台兵《ちんだいへい》（政府軍）に鎮圧されました。

もう1つは、**自由民権運動**で、板垣らの主導のもとで展開しました（P164参照）。

南北の国境を画定、朝鮮に不平等条約を結ばせる

明治政府は、日本の南北の国境の画定を行いました。1871年には、中国と日清修好条規《にっしんしゅうこうじょうき》を締結。1872年には、琉球国を廃止して、琉球藩をおきますが、琉球を属国とする清が反発しました。

そんななか、琉球からの漂流民を台湾人が殺害する事件が起きます。日本は責任を問うため台湾に出兵す

【図】南北の国境画定、諸外国との条約

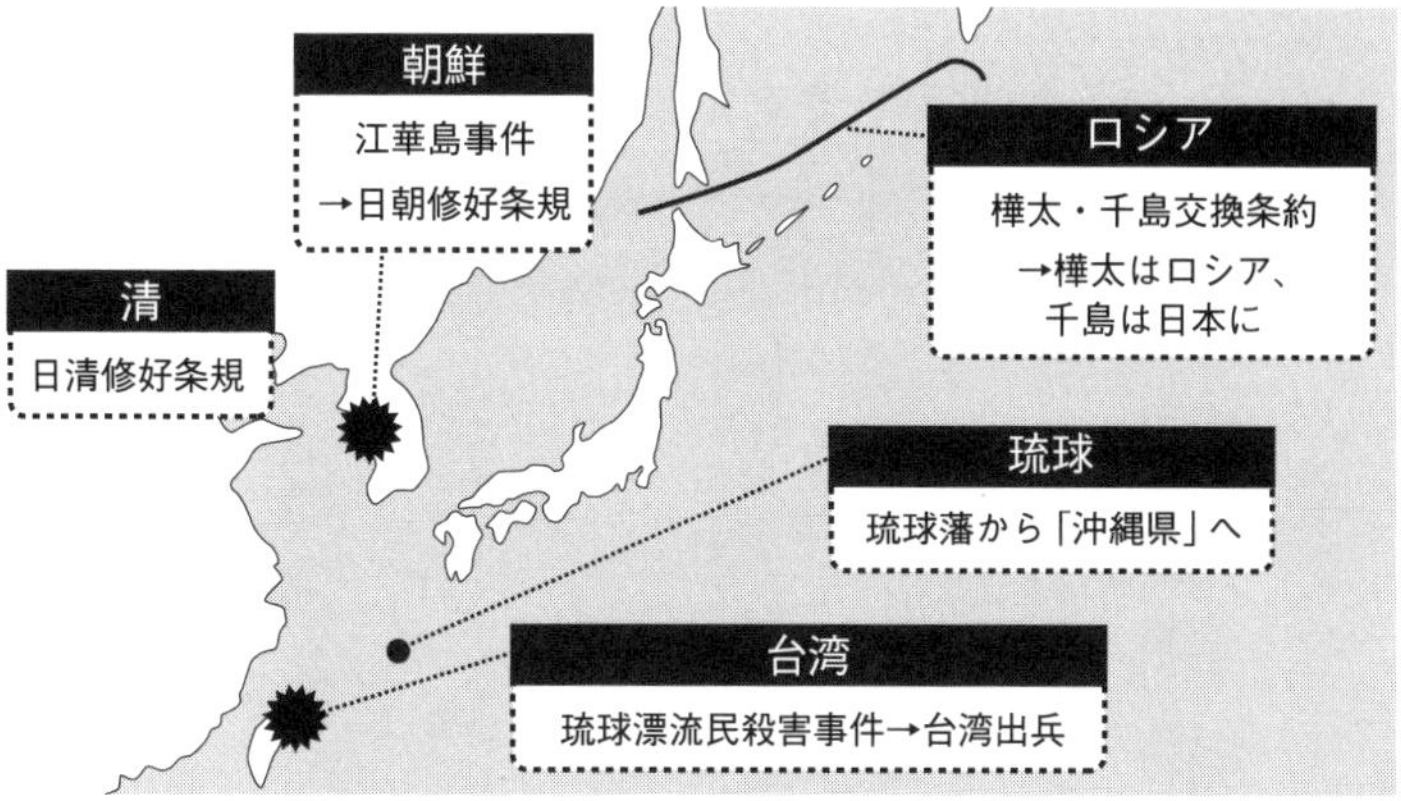

ると、清は台湾人の責任をとって和解に応じました。

これにより、**台湾は清のもの、琉球は日本のものと明確になりました**。1879年、明治政府は琉球藩を廃止し、沖縄県を設置しました（琉球処分）。

明治政府は征韓論を否定しながら、朝鮮への関与も深めていきます。1875年、朝鮮沿岸の江華島《こうかとう》に軍艦を差し向けて挑発すると、朝鮮から発砲をうけました（江華島事件）。

これをきっかけに外交交渉を求め、日朝修好条規を結びました。これは日本が朝鮮に押し付けた不平等条約です。日本としては**朝鮮と個別に条約を結ぶことで、清との属国関係を否定しようという狙い**がありました。

1875年には、ロシアと樺太《からふと》・千島《ちしま》交換条約を結び、樺太はロシア領、千島列島は日本領となりました。ちなみに、この交渉にあたったのは、かつて五稜郭で箱館戦争を起こした榎本武揚です。

No.37

【自由民権運動】

国会開設の要求が全国的に高まる

◆要点

1881年、東京で明治政府が10年後の国会開設を約束し国会開設に向けて政党が設立される

● 背景

藩閥《はんばつ》政治への批判が高まる

1874年、板垣退助らは「民撰議院設立《みんせんぎいんせつりつ》の建白書《けんぱくしょ》」を政府に提出します。長州・薩摩・土佐・肥前という**特定の藩出身者が独占する政治（藩閥政治）ではなく、国会（議会）を開いて民主的な発言ができるような改革**を求めました。これを出発点に、自由民権運動が広がりを見せます。

政府の中心にいた大久保利通は、「漸次立憲政体樹立《ぜんじりっけんせいたいじゅりつ》の詔《みことのり》」で憲法にもとづく政治への移行を打ち出しますが、国会の開設時期は示しませんでした。その大久保が暗殺されると、**政府内では、国会をすぐに開くべきとする大隈重信らと、時間をかけて開くべきとする伊藤博文らが対立**しました。

そんななか自由民権運動は農村部にまで広がります。運動の中心は参政権がほしい豪農たち（富裕な農民層）で、彼らは「国会期成《きせい》同盟」を結成し、国会開設を求めて署名運動を展開しました。こうした運動の活発化に対し、政府は集会条例を制定し、届け出なしの集会を禁止して取り締まります。

1881年、「開拓使官有物《かいたくしかんゆうぶつ》払下げ事件」が起きます。これは、北海道開拓使長官の黒田

【図】国会開設までの攻防

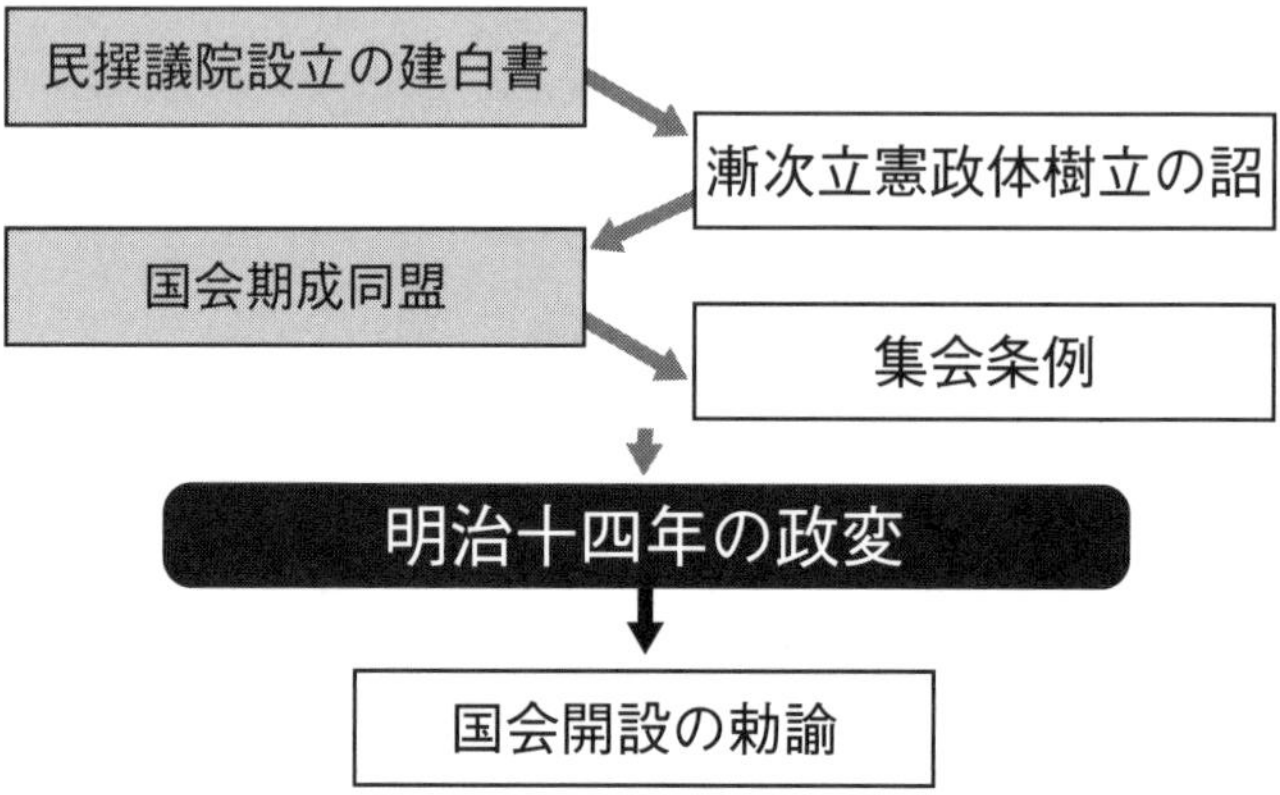

清隆《きよたか》が、官営事業を同郷の薩摩の商人・五代友厚《ごだいともあつ》に破格の条件で売り渡そうとした事件です。この事件が発覚すると、自由民権派は一斉に政府を非難し、国会開設を求める声はさらに高まりました。

窮地におちいった政府は**「国会開設の勅諭」を発し、10年後の国会開設を約束しました**。同時に、自由民権派との関係を疑われた大隈重信は政府をおろされました（明治十四年の政変）。

板垣退助の自由党、大隈重信の立憲改進党が結成される

国会開設が決まったことで、政党が設立されます。1881年、板垣退助らは**自由党**を結成。民衆が主権をもつ在民主権、納税額によって選挙権が制限されない普通選挙をとなえます。フランス流の急進的な性格の政党で、**豪農・農民の支持**を

【図】初期二大政党の特徴

自由党		立憲改進党
フランス	影響を受けた国	イギリス
急進的	性格	穏健・漸進的
民衆（在民主権）	主権	君民同治
普通選挙	選挙の方法	制限選挙
豪農・農民	支持層	資本家・知識層

集めました。

翌年には大隈重信らが**立憲改進党**を結成。君主と民衆が協力して国を運営する君民同治、納税額によって選挙権に制限を与える制限選挙をとなえました。イギリスを手本とした穏健な性格の政党で、**都市の資本家や知識層の支持**を集めました。

一方、このころ大蔵卿・松方正義《まさよし》は、日本銀行を設立し、銀との兌換ができる新紙幣を発行しました。紙幣の価値が銀と結びついた銀本位制度を導入します。この改革で**紙幣の流通量が減り、円の価値が高騰。物価が暴落しました（松方デフレ）**。民衆の生活は苦しくなり、各地で反乱が起きました。

反乱に加わる党員を統制できなくなった自由党はわずか3年で解党。立憲改進党も大隈重信の離党をきっかけに求心力を失い、ほとんど活動ができない状態におちいりました。

No.38

【大日本帝国憲法】

伊藤博文らがプロイセン憲法をもとに起草

◆要点

1889年、東京で明治天皇が大日本帝国憲法を発布し憲法に基づいた帝国議会が開かれる

●背景

伊藤博文が初代内閣総理大臣となる

国会開設のためには憲法が必要です。そこで1882年、憲法づくりをまかされた伊藤博文らは渡欧し、欧米諸国の憲法を比較検討しました。

伊藤らがモデルとしたのは、**プロイセン憲法**でした。プロイセンはばらばらだったドイツを統一に導いた国で（1871年）、**国王の権限が強い憲法**をもっていました。この国王を天皇に置き換えることで、日本にあった憲法ができると考えたのです。

憲法づくりが進められる一方で、1885年には**「内閣制度」**が設けられました。それまでの「太政官制」は、参議といわれる維新の功労者たちが大蔵卿や内務卿となって各省庁のリーダーを兼ねるというものでした。これに対し「内閣制度」では、**元老という有力者の推薦のもと、天皇が内閣総理大臣に内閣づくり（組閣）を命じ、各省庁の国務大臣が選ばれるしくみ**としました。これにより、元老たちの意向が反映された内閣が生まれやすくなったといえます。

初代内閣総理大臣となった伊藤博文は、最初の内閣をつくります。10人中8人が長州・薩摩藩出身者であったので、「藩閥政治」という批判が起きました。伊藤が枢密院《すうみついん》の議長と

【図】内閣制度の構造

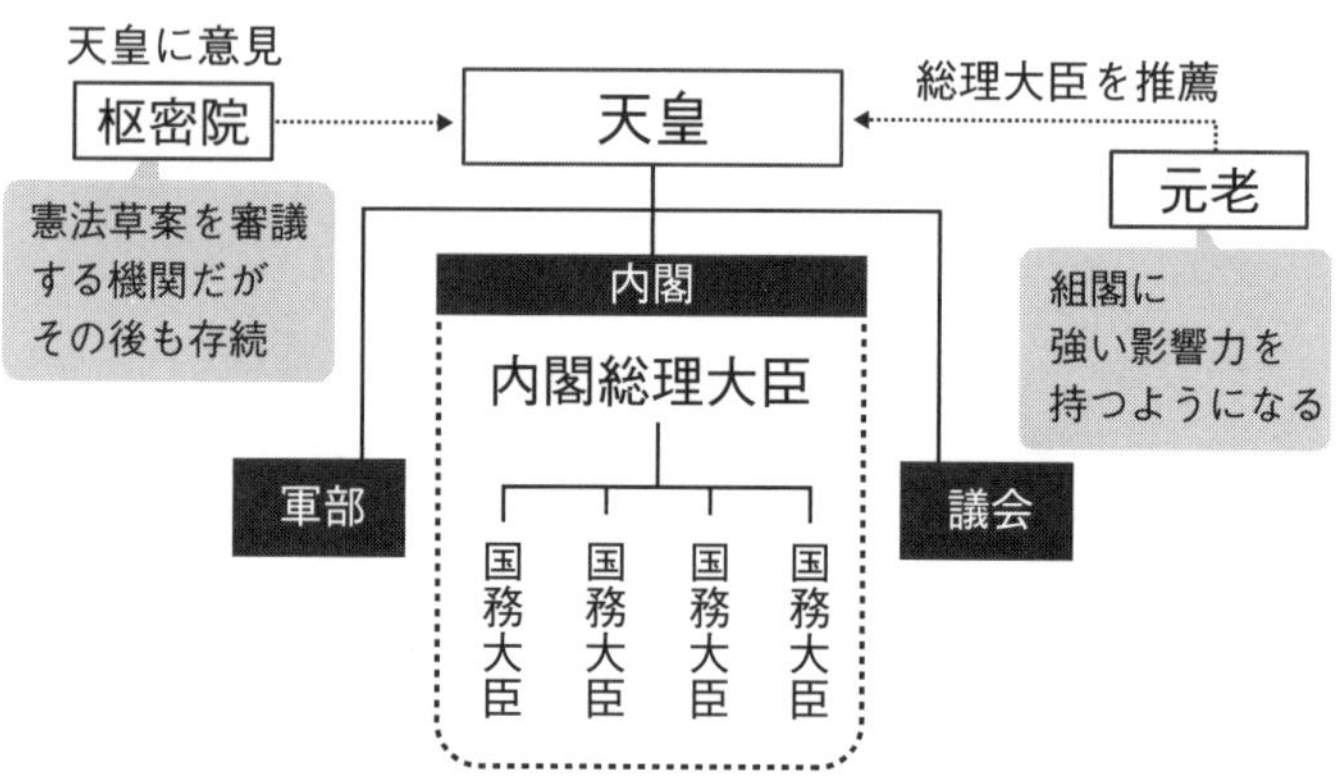

なるため総理大臣を退くと、かわりに薩摩出身の黒田清隆《きよたか》がつきました。枢密院は、憲法草案を審議する目的で設置されたものですが、**重要事項を審議して天皇に意見を報告する機関としてその後も存続します。**

軍の統帥権は天皇に直属し、政府が介入できない明治憲法

1889年2月11日、明治天皇は大日本帝国憲法（明治憲法）を発布しました。天皇が制定して国民にあたえる「欽定《きんてい》憲法」の形をとりました。

この憲法の特徴は、**神聖不可侵の天皇が主権をもち、「天皇大権」という絶大な権限をもつ**ことです。天皇には官僚の任命権、軍の統帥権、条約の締結の権限などがありました。

大きな欠陥として指摘されるのは、憲法発布前

【図】大日本帝国の発布

「新皇居於テ
正殿憲法発布式之図」
1889年（明治22年）
安達吟光画

特徴

①天皇大権　②二院制議会（貴族院、衆議院）

問題点 ⇒ 内閣と総理大臣に関する記述なし

に制定された内閣と総理大臣について一言もふれられていないことです。**憲法に規定のない内閣と総理大臣は、天皇に直属する軍に口出しする根拠がないことから、昭和に入って軍部の暴走を招く**原因となりました。

憲法で規定された帝国議会は、皇族や華族などからなる**「貴族院」**と選挙で選ばれる議員からなる**「衆議院」の二院制**をとりました。明治憲法と同日に衆議院議員選挙法が公布され、これにもとづいて翌年、日本初の衆議院選挙が実施されました。

選挙権は国税15円以上を収める25歳以上の男性に限られる**制限選挙**で、有権者数は人口のわずか1・1%でした。選挙では、**「民党」とよばれる自由民権派の2政党（再結成された自由党と立憲改進党）が過半数を占める**結果となりました。

No.39

【日清戦争】

対ロシア戦略から朝鮮半島で清と激突

◆要点

1894年、朝鮮半島で日清両軍が激突し日本が圧勝するが遼東半島はロシアに奪われる

●背景

朝鮮内部の改革派を支援してクーデタを起こすが、清軍が鎮圧

当時の日本の現実的な脅威の1つに、ロシアがありました。ロシアはシベリア鉄道をしいて、アジアに進出する南下政策を進めていました。これに対し日本は、国土を守るために**国境の外側に防衛ラインをきずく**ことを考えます。これは地政学でいう**緩衝地帯（バッファゾーン）**の考え方で、朝鮮を緩衝地帯とします。朝鮮は清の属国ですので、この関係を遮断し、欧米列強よりはやく日本の影響下におくという戦略をたてました。この戦略から起こした最初の行動が、江華島事件（P163）でした。

朝鮮内部では、清と結びついた政府に対し、日本の明治維新をモデルに近代化を図ろうという改革派があらわれます。1884年、**日本は改革派のクーデタを支援しました（甲《こう》申《しん》事変）**。しかし、朝鮮政府の要請によって出動した清軍によって鎮圧され、日本は朝鮮での影響力を失います。

翌年、清と結んだ天津《てんしん》条約で日清両軍の撤兵を決定し、「朝鮮に派兵する際は、互いに通告し合う」としました。これにより**次にどちらかが派兵すれば日清両軍の全面衝突は避けられない状況**となりました。

【図】日本と清の朝鮮に対する考え

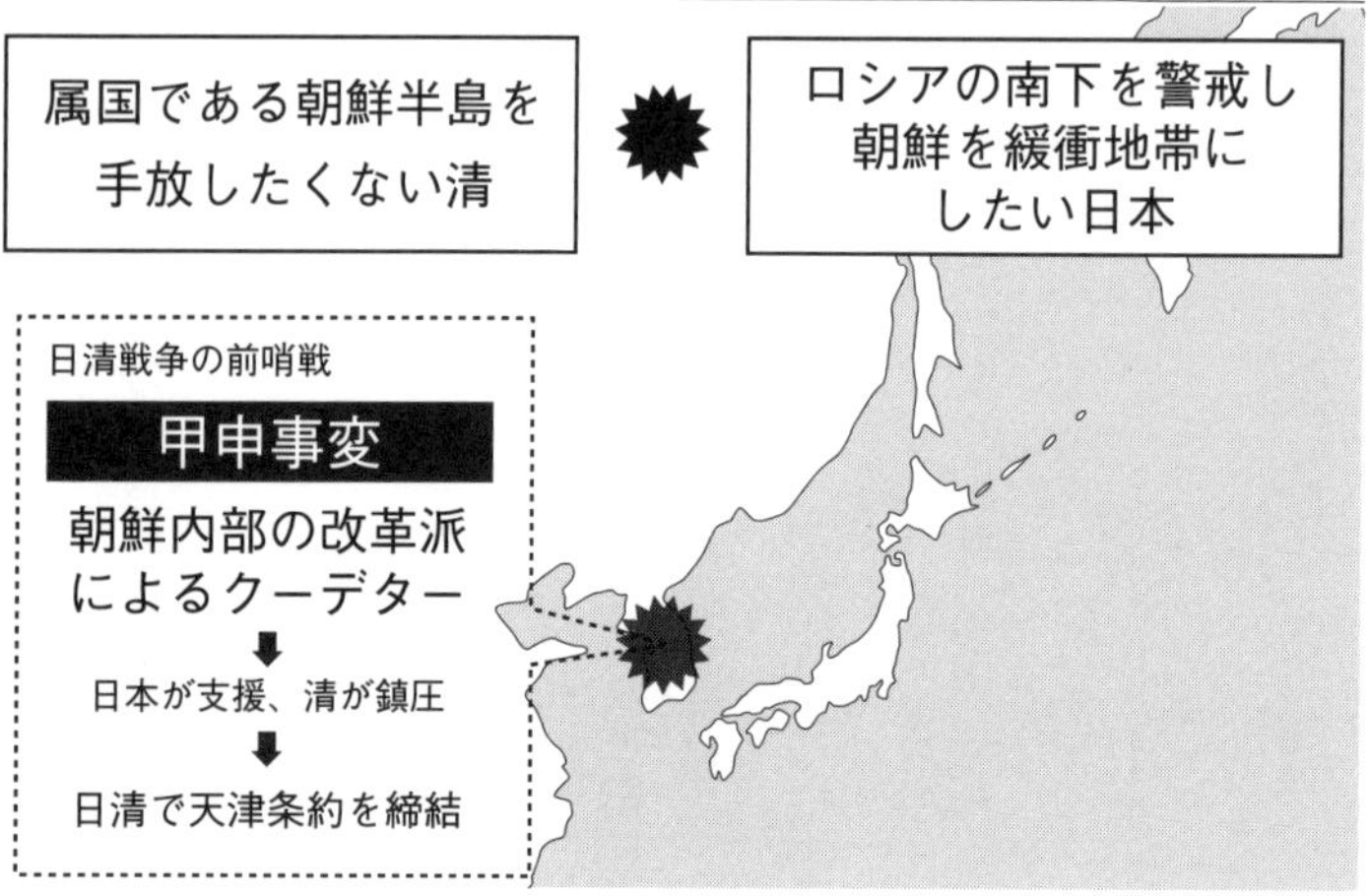
属国である朝鮮半島を
手放したくない清
ロシアの南下を警戒し
朝鮮を緩衝地帯に
したい日本
日清戦争の前哨戦
甲申事変
朝鮮内部の改革派
によるクーデター
日本が支援、清が鎮圧
日清で天津条約を締結

イギリスとの不平等条約改正が日本軍を後押し

日本は清との戦争に備えます。この時期、松方デフレで緊縮財政が徹底されていましたが、軍事費だけは例外的に増強しました。

一方、岩倉使節団以来なんどもチャレンジして跳ね返されてきた不平等条約の改正を進展させます。**イギリスが「日本を独立した強国にして、南下するロシアの防波堤とする」という戦略をたてた**ことから、条約改正の道が開かれました。

1894年、外相・陸奥宗光《むつむねみつ》はイギリスと交渉し、領事裁判権の撤廃と関税自主権の部分的回復を認めた**「日英通商航海条約」**を結びます。日本は同様の条約をアメリカ、フランス、ドイツなどとも結びました。

イギリスとの条約締結直後、朝鮮で大規模な農

【図】日清戦争の対立構造

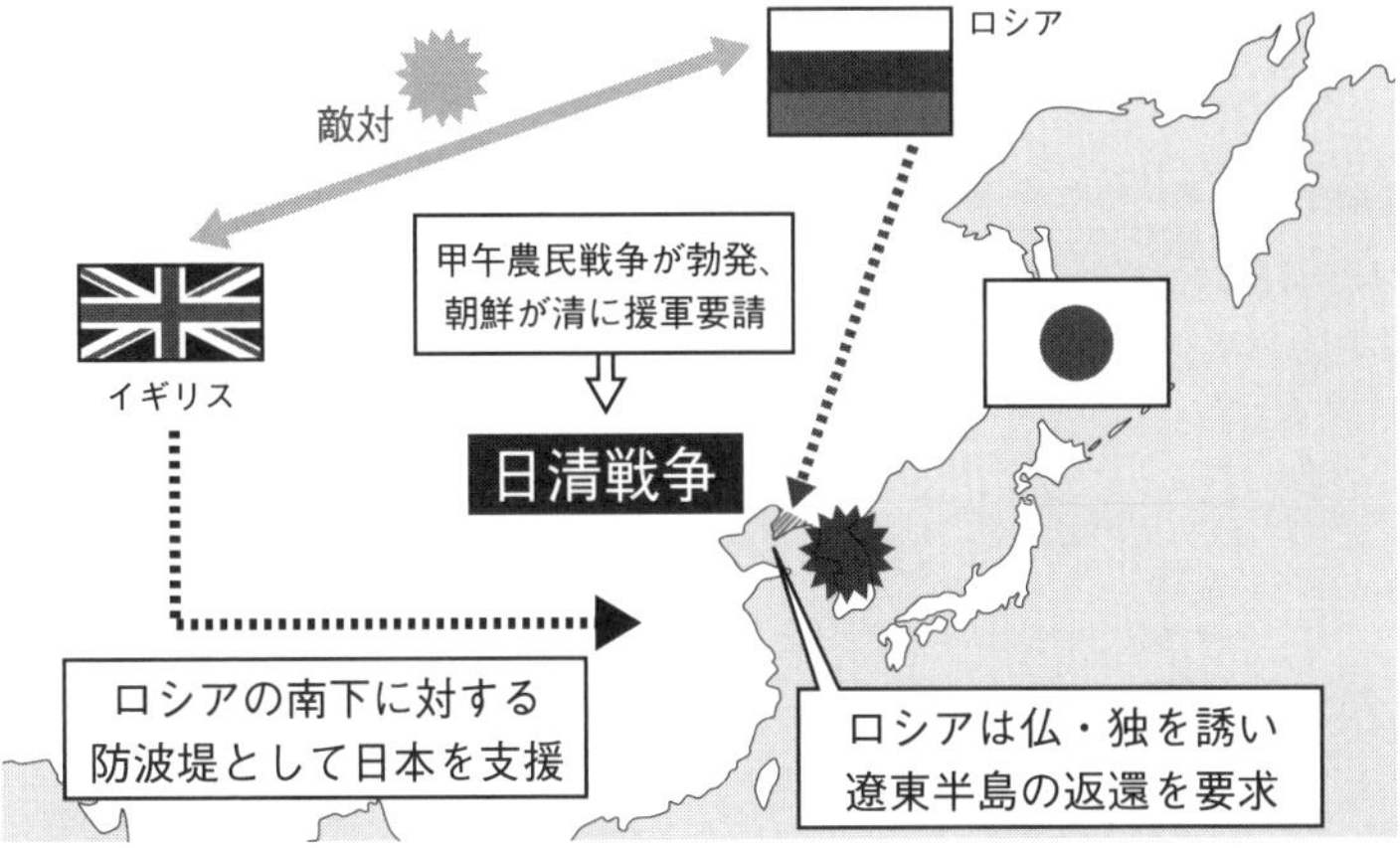
ロシア
敵対
甲午農民戦争が勃発、
朝鮮が清に援軍要請
イギリス
日清戦争
ロシアの南下に対する
防波堤として日本を支援
ロシアは仏・独を誘い
遼東半島の返還を要求

民反乱が発生しました**（甲午《こうご》農民戦争）**。朝鮮政府の要請によって清が出兵すると、天津条約の条項にもとづき通告をうけた日本は、**居留民保護の名目でただちに出兵**。反乱が鎮圧されても朝鮮に居座った日清両軍は、ついに激突します**（日清戦争）**。

終始、戦局を有利に進めた日本は圧勝し、講和条約として結ばれた下関条約では、清に朝鮮の独立を認めさせました。これにより朝鮮は「大韓帝国《だいかんていこく》」と改称します。また、日本は多額の賠償金と台湾・遼東半島を獲得しました。

ところが、**遼東半島を狙っていたロシアは、フランス・ドイツを誘って、遼東半島を清に返すように圧力をかけてきました（三国干渉）**。これに屈した日本は清に遼東《りょうとう》半島を返還。国内では反露感情が高まりました。のちにロシアは遼東半島を借りて勢力圏に置きます。

No.40

【日本初の政党内閣】

憲政党から「隈板内閣」が誕生

◆要点

1898年、衆議院選挙で自由党と進歩党が合同した憲政党が大勝して大隈・板垣が内閣を組織し日本初の政党内閣が誕生する

●背景

政党を無視した「超然内閣」から「政党内閣」の誕生へ

1890年の第1回衆議院選挙は「民党」が過半数を占めました。つぎの選挙では、政府側の党（吏党《りとう》）が巻き返しをはかりましたが、結局、民党が勝利します。

第2次伊藤博文内閣は民党を無視した政権運営はできないとして、**民党の代表格であった自由党のリーダー板垣退助らを入閣させました**。外相・陸奥宗光による不平等条約の改正が実現したのは、この内閣のときです（P174参照）。

1896年に内閣を組織した松方正義（第2次松方正義内閣）は、貨幣法を制定します。日清戦争でえた賠償金を活用して、1円を金約0・75gと兌換ができるようにし、それまでの銀本位制から**金本位制に移行**しました。欧米諸国のような金本位制を確立することで、円の国際的信用を高めました。

つぎの第3次伊藤博文内閣は、地租の増税をはかりますが、これに対し国民の声をうけた政党勢力が結集して抵抗します。1898年、それまで対立していた板垣退助をリーダーとする自由党と、大隈重信をリーダーとする進歩党（旧立憲改進党）が合同して、**「憲政党」**を結成。**衆議院選挙で大勝し、伊藤博文首相を退陣に追い込みました**。

【図】政党内閣の誕生まで

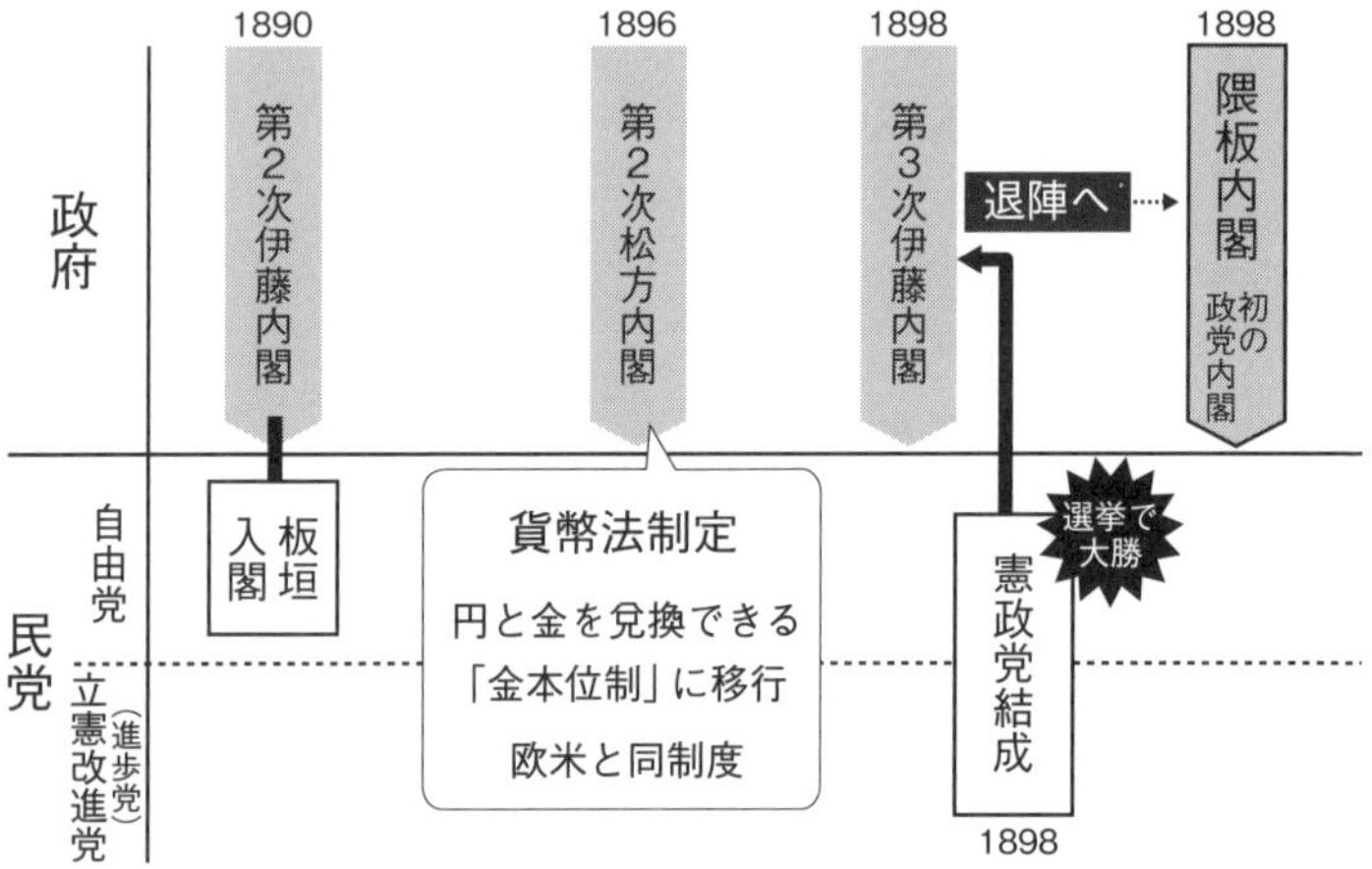

そして、大隈重信を総理大臣、板垣退助を内務大臣とする、いわゆる「隈板《わいはん》内閣」を組織します。これが**日本初の「政党内閣」**となります。

それまでは、政党とは無関係に、藩閥を中心に内閣が組織され、「超然内閣」ともいわれていました。しかし、ようやく選挙で選ばれた議会の多数党が組織する「政党内閣」が誕生したのです。

藩閥の伊藤博文が「立憲政友会」の総裁となり、内閣を組織

隈板内閣は短命に終わりました。辞職した尾崎行雄《ゆきお》文部大臣の後継をめぐる問題で混乱し、憲政党は自由党系の「憲政党」と進歩党系の「憲政本党」に分裂。内閣は崩壊しました。

しかし、**いったん政党内閣が成立したことで、もはや政党の意向を無視した政治はできない流れ**

【図】政権与党をめぐる動き

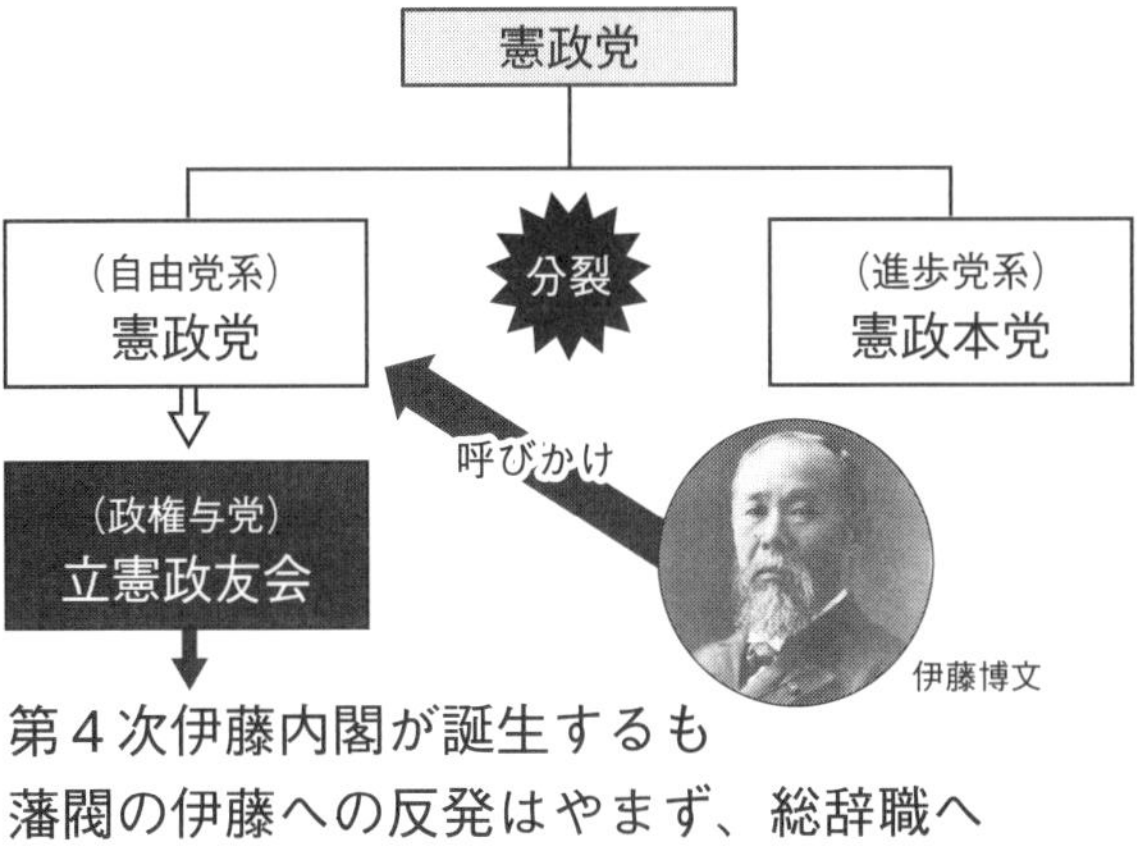

となります。衆議院の多数党の協力をえなければ予算は成立しないからです。

伊藤博文は藩閥でしたが、**自分の政権運営に協力する政党（政権与党）**をつくることで、議会運営を円滑にする道を探りました。1900年、伊藤博文のよびかけにより憲政党が「立憲政友会」に変わり、伊藤博文が総裁となります。これをもとに第4次伊藤博文内閣が誕生します。

しかし、貴族院のきびしい抵抗にあい、また閣内では藩閥の伊藤博文に対する反発もあり、政権運営はうまくいかず、総辞職に追い込まれます。

その後は、長州出身で「藩閥・非政党系」の桂《かつら》太郎《たろう》と、立憲政友会の2代目総裁で「政党系」の西園寺《さいおんじ》公望《きんもち》が、交互に政権をになう時代（桂園《けいえん》時代、1903～1912年）となります。

No.41

【日露戦争】

日英同盟を後ろ盾に大国ロシアとの戦いに挑む

◆要点

1905年、日本海海戦で日本の連合艦隊がロシアのバルチック艦隊を撃破して日露戦争に勝利し韓国を保護国とする

●背景

独立した韓国はロシアに接近、ロシアとの戦争が不可避に

日清戦争に負けた清は、欧米列強の分割支配をうけます。清王朝は義和団《ぎわだん》という結社と結んで、海外勢力の排除運動を起こしますが、日本とロシアを含む8か国が共同出兵し、鎮圧（北清《ほくしん》事変）。**これをきっかけにロシアは満州を占領し、さらに韓国をうかがう勢い**となりました。

日本にとっての誤算は、その韓国政権がロシアに接近したことです。三国干渉に屈した日本よりも、ロシアのほうが強いとみたのです。そのままでは、せっかく独立させた韓国をロシアに奪われることになります。

このときの日本の対ロシア戦略には、2つありました。1つは、ロシアの満州支配と日本の韓国支配をお互いに認め合うことで（満韓交換）、戦争を避けるという「日露協商論」です。もう1つは、**イギリスとの同盟を後ろ盾にロシアの南下を実力でおさえようという「日英同盟論」**です。

ロシアとの交渉は不調で日露協商論は失敗に終わりますが、日英同盟論はうまくいきます。「日本を独立した強国にして、南下するロシアの防波堤とする」という戦略をもつイギ

【図】対ロシアで協調する日英

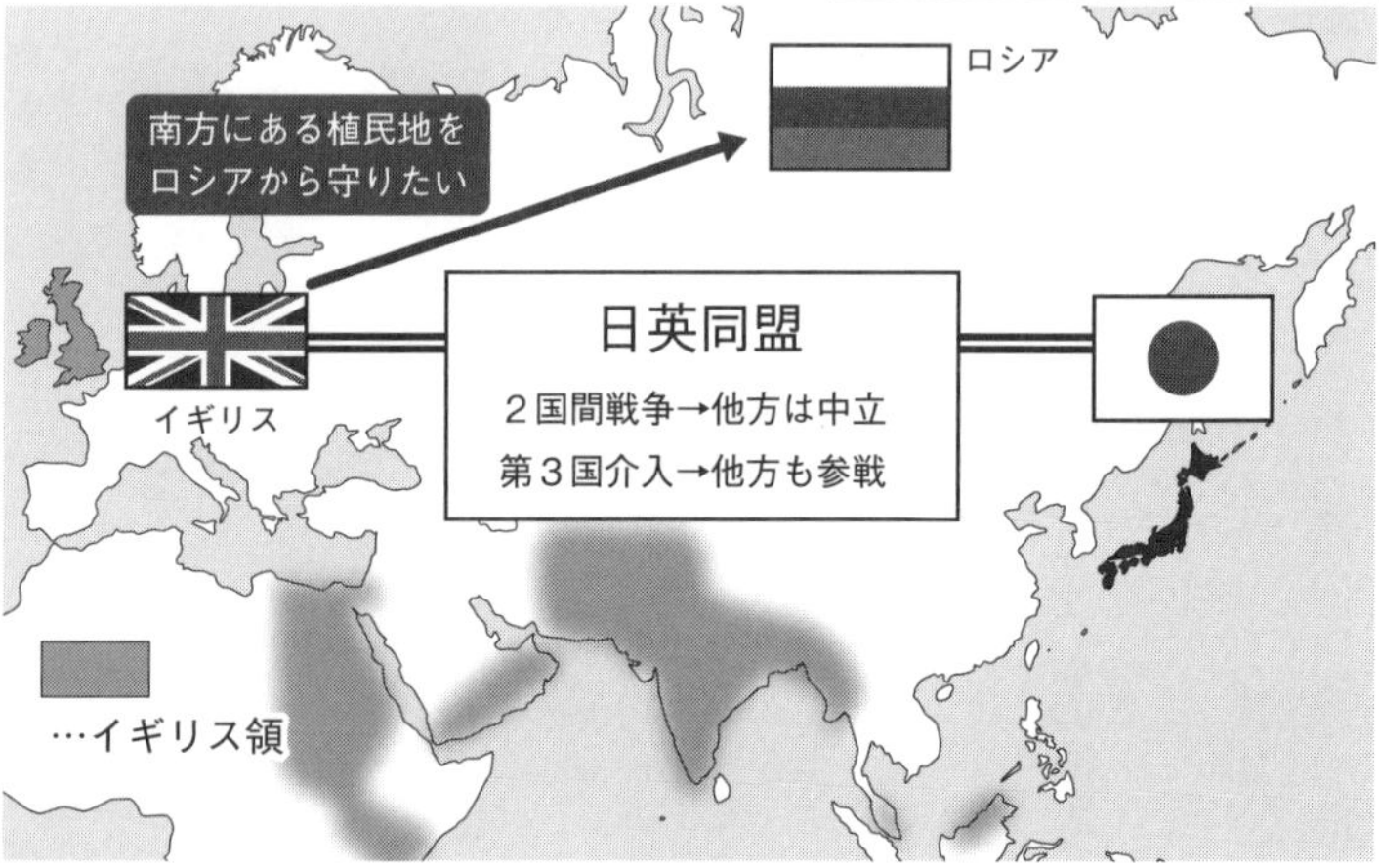

リスは、「日英通商航海条約」につづき、**「日英同盟」**を結びました（1902年）。北清事変のさいに示した日本の救援軍の規律正しい活躍も「信頼できる同盟国」という評価を高めていました。

日英同盟の内容は「2国間戦争のときは他方の同盟国は中立を守る」「第3国（＝フランス）が参戦したら、他方の同盟国も参戦する」というもの。これは**日本がロシアとの戦いに集中するために定められたもの**でした。

初代統監・伊藤博文が暗殺され、韓国併合へ

1904年、日露戦争がはじまります。陸戦では旅順《りょじゅん》要塞の攻撃や奉天《ほうてん》会戦などで日本軍が勝利し、海戦では**当時世界最強といわれたバルチック艦隊を東郷平八郎《とうごうへいはちろう》率いる連合艦隊が撃破**しました。

【図】日露戦争とその後

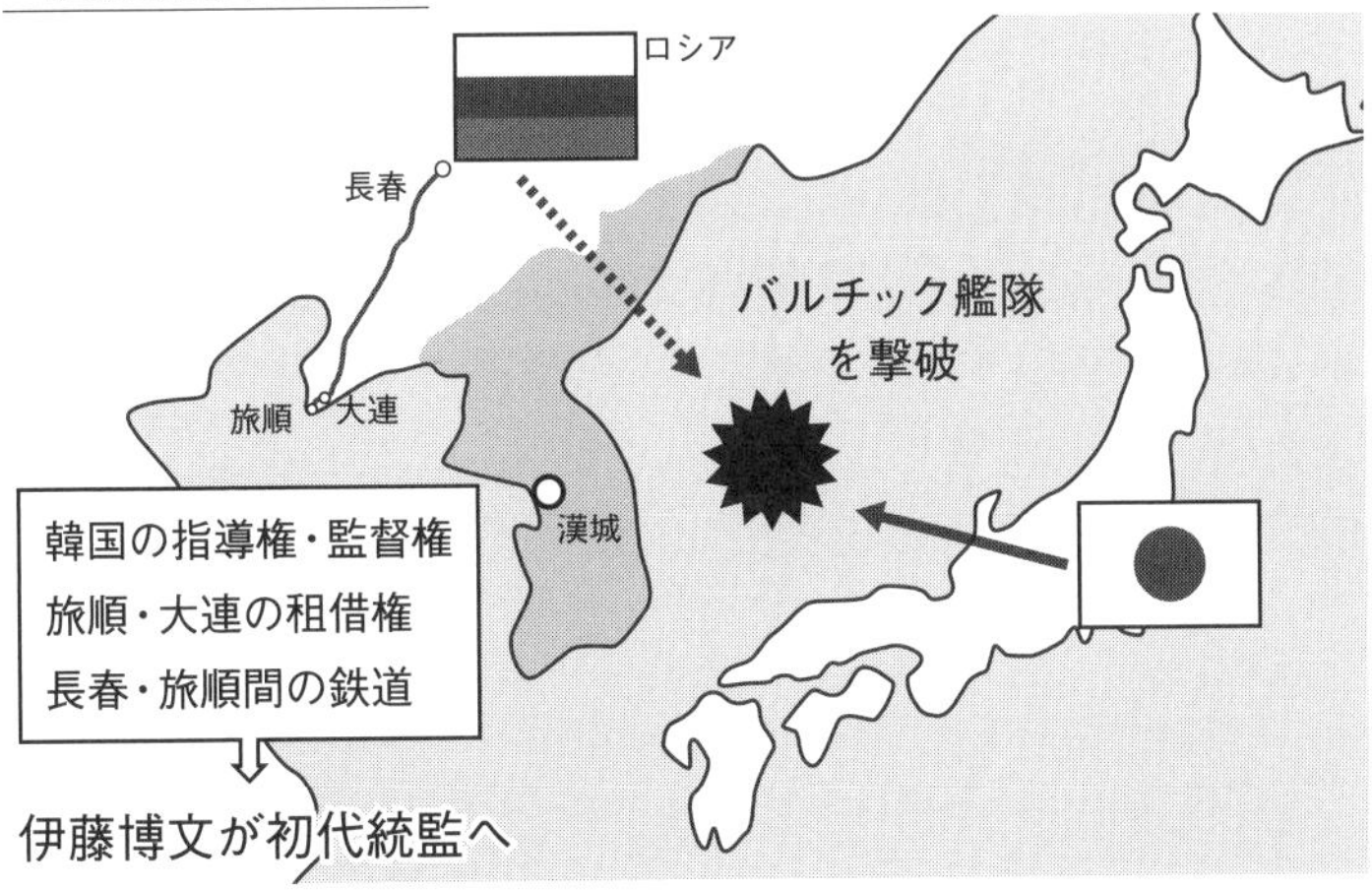

アメリカ大統領セオドア＝ルーズヴェルトの仲介により、ロシアとの講和条約（ポーツマス条約）が結ばれます。日本は賠償金はえられませんでしたが、韓国に対する指導権と監督権を認めさせ、旅順・大連《だいれん》の租借権、長春《ちょうしゅん》・旅順間の鉄道（南満州鉄道）、南樺太などをえます。

日本は、イギリス・アメリカの合意をえたうえで日韓協約を結び、**韓国の外交権を手にし、保護国とします**。漢城《かんじょう》（現ソウル）に統監府をおき、伊藤博文が初代統監となりました。１９０９年、伊藤博文が朝鮮の民族運動家・安重根《あんじゅうこん》に暗殺されると、翌年、韓国併合を強行。韓国は日本の植民地となりました。これで日本は、緩衝地帯としていた朝鮮半島を自国のものにしたことで、韓国を守るという軍事的負担を背負うことになります。ちなみに、伊藤博文は韓国併合に反対していました。

第7章

大正時代～第2次世界大戦

No.42

【第１次世界大戦】

欧米列強のアジアからの撤退で、日本に好機

◆要点

１９１４年、ヨーロッパで同盟国と協商国が衝突して第１次世界大戦がはじまり日本は中国に進出して大戦景気にわく

● 背景

第１次護憲《ごけん》運動で桂内閣は総辞職、大正デモクラシーが起きる

大正時代に入った１９１２年、桂太郎が首相となります。このとき桂は天皇を補佐する内大臣で、政治と距離をとるべき立場にあったことから反発が起きました。

立憲政友会の尾崎行雄や憲政本党の流れをくむ立憲国民党の犬養毅《いぬかいつよし》らは、**「閥族《ばつぞく》打破」（陸軍や官僚など特定の派閥による独占的政治の廃止）・「憲政擁護」（憲法や政党の尊重）を要求。**これが**「第１次護憲運動」**です。この運動には民衆も加わり大きなうねりとなり、桂内閣は崩壊（大正政変）。桂・西園寺の桂園時代は終わりました。

自分たちの力で政治を変えられることに気づいた民衆は、普通選挙や自由・権利の拡大を求める運動を活発化させました。これが１９２５年の普通選挙法制定までつづく**「大正デモクラシー」**です。

次に海軍大将だった山本権兵衛《ごんべえ》が首相となりますが、シーメンス事件（海軍の高級将校がドイツのシーメンス社から賄賂をうけた事件）が発覚したことから退陣。元老・山縣有朋《やまがたありとも》は、もはや政党を無視した超然内閣は無理だと悟り、桂太郎が創設した政府系政党である立憲同志会をもとに内閣を組織させ、国民的人気のあった大隈重信を首相としました（１９１４

【図】第1次護憲運動に始まる民衆の活発化

犬養毅
（出典：国会図書館）

第1次護憲運動（1912）
犬養毅らの「閥族打破・憲政擁護」をスローガンに民衆の力で内閣崩壊へ

民衆

自分たちの力で
政治は変えられる！

大正デモクラシーへ

年、第２次大隈重信内閣）。

大戦中の大隈内閣は中国に「二十一か条の要求」をつきつける

このころのヨーロッパでは、三国同盟を結んだ**ドイツ・オーストリア・イタリア（同盟国）**と、三国協商を結んだ**イギリス・フランス・ロシア（協商国）**が対立し、緊張が高まっていました。

すると１９１４年、ボスニアのサライェヴォでオーストリア皇太子夫妻が、親露的なセルビア青年に暗殺される事件が起きます。ちょうど第２次大隈重信内閣が組織された直後のことでした。この事件をきっかけに、両陣営のあいだで第１次世界大戦がはじまりました。

ヨーロッパ諸国はアジアへの影響力を低下させます。**日本にとっては勢力拡大のチャンス**となり

【図】第1次世界大戦とアジア

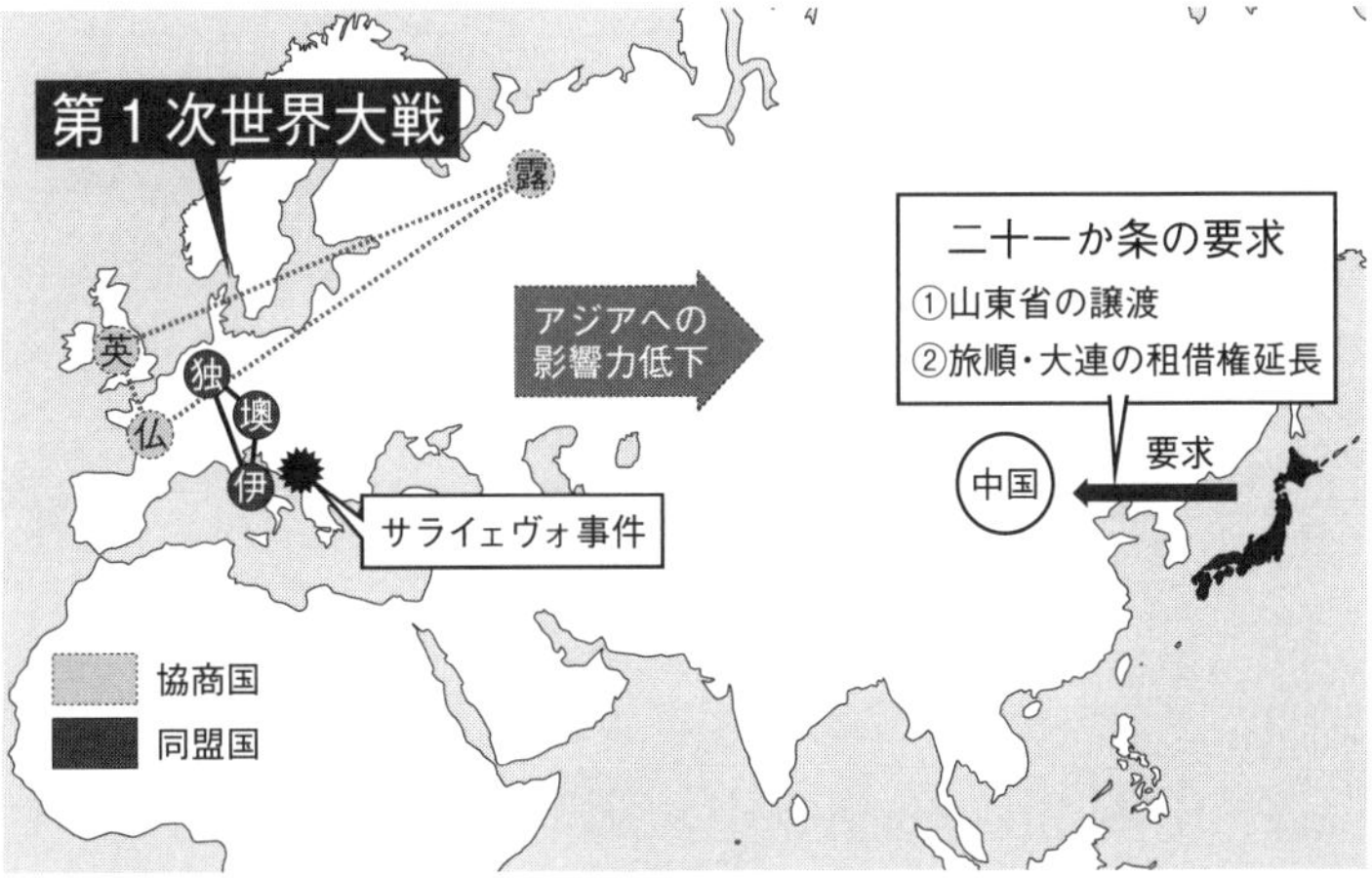

ました。日本は、日英同盟を理由にドイツに宣戦布告し、ドイツが中国で勢力圏としていた山東省などを占領しました。

さらに中国への進出を強めます。中国は1911年の辛亥《しんがい》革命によって清王朝がたおれ、中華民国が成立しましたが、いまだ混乱状態にありました。大隈内閣はこの混乱につけいり、**山東省のドイツ権益の譲渡**や日露戦争でロシアから獲得していた**旅順・大連の租借権の延長**など**「二十一か条の要求」**を中国につきつけました。中国は結局、このうち16項目を認めます。

一方、**欧米列強が撤退したアジア市場には日本勢が進出**。とくに繊維・造船・鉄鋼の分野は飛躍的にのびました。国内は「大戦景気」でわき、一攫千金をえた「成金《なりきん》」があらわれました。

No.43

【普通選挙法制定】

護憲三派が選挙法を改正

◆要点

1925年、帝国議会で護憲三派からなる加藤高明内閣が普通選挙法を制定すると同時に社会主義抑制の治安維持法も制定する

● 背景

大戦後期の超然内閣は米騒動で崩壊、平民宰相・原敬《はらたかし》が誕生する

大戦中の1917年、ロシアでレーニンらが率いるボリシェヴィキ（のちの共産党）がロマノフ王朝をたおし、**世界初の社会主義政権（ソヴィエト政権）を樹立**しました（ロシア革命）。社会主義革命が自国に広まることを恐れたイギリス・アメリカ・フランス・日本は、**革命政権を攻撃**します（シベリア出兵）。

これをきっかけに国内では、軍需品として米が買い付けられることを見越した米問屋が米を買い占め、米の値段が急騰。全国で米の値段の引き下げを要求する激しい運動が起こりました**（米騒動）**。

大隈重信内閣をついだ超然内閣の寺内正毅《まさたけ》内閣は、米騒動の鎮圧に失敗し、1918年、総辞職に追い込まれます。元老たちはもはや「超然内閣」では世論の支持をえられないと考え、**衆議院で多数党となっていた立憲政友会の総裁・原敬《はらたかし》を首相にします**。原敬は、藩閥や華族ではない衆議院に議席をもつはじめての首相であり、「平民宰相」として民衆の支持を集めました。短命に終わった「隈板内閣」とは対照的に、原敬内閣は3年におよび、**最初の「本格的な政党内閣」**となりました。

【図】戦争の影響を受ける国内経済

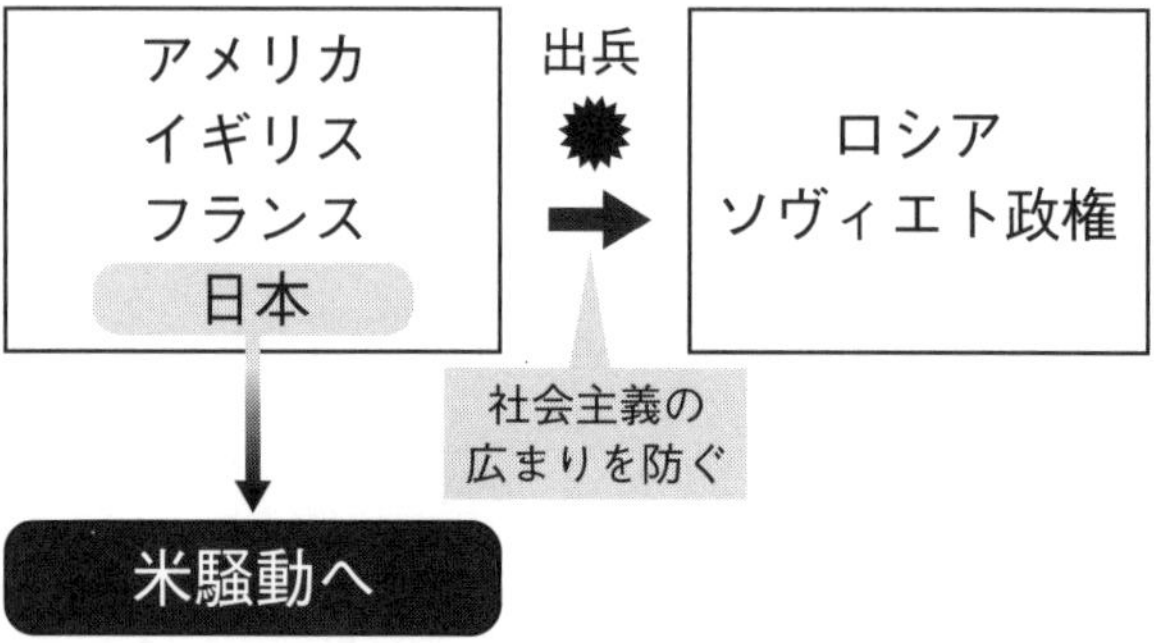

⇨ 寺内内閣総辞職、平民宰相・原敬の誕生

1918年、第1次世界大戦が終結します。パリ講和会議でヴェルサイユ条約が結ばれ、戦勝国側の日本は、中国のドイツ権益などを獲得。また、国際連盟の設立が決まり、「民族の独立を尊重し、他民族が干渉すべきでない」という**民族自決の原則**が示されました。

こうした動きからできた**「ヴェルサイユ体制」の精神（反帝国主義・国際協調・民族自決・軍縮平和）**を東アジア・太平洋に適用しようとしたのが、1921年のワシントン会議でつくられた「ワシントン体制」です。この会議で日本は、海軍の削減と、「二十一か条の要求」でえた中国での権益の一部放棄を受け入れました。

立憲政友会は普通選挙反対から賛成に転換

1921年、原敬が暗殺されると、立憲政友会の高橋是清《これきよ》、海軍の加藤友三郎《ともさぶろう》、山本権兵衛と短命の内閣がつづきました。その間に関東大震災が起き、国内は戦後

【図】普通選挙法制定までの内閣変遷

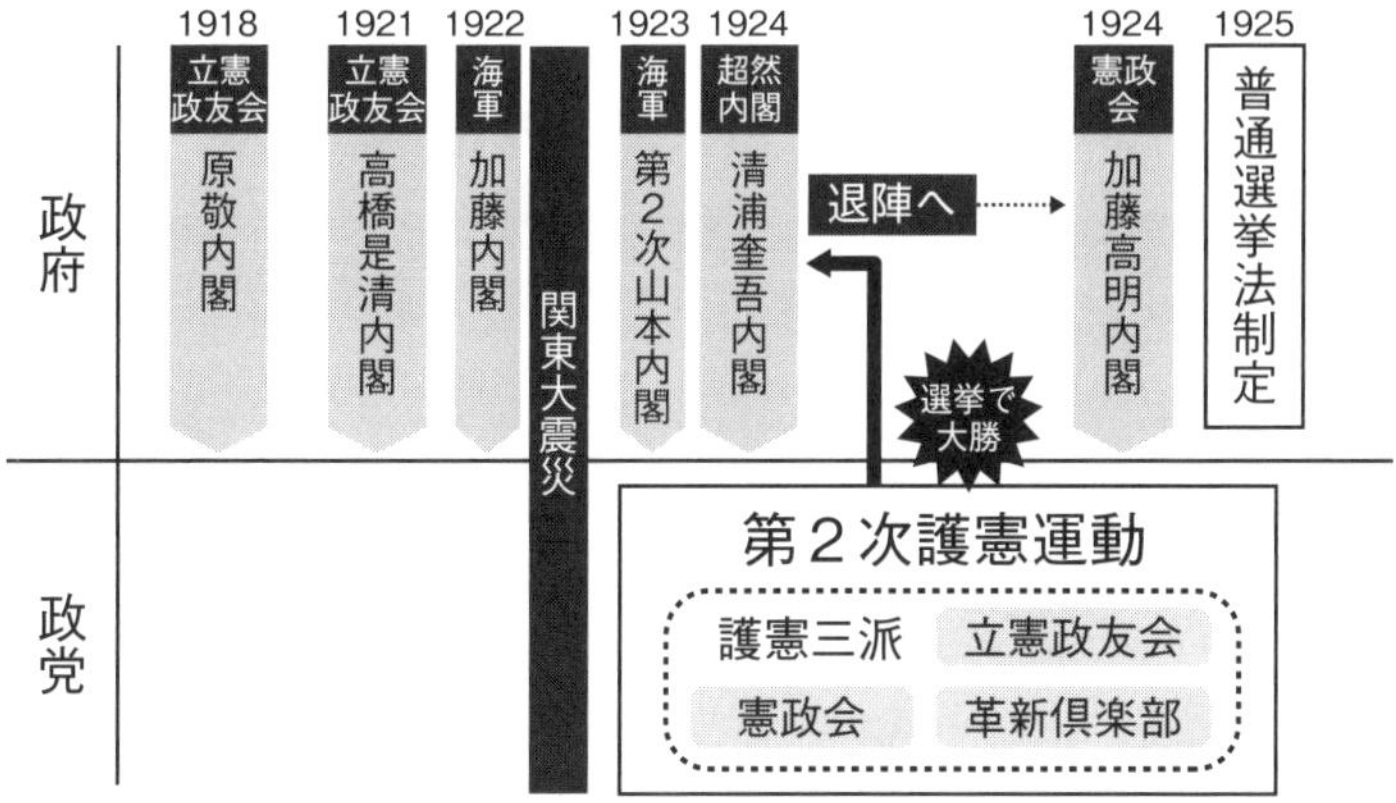

恐慌につづき**「震災恐慌」**に襲われました。1924年、清浦奎吾《けいご》内閣が成立。官僚や貴族院を中心とした超然内閣でした。

民衆のあいだでは、普通選挙を求める声が一段と高まりました。富裕層を支持基盤とする立憲政友会は、もともと普通選挙に反対していましたが、方針を転換。**憲政会・革新倶楽部とともに「特権官僚の排除・政党内閣制の確立・普通選挙の断行」を訴える「護憲三派」を形成し、「第2次護憲運動」を展開**しました。次の衆議院選挙で圧勝した護憲三派は、憲政会の加藤高明《たかあき》を首相に内閣を組織。**1925年、普通選挙法を制定**しました。

これにより、満25歳以上のすべての男性に選挙権が与えられ、有権者数は総人口の約2割となりました。また、普通選挙法の施行により社会主義者・共産主義者の政治進出が起きることを防ぐため、治安維持法を合わせて成立させました。

No.44

【昭和恐慌】

金融引き締め策が戦前最大の恐慌を招く

◆要点

1929年、世界恐慌のなかで浜口雄幸内閣が金本位制復帰を行ったことで金融が引き締められ昭和恐慌が起きる

●背景

2大政党（立憲民政党・立憲政友会）による政党内閣の時代

普通選挙を実現させた加藤高明首相は、1926年に急死します。かわって憲政会の若《わか》槻礼次郎《つきれいじろう》が首相となりました（第1次若槻内閣）。

その憲政会は政友本党と合併して「立憲民政党」となり、一方の立憲政友会は革新倶楽部を吸収。ここから**「立憲民政党」と「立憲政友会」の2大政党の総裁が交互に政権をになう「政党内閣の時代」**となります。立憲政治の本来のあり方（＝憲政の常道）が実現した時代でした。

同年、元号が昭和に変わります。この時期、震災恐慌の尾を引くかたちで**「金融恐慌」**が引き起こされます。企業の業績が悪化し、その企業の「不渡り手形（震災手形）」を大量にかかえた**銀行の経営も苦しくなりました**。

そんななか、片岡直温《なおはる》蔵相がまだ破綻していなかった東京渡辺銀行を「破綻した」と衆議院予算委員会で発言したことから、人々が預金をおろしに銀行に殺到し、銀行の休業・破綻が連鎖的に拡大しました。また、世界的な商社であった鈴木商店が経営破綻し、その不渡り手形を引き受けていた台湾の中央銀行である台湾銀行も経営危機に陥ります。

若槻内閣は総辞職に追い込まれ、立憲政友会の田中義一《ぎいち》が内閣を組織しました。高橋是清《これきよ》

【図】続く恐慌と財閥の強大化

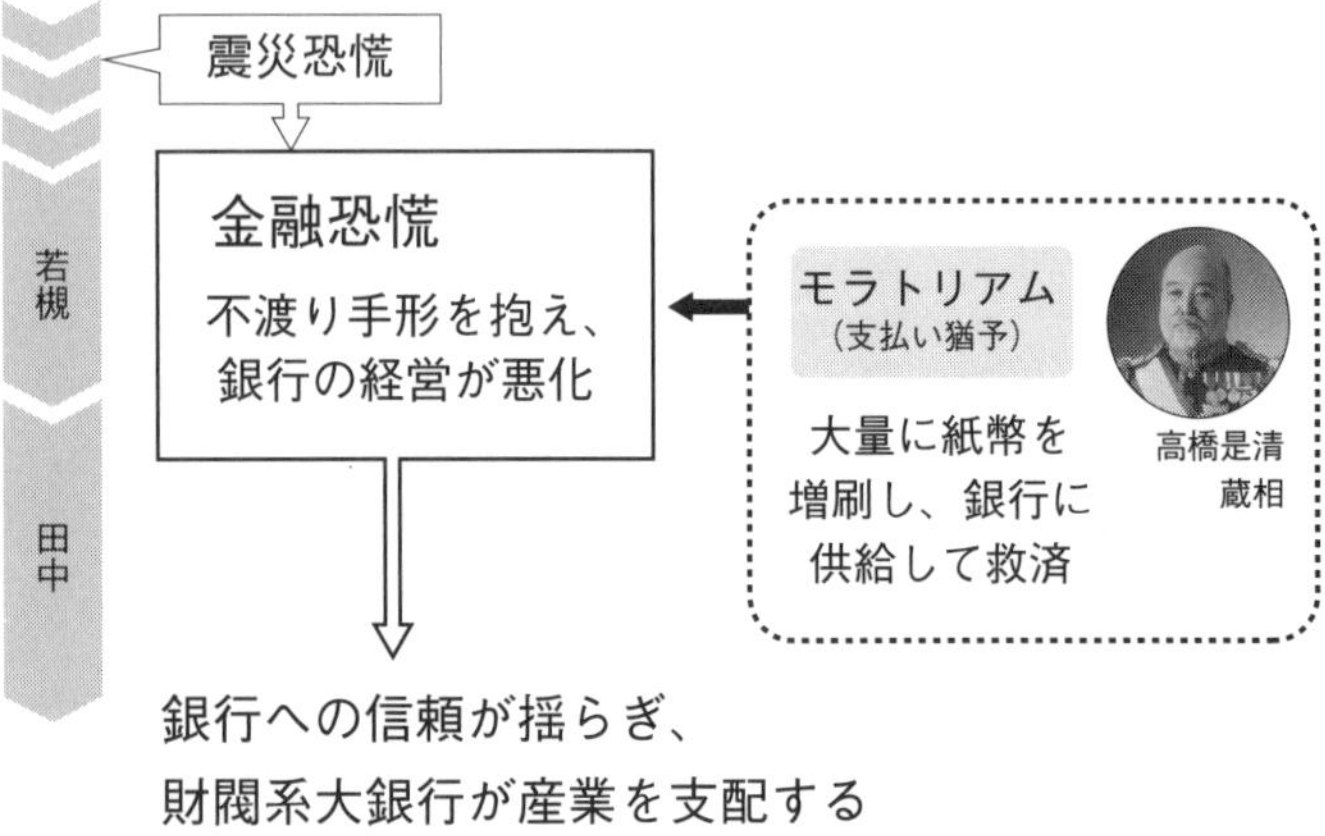
若槻
田中
震災恐慌
金融恐慌
不渡り手形を抱え、
銀行の経営が悪化
モラトリアム
（支払い猶予）
大量に紙幣を
増刷し、銀行に
供給して救済
高橋是清
蔵相
銀行への信頼が揺らぎ、
財閥系大銀行が産業を支配する

蔵相は、枢密院を通して、銀行に3週間の「モラトリアム（支払猶予令）」をだし、預金者の預金引き出しを一時的に停止。その間に**大量の紙幣を増刷して銀行に供給することで、金融恐慌を鎮めました**。

これ以降、三井・三菱など財閥系の大銀行に淘汰され、財閥による産業支配が強まることになります。

日本だけ遅れていた金本位制への復帰

次に首相となった立憲民政党の浜口雄幸《おさち》は、金本位制への復帰を行います。

第1次世界大戦中、日本や欧米諸国は多額の軍事支出が必要となったことから、金本位制を維持できなくなり、**金の輸出を禁止**しました。大戦後、欧米諸国は金の輸出を解禁し、金本位制に復帰し

【図】浜口雄幸内閣の財政改革

・金本位制

国内の金の量と紙幣の流通量の釣り合い

金 ＝ 紙幣

➡国内にお金（紙幣）が必要なときは金を輸出できない

浜口雄幸
（出典：国会図書館）

外国との為替安定のため
金本位制に復帰

⇩

紙幣量が減り景気悪化
世界恐慌のあおりも受けて昭和恐慌へ

ましたが、日本は度重なる恐慌のために対応が遅れていました。その間に**日本円の価値は相対的に低下し、貿易赤字がつづきました**。一方、諸外国からも金本位制復帰の圧力が高まりました。

浜口内閣は、１９２９年に**金本位制復帰**を断行し、その翌年に金輸出解禁を行いました。これにより、**市中に出回る紙幣の量が国が保有する金の量の範囲まで減らされ、景気が悪化します**。

そこへ、ニューヨークのウォール街の株式暴落にはじまる**世界恐慌**が重なりました。銀行や企業の休業・倒産が続出し、失業者が急激に増大し、戦前最大の恐慌である**「昭和恐慌」**となりました。この昭和恐慌を背景として、軍部が次第に台頭してくることになります。

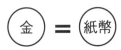

No.45

【満州国建国】

関東軍が満州で傀儡国家をきずく

◆要点

1931年、南満州の柳条湖付近で日本の関東軍が南満州鉄道の爆破を中国軍の仕業にし軍事行動を起こして満州を支配する

●背景

蒋介石の北伐の脅威にさらされた関東軍は、張作霖《ちょうさくりん》爆殺事件を起こす

日本は満州への進出を強めます。日露戦争後、ロシアがもっていた鉄道や鉱山など南満州の権益を引き継ぎ、ロシア革命が起きると、ロシアの支配力が低下した北満州へも進出しました。この地に展開していた陸軍の部隊は、1919年に**関東軍**として独立します。

1926年、**蒋介石《しょうかいせき》率いる中国国民党が、北方勢力をたおして中国を統一するため「北伐《ほくばつ》」を開始**しました。田中義一内閣は、山東省に出兵と撤兵を繰り返し、北伐軍に対応しました。ちなみに、「二十一か条の要求」で日本が手にした山東省は、ワシントン会議で返還させられていました。

そんななか**関東軍が列車爆破事件を起こします**（1928年、張作霖爆殺事件）。関東軍は満州の軍閥の指導者・張作霖を支援していましたが、張が北伐軍に連戦連敗だったため、見限って殺害したのでした。

この事件をきっかけに、**日本に協力的だった張作霖の子の張学良《ちょうがくりょう》は、蒋介石に合流**。やがて蒋介石は中国統一に成功します。一方、田中内閣は事件の責任を問われ総辞職に追い込まれました。

【図】大陸における日本軍の動き

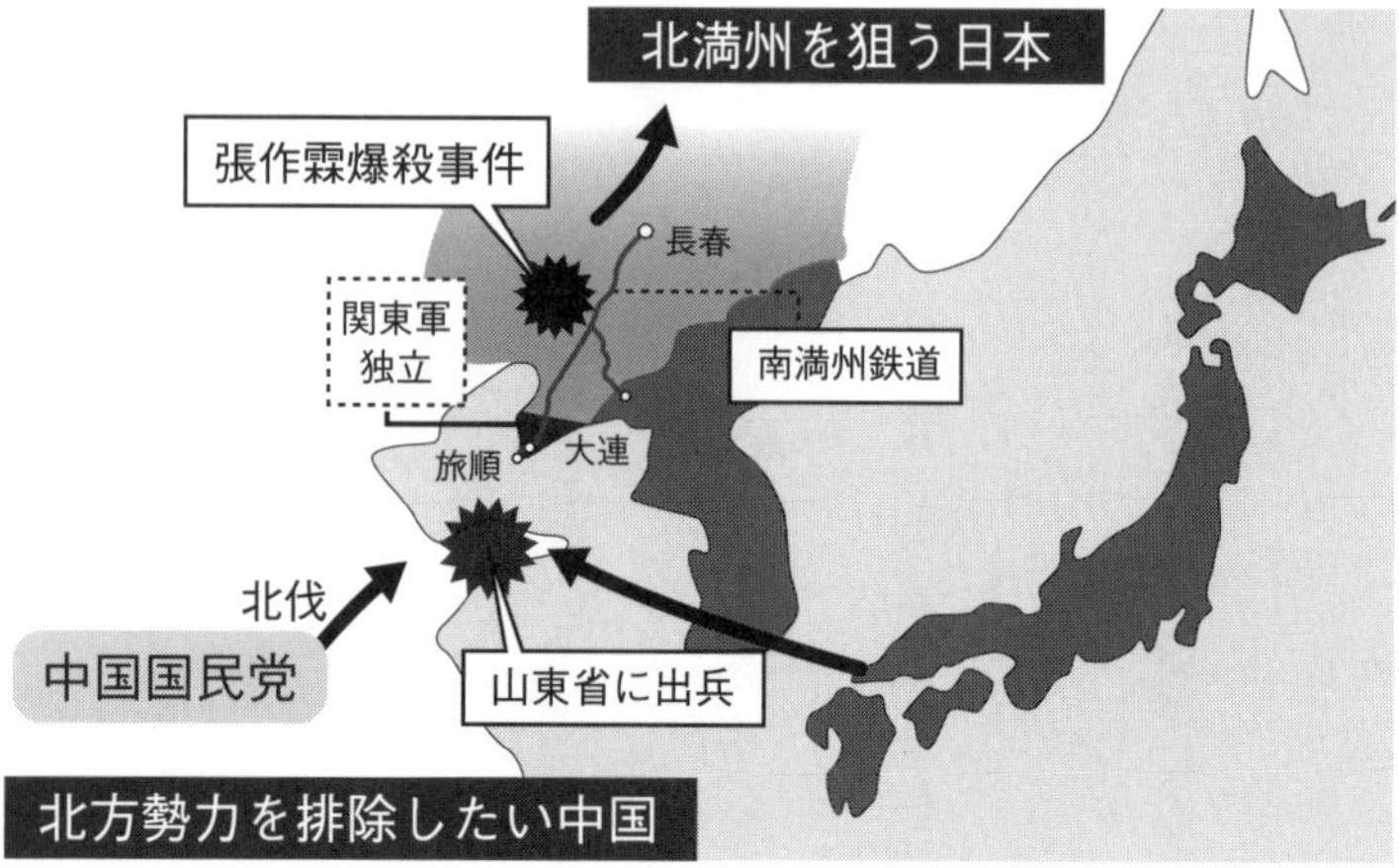

内閣の協調外交を無視して、関東軍が軍事行動を拡大

関東軍は、**満州の独立を画策**します。1931年、南満州鉄道を爆破し（柳条湖《りゅうじょうこ》事件）、これを中国軍の仕業だとして軍事行動をおこしました。

このとき、昭和恐慌を招いた浜口雄幸内閣にかわり、第2次若槻礼次郎内閣が成立していました。若槻内閣は**協調外交**をとります。欧米諸国との関係悪化を恐れ、「軍事行動は拡大しない」という声明を発表しました。

ところが、関東軍はこれを無視し、満州支配を進めました（満州事変）。関東軍がこのような軍事行動をできたのも、世論の後押しがあったからです。**昭和恐慌にあえぐ人々は、政党内閣に失望し、軍部の台頭を歓迎していた**のです。

同年末に成立した犬養毅（立憲政友会）の内閣

【図】軍国主義に至る日本

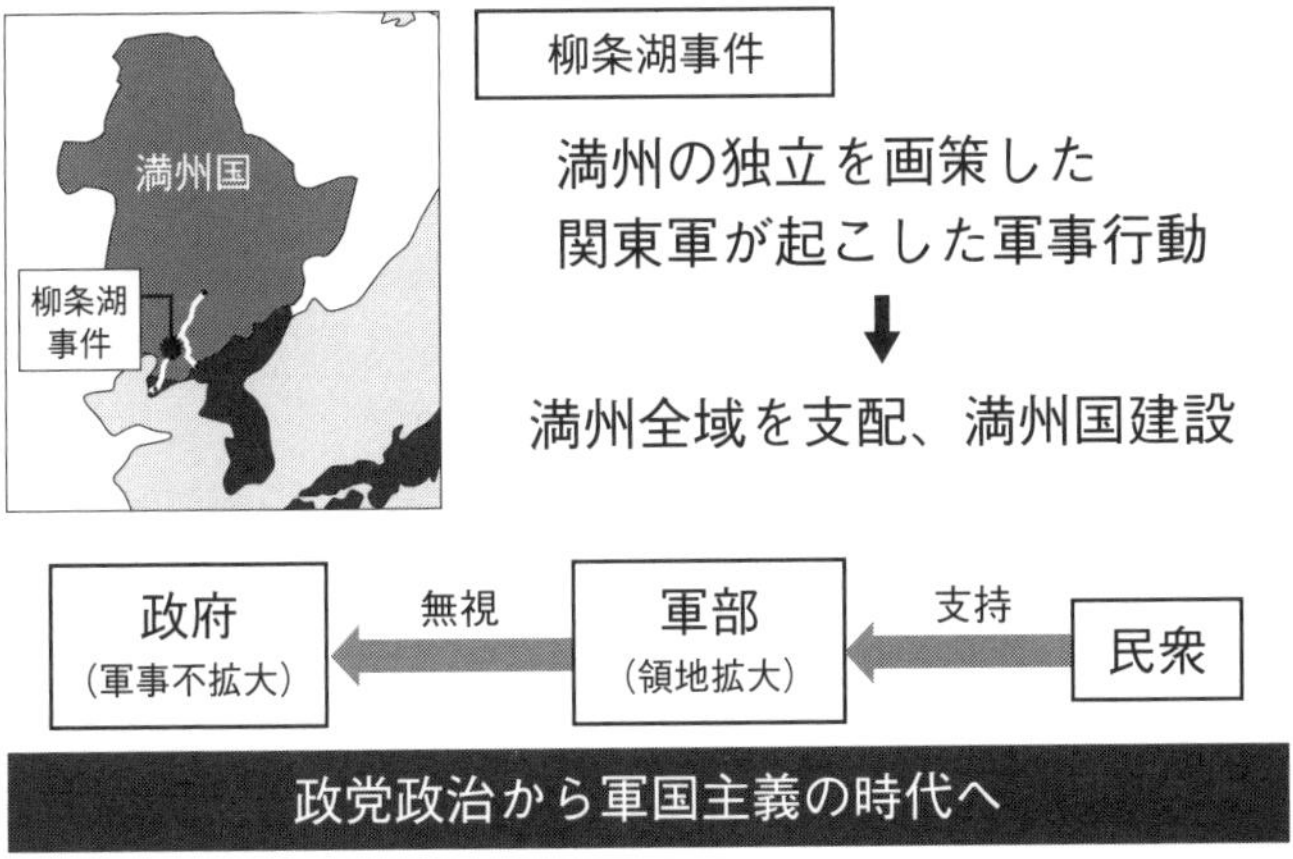

は、高橋是清蔵相によって金輸出をふたたび禁止し、金本位制から離脱しました。これにより大量の紙幣を市中に供給し、恐慌状態を脱します。

翌年、**関東軍は満州全域を支配**。清朝最後の皇帝・溥儀《ふぎ》を執政とする**満州国（日本の傀儡国家）の建国**を宣言しました。清朝はもともと満州族がつくったものなので、満州に満州族の国ができたことになります。

内閣は関東軍の暴走に動揺します。国内では、陸海軍の青年将校や右翼が**「政党内閣をたおし、軍中心の内閣をつくれ」**という「国家改造運動」をおこしました。やがてそれはテロリズムに発展。右翼結社の血盟団《けつめいだん》が井上準之助《じゅんのすけ》前大蔵大臣らを暗殺し（血盟団事件）、海軍将校らが犬養毅首相を暗殺しました（五・一五事件）。政党政治はここに終わり、軍国主義の時代に入りました。

No.46

【日中戦争】

二・二六事件をへて日中戦争へ突入

◆要点

1937年、北京・盧溝橋付近で日本軍と中国軍が偶発的に衝突して日中戦争が勃発、国家総動員法によって戦時体制となる

●背景

陸軍内部は皇道派と統制派が対立、天皇機関説を否認

五・一五事件で暗殺された犬養毅首相にかわり、海軍大将の斎藤実《まこと》が首相になります。斎藤内閣は、**軍や政党、貴族院、官僚などの各勢力のバランスをとった「挙国一致内閣」**でした。

斎藤内閣は、日満議定書を取り交わして満州国を承認します。これは、**中国から独立した満州国の正当性を世界にアピールする狙い**がありました。一方、日本の満州での軍事行動については国際連盟がリットン調査団を派遣して調査しました。その結果、国際連盟は満州国承認の撤回と日本軍の撤退を要求します。日本はこれを拒否し、国際連盟から脱退しました（1933年）。

国内では軍部の活動が活発化します。陸軍のなかで、天皇の親政による軍事政権をめざす動きがありましたが、そのなかでも青年将校を中心とした**「皇道派《こうどう》」はテロリズムによる国家改造**を訴え、陸軍上層部のエリート軍人を中心とした**「統制派」は合法的な国家改造**を訴えて対立しました。

皇道派らのグループが問題としたのは、「天皇機関説」でした。天皇機関説とは、「主権は国家にあり、**天皇は国家（内閣や議会）の一機関にすぎない**」という美濃部達吉《みのべたつきち》が唱えた説で、

【図】陸軍内部の派閥

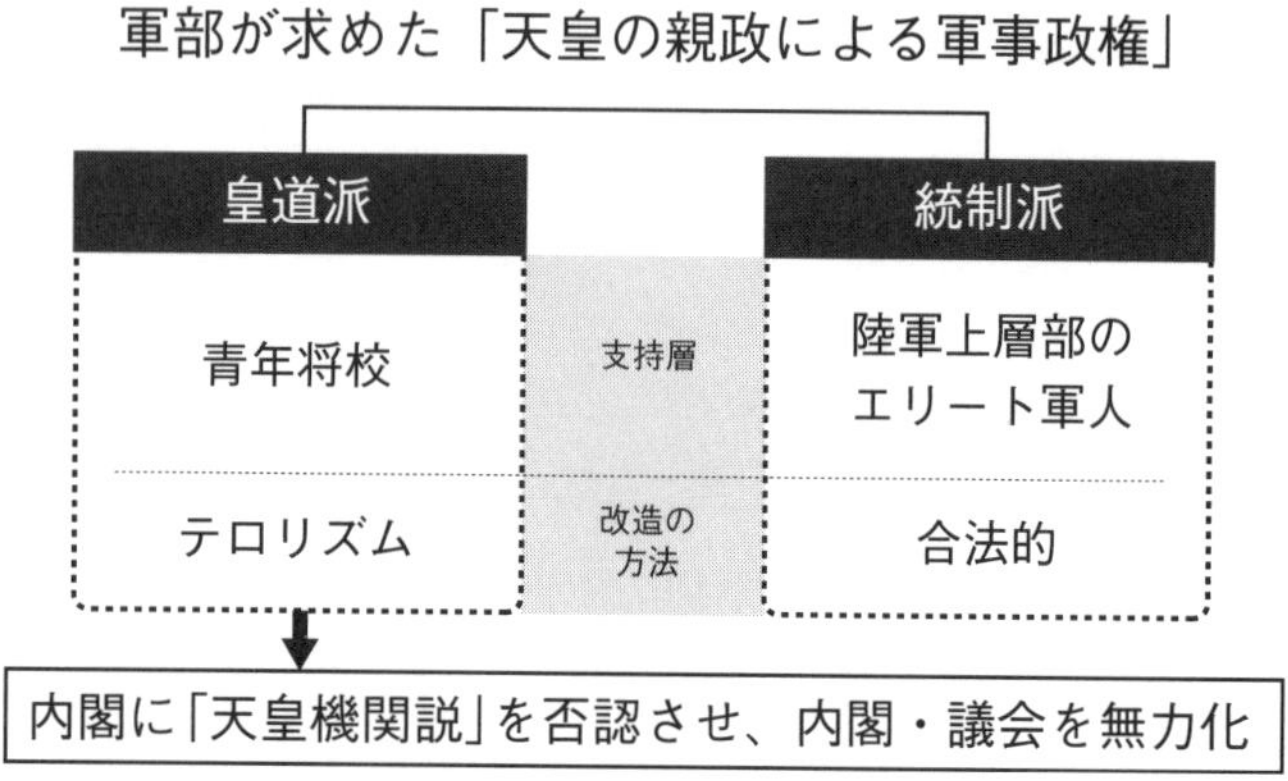

内閣と議会の地位の強化をはかる考え方でした。

この天皇機関説への排撃運動が激しくなります。1934年に登場した岡田啓介《けいすけ》内閣は、圧力にさらされる形で**天皇機関説を否認する「国体明徴声明」**を出します。これにより**内閣や議会を無力化し、軍国主義化を前進させる**こととなりました。

近衛《このえ》文麿《ふみまろ》内閣は国家総動員法を制定し、戦時体制をしく

1936年、皇道派の青年将校らが「昭和維新」をかかげてクーデタを起こします。高橋是清蔵相らを殺害し、日本の中枢部を乗っ取りました（二・二六事件）。統制派が鎮圧し、皇道派は一掃されましたが、結局は同じ陸軍の一派であり、**陸軍の支配力が強まることになりました。**

広田弘毅《こうき》首相、林銑十郎《せんじゅうろう》首相をはさみ、

【図】日本軍の大陸進出経路

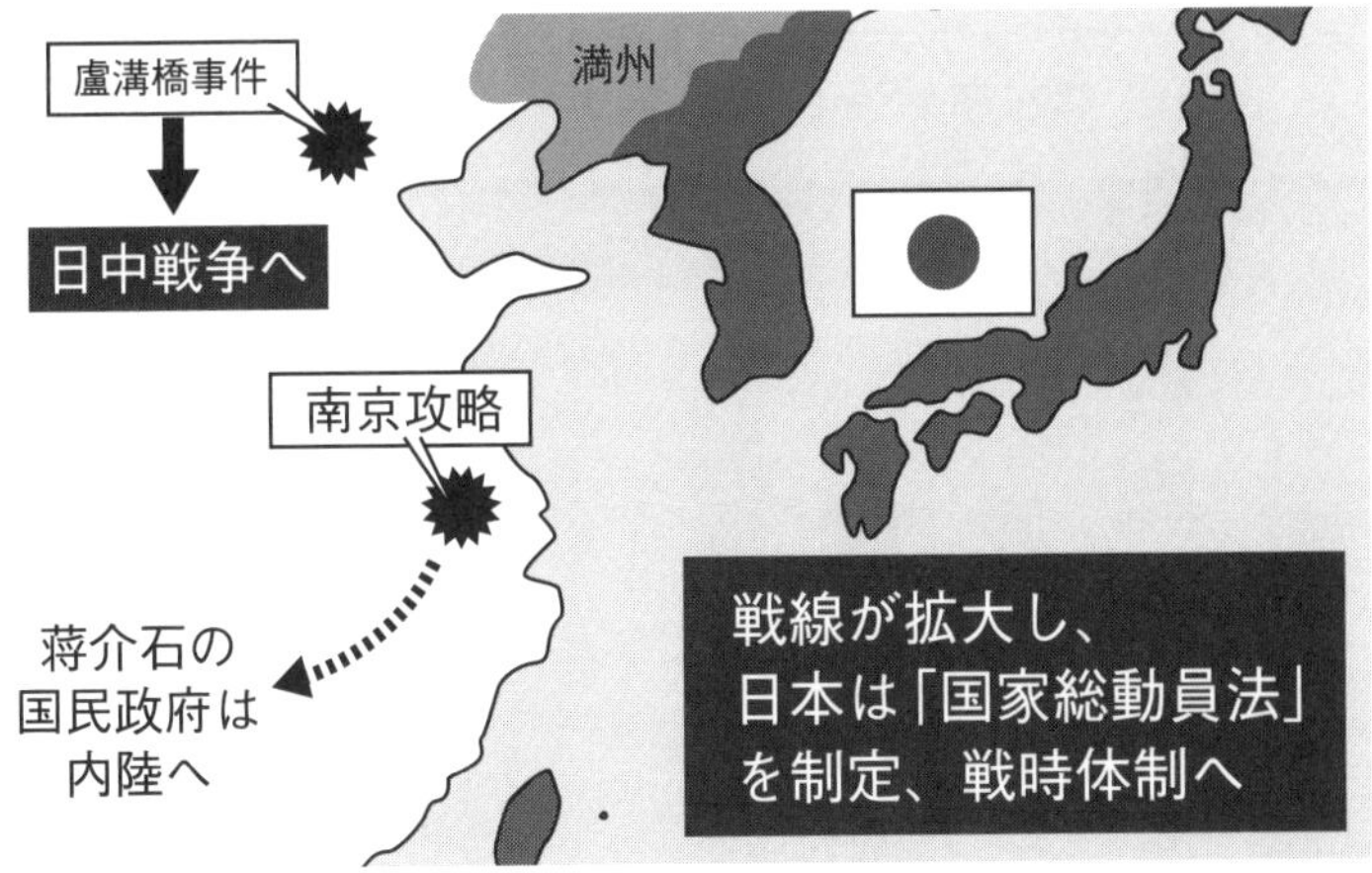
満州
盧溝橋事件
日中戦争へ
南京攻略
蒋介石の
国民政府は
内陸へ
戦線が拡大し、
日本は「国家総動員法」
を制定、戦時体制へ

1937年、貴族院議長だった**近衛文麿**が首相となります。その直後、北京・盧溝橋《ろこうきょう》で日中両軍が偶発的に衝突する盧溝橋事件が起き、これをきっかけに日中戦争がはじまりました。

中国では、蒋介石率いる国民政府と毛沢東率いる中国共産党が結びつき、日本への徹底抗戦の姿勢をみせました。日本軍は首都南京を攻略しますが、国民政府は和平に応じず、首都を内陸へうつして抵抗をつづけました。**近衛内閣は不拡大方針をとりましたが、戦線は大陸内部に拡大**。1938年、戦時体制の構築を迫られた近衛内閣は「国家総動員法」を制定します。

政府は、**議会の承認なしに天皇の勅令によって総力戦のための経済統制を実行できる権限**を手にしました。

No.47

【太平洋戦争】

戦略物資をたたれ開戦に踏み切る

◆要点

1941年、ハワイ真珠湾を日本軍が攻撃し太平洋戦争がはじまるが敗戦濃厚となり、無条件降伏にいたる

●背景

ドイツ・ナチ党をモデルに「大政翼賛会」が成立

1939年、アメリカが日米通商航海条約の破棄を通告してきます。これで、アメリカに依存していた**石油などの戦略物資がとだえました**。

一方、ソ連など共産主義勢力に対抗するための協定をドイツと結んでいたことから（1936年の日独防共協定、翌年イタリアも参加）、**ソ連との関係が悪化**。関東軍とソ連軍が満州国境で激突しました（ノモンハン事件）。そのドイツは一転、ソ連と手を結び（独ソ不可侵条約）、1939年9月にポーランドに侵攻。**第2次世界大戦がはじまりました**。

日本では、枢密院議長だった平沼騏一郎《きいちろう》首相、陸軍出身の阿部信行《のぶゆき》首相をへて、海軍出身の米内光政《よないみつまさ》が首相となります。米内内閣は「欧州戦争不介入」の方針をとりますが、**「フランスを屈服させたドイツと軍事同盟を結び、東南アジア方面へ南進せよ」という論調**が強まりました。

この南進作戦には、戦略物資の獲得や、蒋介石政権を支える**米英からの支援ルート（援《えん》蒋《しょう》ルート）の遮断という狙い**がありました。そうした背景のもとに成立した第2次近衛文麿内閣（1940年）は、フランス領インドシナ（ベトナム北部）への進駐を強行。同時

【図】太平洋戦争中の国際関係

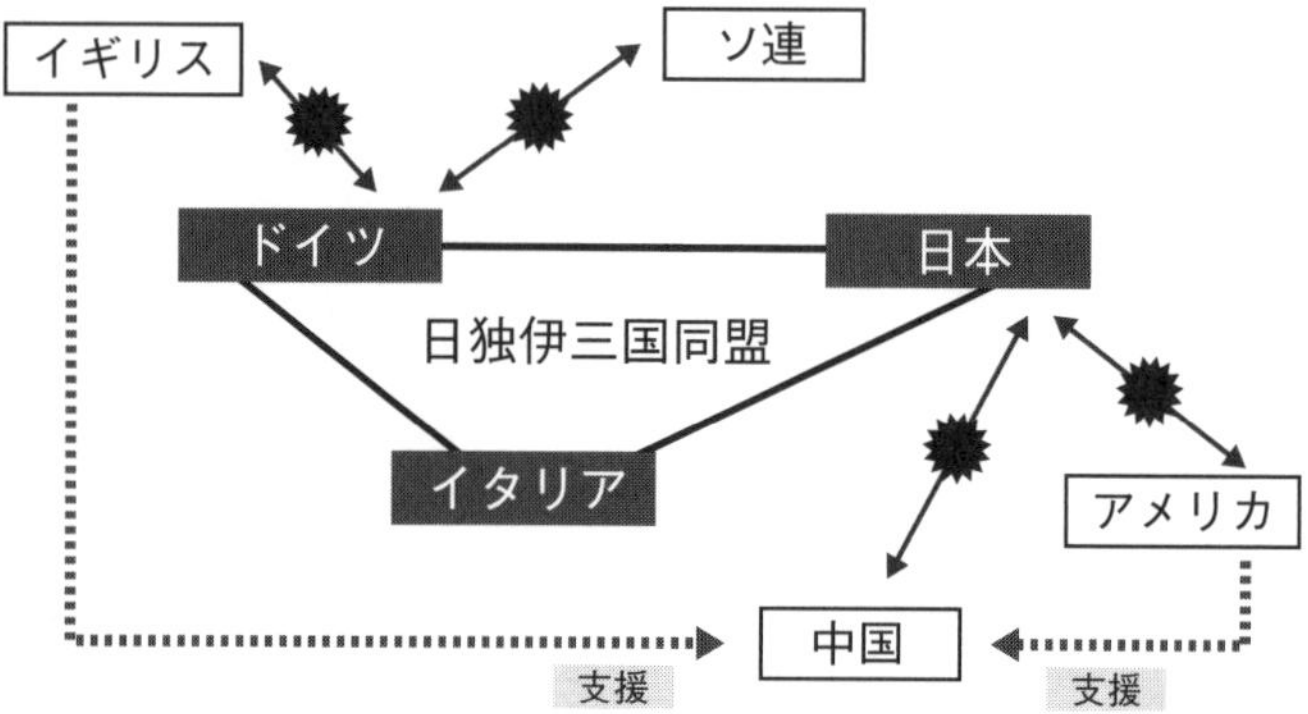

に日独伊三国同盟を結びました。そして、一党独裁体制のドイツのナチ党をモデルに、**全政党を解散し「大政翼賛会《たいせいよくさんかい》」という1つの政党にまとめました。**

アメリカとの交渉は決裂、最後通牒となったハル・ノート

近衛内閣は、アメリカとの戦争を回避するため交渉をつづけました。1941年10月に首相となった陸軍出身の東條英機は、**交渉が長引けば石油の輸入が断たれた日本が不利になると考え、即時開戦を主張**。11月、アメリカ国務長官ハルは、満州事変以前の状態に戻すことを要求しますが**（ハル・ノート）**、日本はこれを拒否。12月8日、ハワイ真珠湾を攻撃し、太平洋戦争がはじまりました。

日本は「欧米による植民地支配からアジア諸民

【図】太平洋戦争における日本軍の戦い（一部）

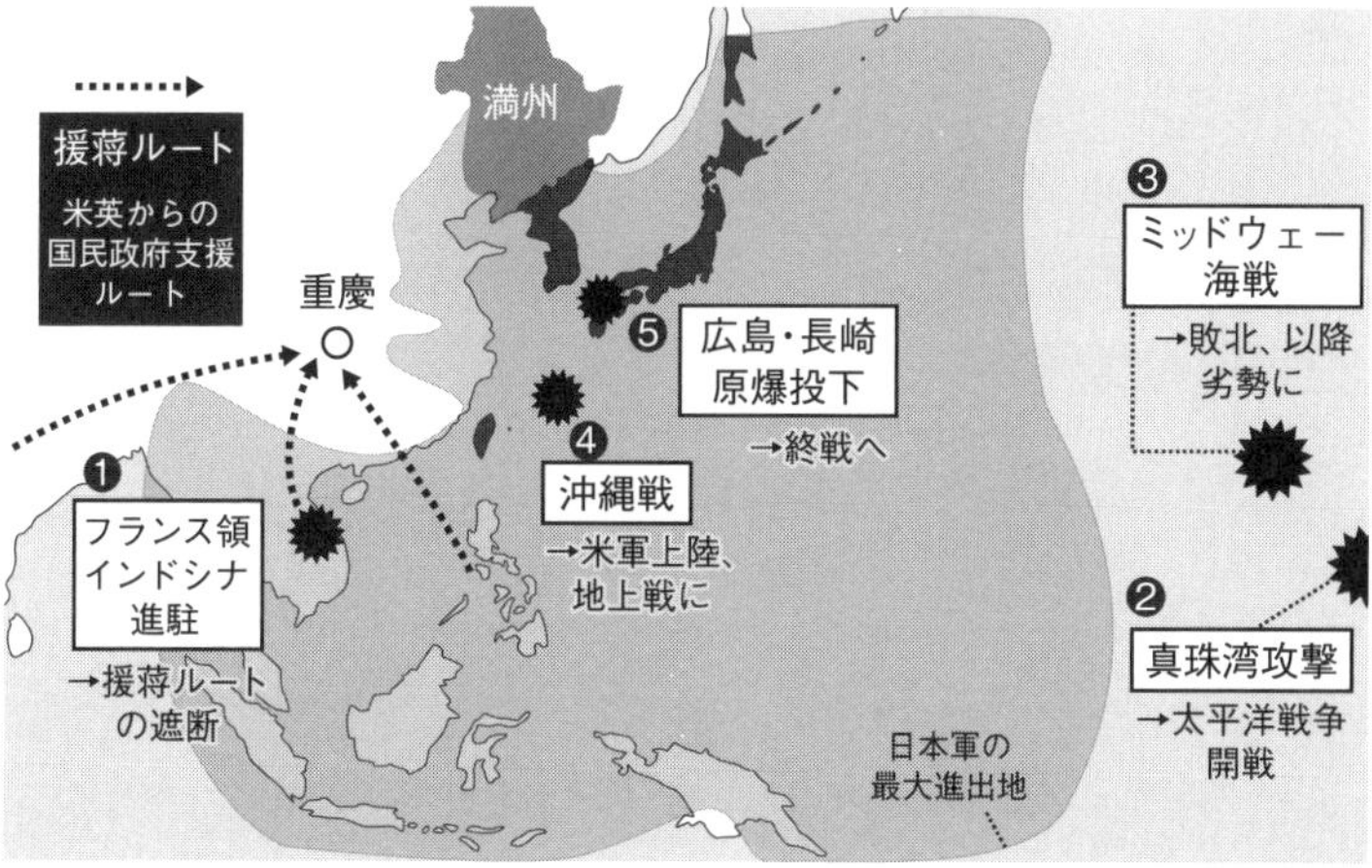

族を解放し、日本を中心とする共存共栄の秩序をつくる」という「大東亜共栄圏《だいとうあきょうえいけん》」の建設を目的に戦争を行います。開戦半年で東南アジアの大部分を制圧する快進撃をみせたものの、翌年6月のミッドウェー海戦で敗北。以降、劣勢に立たされます。小磯国昭《こいそくにあき》内閣でも戦局は挽回できず、1945年4月、海軍出身の鈴木貫太郎《かんたろう》が首相となります。

イタリア・ドイツはすでに降伏。7月、日本は日ソ不可侵条約（1941年）を結んでいたソ連を介して講和を模索しますが、**米英ソ首相によるヤルタ会談（同年2月）で対日参戦の密約をかわしていたソ連は拒否**。日本は無条件降伏を求めるポツダム宣言を受け入れられないまま、広島・長崎に原爆投下をうけます。そしてソ連も参戦。

8月14日、ついにポツダム宣言を受諾し、無条件降伏をしました。

第8章

戦後の日本

No.48

【GHQ占領と独立】

非軍事化・民主化の戦後改革が進む

◆要点

1951年、サンフランシスコで連合国48か国が平和条約を結び日本が独立すると日米安保条約で米軍の駐留権が認められる

●背景

GHQが戦争責任者・協力者を一掃、天皇制は維持

ポツダム宣言受諾後、皇族の東久邇宮稔彦《ひがしくにのみやなるひこ》が「戦後処理内閣」を組織します。1945年9月2日、アメリカの戦艦ミズーリ号上で重光葵《しげみつまもる》外相が降伏文書に調印。日本では玉音放送のあった8月15日を「終戦記念日」としていますが、**正式には9月2日が日本の降伏した日**となります。

日本はマッカーサーを最高司令官とするGHQ（連合国軍最高司令官総司令部）の占領統治をうけ、**非軍事化・民主化の改革**が進められました。日本軍は解散させられ、軍需産業は停止。極東国際軍事裁判（東京裁判）で戦争責任者が処罰され、戦争協力者約2万人が公職追放されました。天皇の戦争責任は追及されませんでした。**占領統治を円滑に進めるには天皇の存在が必要とされた**からです。

GHQは、次の幣原喜重郎《しではらきじゅうろう》内閣に5大改革を命じます。それが**「女性参政権の付与」「労働組合結成の奨励」「教育制度の民主化」「秘密警察などの廃止」「経済機構の民主化」**でした。

女性参政権の付与は、満20歳以上の男女に選挙権を与える新選挙法として実現。また経済機構の民主化として、財閥解体（15財閥の資産凍結と解体）と農地改革（地主制度の解

【図】占領下の民主化改革

戦後の５大改革

女性参政権の付与　労働組合結成
→「新選挙法」制定、満 20 歳以上の男女に付与

経済の民主化　教育の民主化　秘密警察の廃止
→「財閥解体」、「農地改革」の実施

⇩

日本自由党から
吉田茂首相の誕生

体と自作農創出）が進められました。

１９４６年、旧立憲政友会の鳩山一郎《はとやまいちろう》らが結成した日本自由党が第1党となります。しかし、鳩山が公職追放されたため、吉田茂《しげる》が首相となります。この**吉田内閣のもとで「日本国憲法」を公布**。その後、日本社会党の片山哲《てつ》、民主党の芦田均《あしだひとし》をはさみ、ふたたび吉田茂が首相となります。

冷戦の本格化により、日本は「共産主義の防壁」に

アメリカとソ連による東西陣営の対立（冷戦）が本格化してくると、アメリカは日本を「共産主義の防壁」と位置づけます。

アメリカが主導する**ＧＨＱは占領政策を転換し、経済復興と自立（＝再軍備）を指示**します。経済復興のため、占領軍顧問ドッジの経済政策（ドッ

【図】アメリカによる日本経済復興政策

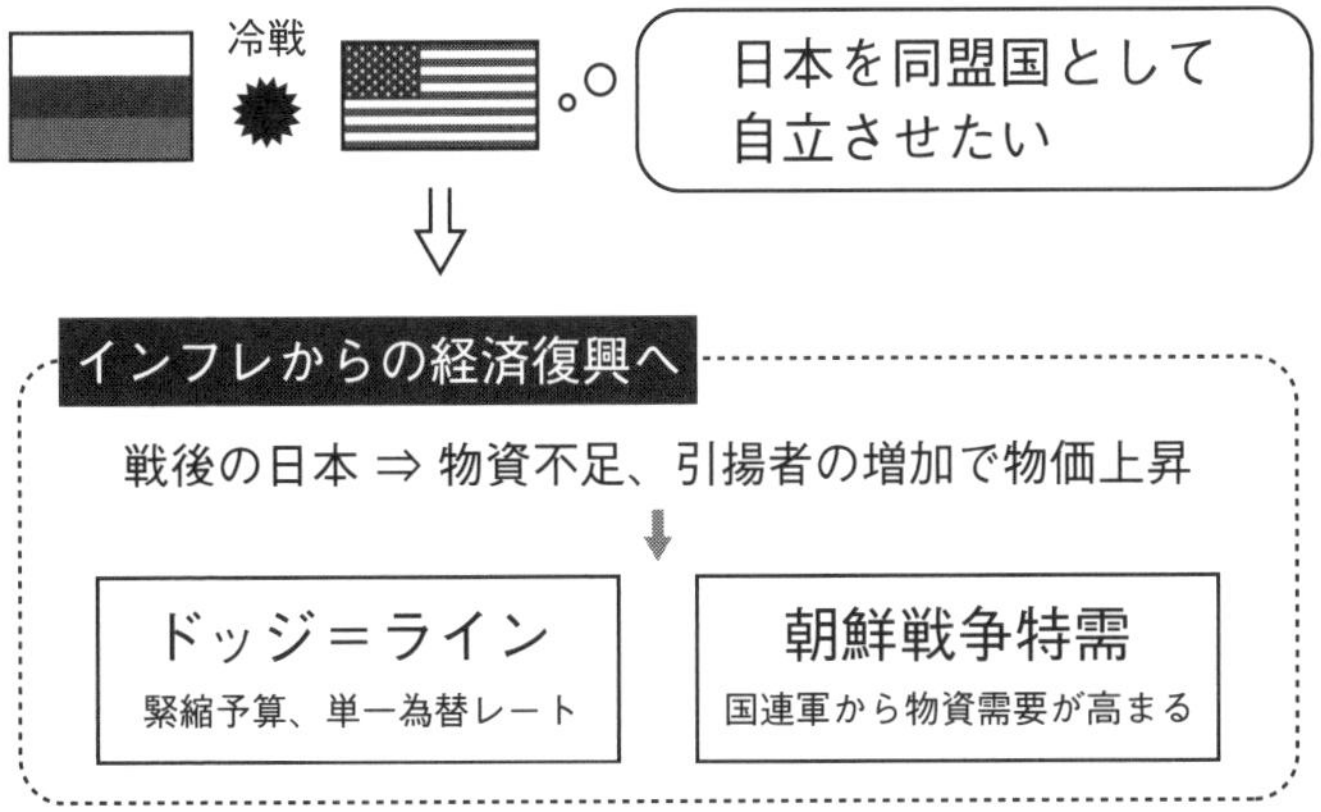

ジ＝ライン）を実行します。赤字を認めない緊縮予算策定や１ドル＝３６０円の単一為替レートの設定などで、インフレは収束しますが失業者が増大しました。１９５０年に朝鮮戦争がはじまると、国連軍の物資需要の高まりから特需景気が起きました。また**再軍備の一歩として警察予備隊が創設され、のちに自衛隊となります**。

アメリカは日本を同盟国として確保するため講和を急ぎます。**１９５１年、サンフランシスコ講和会議でサンフランシスコ平和条約が締結され、日本は独立を回復しました**。

ただ、沖縄・小笠原などはアメリカの統治下のままでした。また同時に結ばれた日米安保条約は、**駐留権が認められた米軍に日本を守る義務がないという片務的内容**となり、のちの安保闘争につながる問題となりました。

No.49

【55年体制】

政権交代のおきない二大政党制が成立

◆要点

1955年、国会で保守の自由党と日本民主党が合同して自由民主党を発足させ政権交代のおきない55年体制ができる

●背景

日本社会党への危機感から、保守合同が実現

1951年、自由党（旧・日本自由党）に公職追放されていた鳩山一郎が復帰すると、党内は吉田派と鳩山派の対立がおきました。

鳩山派は自由党から分離し、**反吉田路線の2政党と連合して日本民主党を結成**し、多数党となり、鳩山内閣を発足させました。自由党の吉田茂は「対米協調・再軍備容認・憲法維持（解釈の範囲で自衛隊の存在を認める）」だったの対し、日本民主党の鳩山一郎は、「対米自主路線・再軍備推進・憲法改正」を唱えました。

1955年の総選挙では、「安保反対・再軍備反対・憲法改正反対」を訴える**日本社会党が、左派と右派に分裂しながらも議席をのばし、再統一して政権交代をめざす勢力となりました**。これに危機感を募らせた**保守政党の自由党と日本民主党は合同し、自由民主党を発足**。「安保維持・再軍備容認または推進・憲法改正」を目標にかかげました。

国会の議席は、自民党が3分の2弱、日本社会党が3分の1強となり、**政権交代はおきないが、改憲もできないという二大政党制（55年体制）**が成立しました。

【図】55年体制の完成

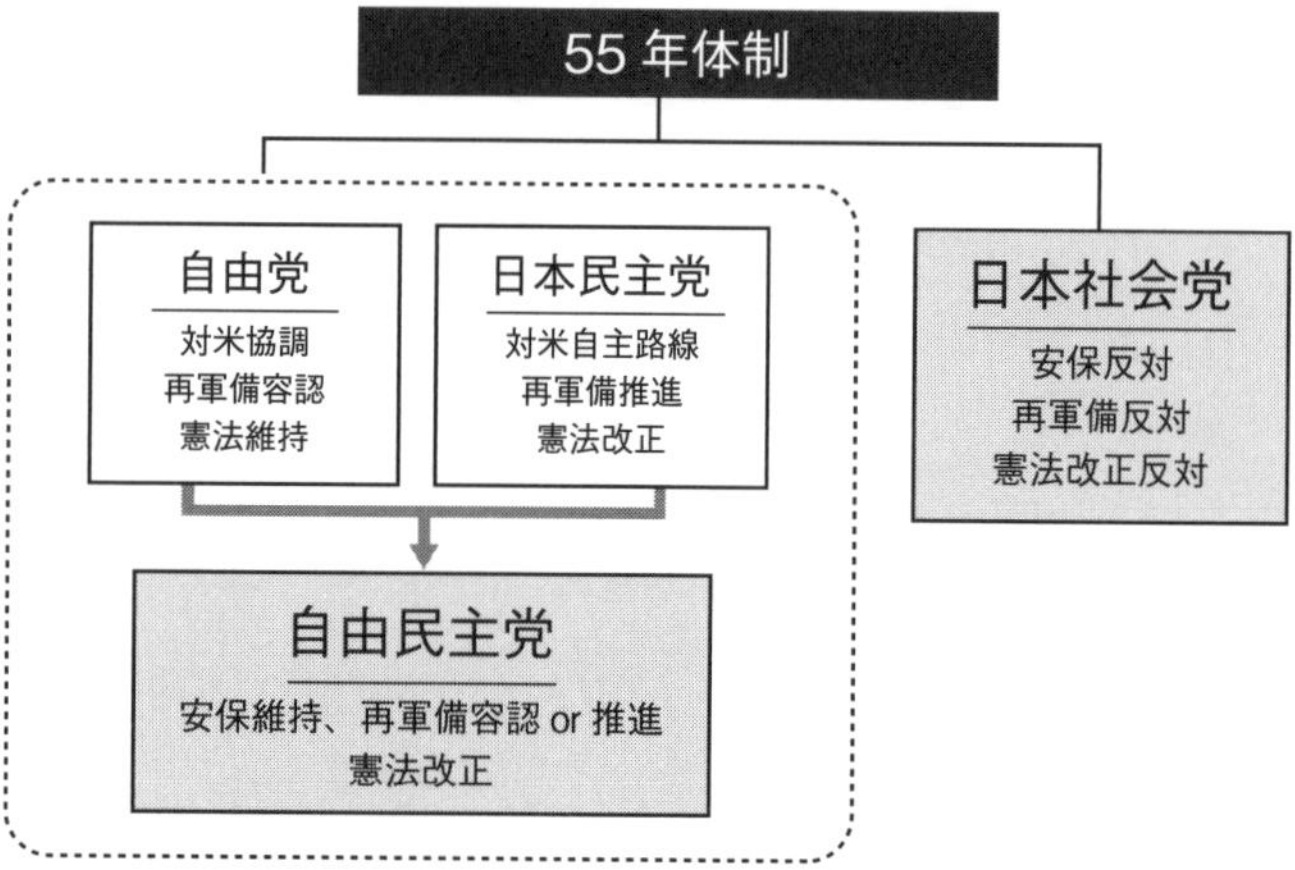

60年安保闘争、国民の不満は高度経済成長で打ち消し

　鳩山一郎内閣は、1956年に日ソ共同宣言に調印し、**ソ連と国交を回復**しました。平和条約締結後に千島列島の歯舞《はぼまい》・色丹《しこたん》を返還することになりましたが、アメリカの圧力もあり、日本は国後《くなしり》・択捉《えとろふ》を含む四島返還を要求。交渉はこう着状態となり、いまだに平和条約は結ばれていません。

　1957年、岸信介《のぶすけ》が首相となります。岸内閣は、片務的内容だった安保条約の改定をめざし、1960年、**日米相互協力及び安全保障条約（新安保条約）に調印**しました。日本はアメリカに守ってもらうだけではなく、防衛力をつけて相互に守りあうという内容でした。これに対し、「日本がアメリカの戦争に巻き込まれる」として全国的な激しい反対運動がおきました（**60年安保闘争**）。

【図】独立後の諸外国との条約締結

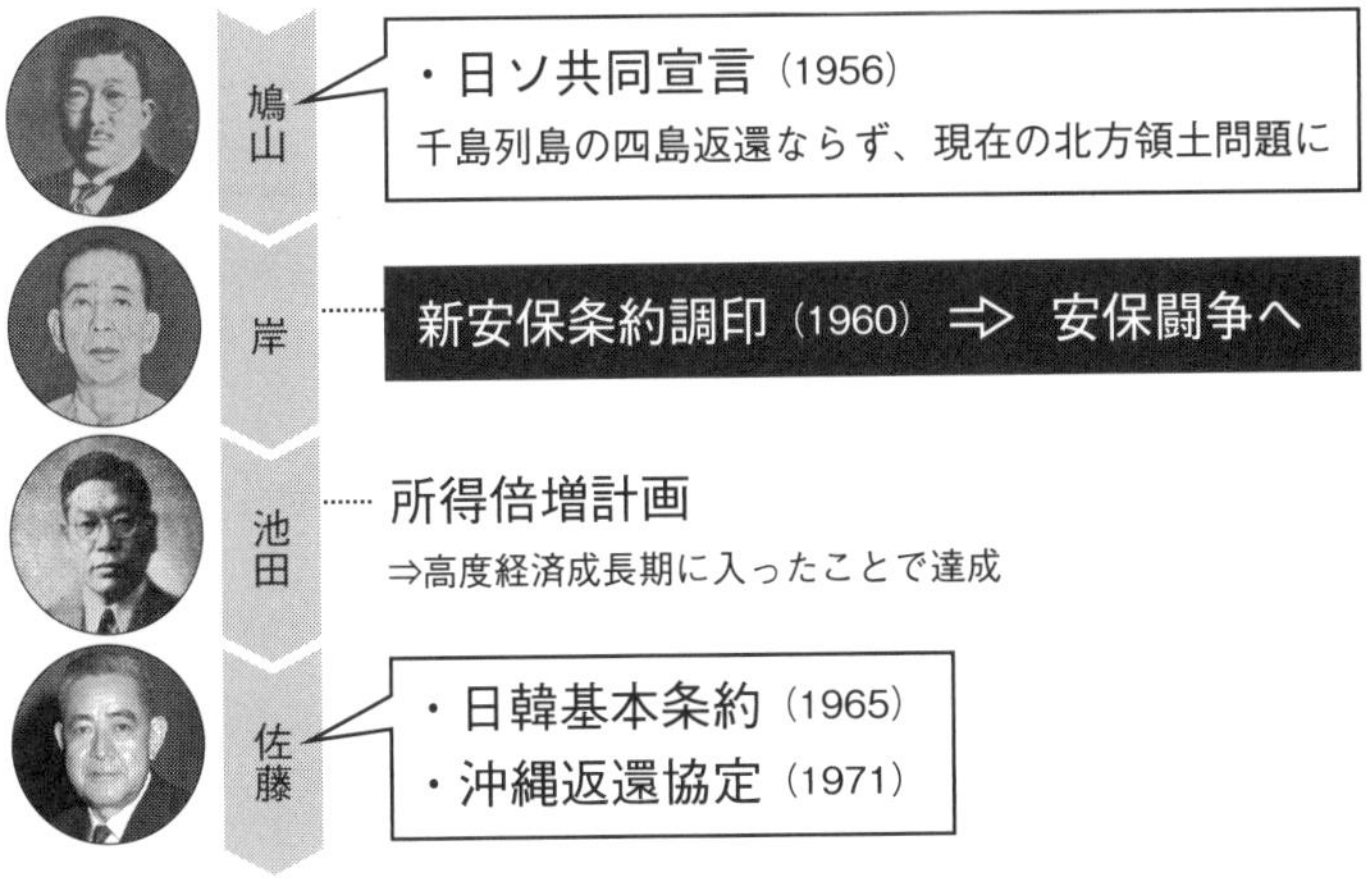
鳩山
・日ソ共同宣言（1956）
千島列島の四島返還ならず、現在の北方領土問題に
岸
新安保条約調印（1960）⇨ 安保闘争へ
池田
所得倍増計画
⇒高度経済成長期に入ったことで達成
佐藤
・日韓基本条約（1965）
・沖縄返還協定（1971）

新安保条約の成立をもって岸信介は首相を辞任し、池田勇人《はやと》内閣が誕生します。池田内閣は安保闘争で高まった国民の不満を解消しようと**「所得倍増計画」**を打ち出します。10年間で国民の所得を2倍にする計画でしたが、高度経済成長期に入ったことでそれを超える所得増をもたらしました。

1964年、岸信介の実弟の佐藤栄作《えいさく》が首相となります。佐藤内閣は、1965年に**日韓基本条約**に調印。沖縄の返還にむけては、米軍基地の核が問題となりましたが、**非核三原則（核兵器をもたず、つくらず、もちこませず）の沖縄への適用を表明**します。そして1971年、**沖縄返還協定**に調印。翌年に沖縄は日本に返還されました。1974年、佐藤栄作は非核政策を理由にノーベル平和賞を受賞しました。

No.50

【バブル崩壊】

低金利政策でバブル経済を招く

◆要点

1985年、プラザ合意でアメリカなど主要国が円高・ドル安を進めて円高不況に陥りバブル崩壊をへて景気低迷の時代へ

●背景

変動相場制へ移行し、円高・ドル安が進む

1972年、田中角栄《かくえい》内閣が成立します。その直前、アメリカのニクソン大統領が起こした2つの行動は日本に衝撃をあたえました（**ニクソン＝ショック**）。

1つは、中国問題です。中国は、共産党が大陸で樹立した中華人民共和国と、国民政府が台湾で樹立した中華民国という**「2つの中国」**がありました。日本は、アメリカにしたがって中華民国を支持していましたが、**ニクソンは突然、中華人民共和国を訪問し、国交を開いた**のです。田中首相はすぐに訪中し、日中国交正常化を宣言。その後、1978年に日中平和友好条約が結ばれました。

もう1つは、**金とドルの兌換停止（金本位制の停止）の宣言**です。これにより、それまで1ドル360円だった固定相場制は崩れ、変動相場制へ移行。**「円高・ドル安」が進行し、対米貿易が不振**に陥りました。さらに1973年、アメリカと中東諸国の関係悪化から原油価格が高騰し（オイル＝ショック）、石油不足やインフレによる混乱が生じ、**高度経済成長が終わりを迎えました**。

三木武夫《みきたけお》首相などをへて1982年に成立した中曽根康弘《なかそねやすひろ》内閣は、行財政改革を進め、

【図】プラザ合意から始まった不況

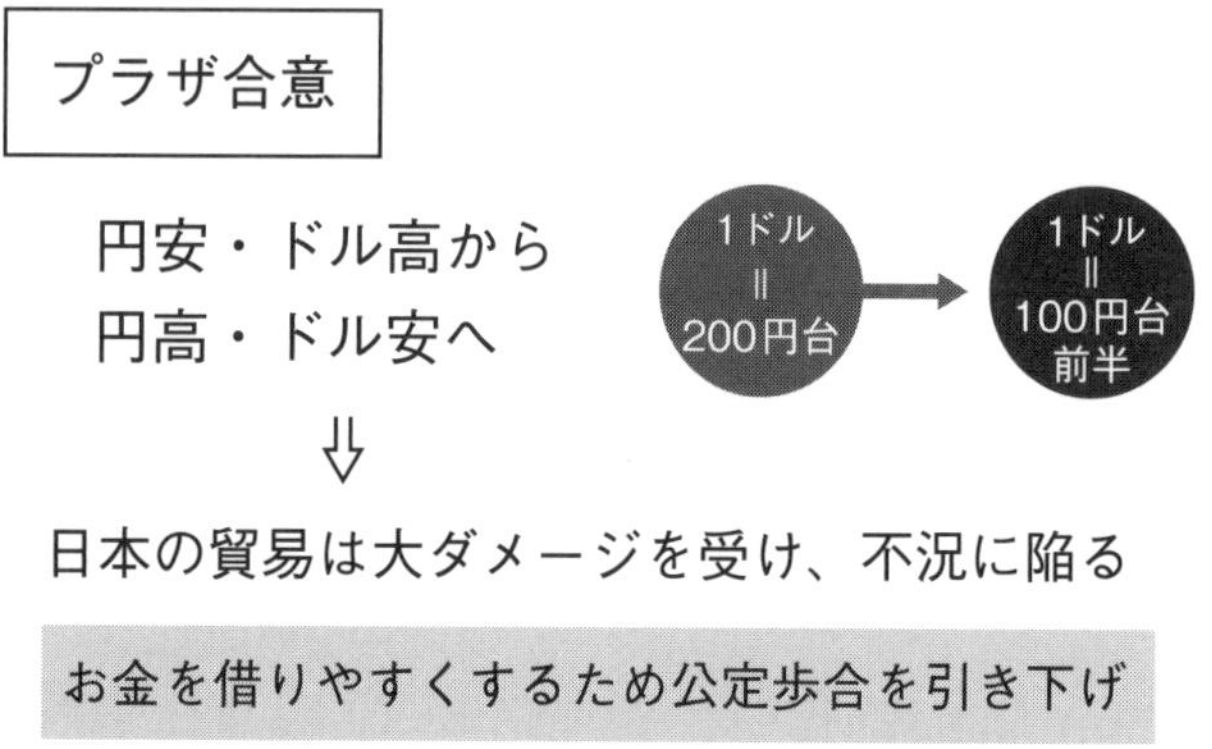
プラザ合意
円安・ドル高から
円高・ドル安へ
1ドル
=
200円台
1ドル
=
100円台
前半
日本の貿易は大ダメージを受け、不況に陥る
お金を借りやすくするため公定歩合を引き下げ

電電公社、専売公社、国鉄の**民営化**を実施しました。当時の日本の貿易は、自動車や半導体などの新しい産業が好調で黒字に転じていました。

これに対し、ドル高により巨額の貿易赤字をかかえていたアメリカは、イギリス・西ドイツ・フランス・日本によびかけ、外国為替市場でドル売りの協調介入することを決定しました（1985年、プラザ合意）。**円高・ドル安が進み、日本製品が海外市場で売れない「円高不況」になりました**。日銀は、企業がお金を借りやすくするため、公定歩合を引き下げました。

すると**借りやすくなったお金は投資に流れ、土地や株が短期間のうちに急騰**。バブルが発生しました。1989年以降は公定歩合が引き上げられたため、株価や地価が急落。バブルは崩壊しました。銀行・証券会社の大型倒産が相次ぎ、「失われた20

【図】バブルの発生から崩壊まで

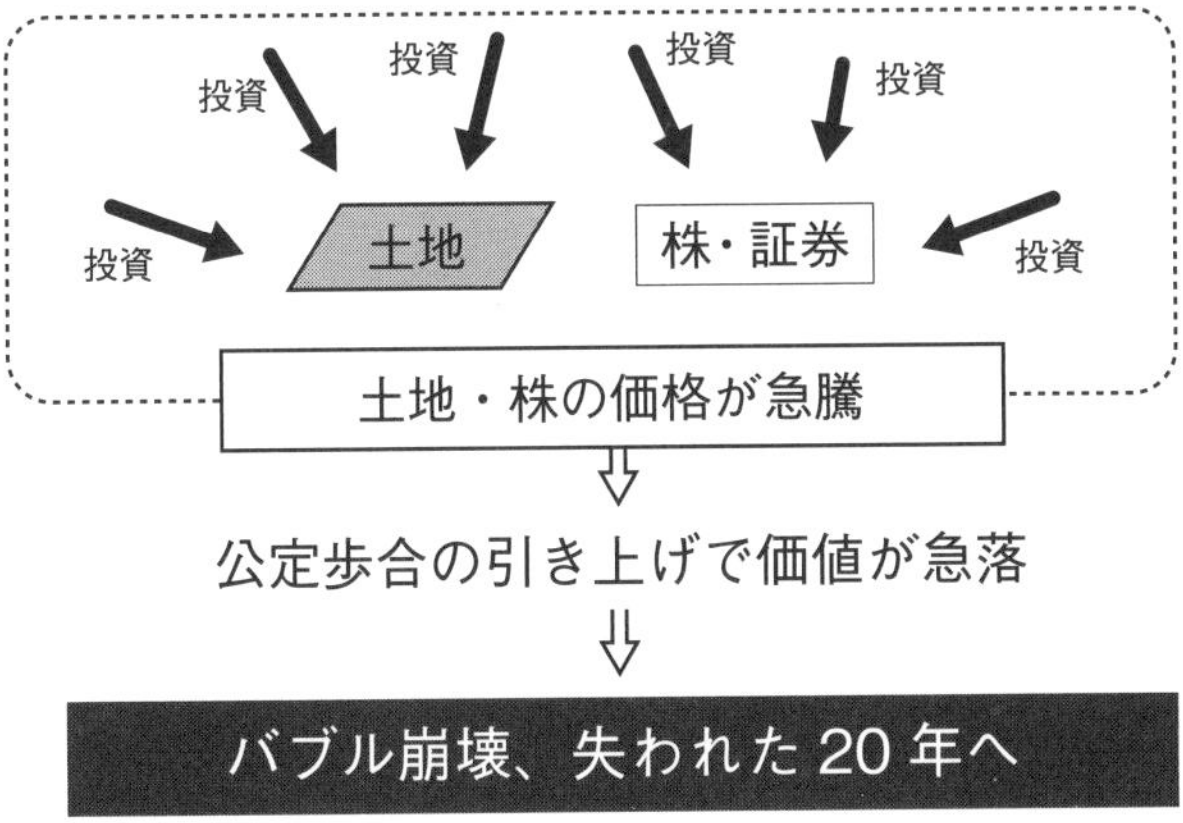
投資
投資
投資
投資
投資
投資
土地
株・証券
土地・株の価格が急騰
公定歩合の引き上げで価値が急落
バブル崩壊、失われた20年へ

年」といわれる長期の景気低迷時代に入りました。

55年体制は終焉、民主党単独政権が成立する

１９８９年、昭和天皇が崩御され、平成に入ります。この平成時代、自民党は２度、政権を失っています。

１度目は１９９３年、自民党は総選挙で敗北し、非自民系の８党による細川護熙《もりひろ》連立内閣が成立。55年体制が終わりました。２度目は２００９年、**最大野党だった民主党がはじめて単独過半数を獲得**し、鳩山由紀夫《ゆきお》内閣が成立しました。

２０１２年、自民党は政権をとりもどし、安倍晋三《しんぞう》内閣が２０２０年まで長期政権をきずきました。２０１９年、天皇が退位し、元号は令和《れいわ》となりました。

【著者略歴】

沢辺有司（さわべ・ゆうじ）

フリーライター。横浜国立大学教育学部総合芸術学科卒業。

在学中、アート・映画への哲学・思想的なアプローチを学ぶ。編集プロダクション勤務を経て渡仏。パリで思索に耽る一方、アート、旅、歴史、語学を中心に書籍、雑誌の執筆・編集に携わる。現在、東京都在住。

パリのカルチエ散歩マガジン『piéton（ぴえとん）』主宰。

著書に『図解いちばんやさしい哲学の本』『図解いちばんやさしい三大宗教の本』『図解いちばんやさしい古事記の本』『ワケありな映画』『封印された問題作品』（いずれも彩図社）、『はじめるフランス語』『学研まんが　ＮＥＷ世界の歴史７・８』（いずれも学研プラス）などがある。

【参考文献】

『朝日 日本歴史人物事典』（朝日新聞社）／『一度読んだら絶対に忘れない日本史の教科書』（山﨑圭一、SB クリエイティブ）／『皇子たちの南北朝』（森茂暁、中央公論新社）／『旺文社 日本史事典』（旺文社）／『大人の日本史講義』（野島博之、祥伝社）／『古代史 50 の秘密』（関裕二、新潮社）／『壬申の乱と関ヶ原の戦い』（本郷和人、祥伝社）／『図解　いちばんやさしい地政学の本』（沢辺有司、彩図社）／『図解　いちばんやさしい仏教とお経の本』（沢辺有司、彩図社）／『世界史とつなげて学べ超日本史』（茂木誠、KADOKAWA）／『戦後史の正体　1945-2012』（孫崎亨、創元社）／『地形で読み解く古代史』（関裕二、KK ベストセラーズ）／『日本史の謎は地政学で解ける』（兵頭二十八、祥伝社）／『信長はなぜ葬られたのか』（安倍龍太郎、幻冬舎）／『呪う天皇の暗号』（関裕二、新潮社）／『早わかり日本史』（河合敦、日本実業出版社）／『藤原氏の正体』（関裕二、新潮社）／『明治維新という過ち』（原田伊織、講談社）／『ワケありな日本の領土』（沢辺有司、彩図社）／『渡部昇一の昭和史（正）』（渡部昇一、ワック）

要点だけで超わかる日本史

2022 年 1 月 20 日第一刷

著　者　沢辺有司

発行人　山田有司

発行所　株式会社彩図社
東京都豊島区南大塚 3-24-4
ＭＴビル　〒 170-0005
TEL：03-5985-8213　FAX：03-5985-8224

印刷所　シナノ印刷株式会社

URL：https://www.saiz.co.jp
Twitter：https://twitter.com/saiz_sha

ISBN978-4-8013-0570-0　C0021